Giorgio Vasari
Mein Leben

Cosimo I. studiert die Einnahme von Siena.
Florenz, Palazzo Vecchio, Salone dei Cinquecento

GIORGIO VASARI
MEIN LEBEN

Neu übersetzt von Victoria Lorini
kommentiert und herausgegeben
von Sabine Feser

Verlag Klaus Wagenbach   Berlin

Zu dieser Neuausgabe

Kaum ein anderes literarisches Werk hat auf die Kunstgeschichts-schreibung folgender Generationen einen so nachhaltigen Einfluß aus-geübt wie die von Giorgio Vasari (1511–1574) verfaßten und erstmals 1550 im Druck erschienenen *Lebensbeschreibungen der berühmtesten Maler, Bild-hauer und Architekten,* die achtzehn Jahre später in einer revidierten und erweiterten Fassung noch einmal herausgegeben wurden. Heute ist das Hauptwerk Vasaris vor allem unter dem Titel *Le vite* bekannt.

Vasaris Text wurde in der Fassung von 1568 (nach der kritischen Ausgabe von Rosanna Bettarini und Paola Barocchi) neu übersetzt – textgetreu, ungekürzt und vollständig auch da, wo Vasari sich zu wieder-holen scheint.

Eine Einführung stellt die jeweilige Künstlervita vor. Der Anmer-kungsapparat behandelt nicht nur die jeweiligen kunsthistorischen, lite-rarischen und zeitgeschichtlichen Aspekte auf neuestem wissenschaft-lichem Stand, sondern benennt auch die heutigen Standorte (und Zustände) der Kunstwerke, die wichtigsten Abweichungen gegenüber der ersten Ausgabe der *Vite* sowie die uns heute bekannten Lebensdaten des Künstlers. Jeder Band enthält außerdem Abbildungen der wichtig-sten Kunstwerke, die von Vasari erwähnt wurden.

Herausgegeben von Alessandro Nova
mit Matteo Burioni, Katja Burzer, Sabine Feser
und Hana Gründler

Inhalt

Geburt Christi. Camaldoli, Klosterkirche SS. Donato e Ilariano

Als Giorgio Vasari (* 30.7.1511 Arezzo – † 24.6.1574 Florenz) 1566
den kühnen Entschluß faßte, in die zweite Ausgabe seiner berühmten *Vite* neben den Lebensbeschreibungen noch lebender
Künstler auch die eigene Biographie an letzter Stelle aufzuneh-
men, mußte er unter Umständen damit rechnen, sich der öffentlichen Kritik auszusetzen, denn zu jener Zeit war das Verfassen
einer Autobiographie nicht nur in Italien, sondern in allen europäischen Kulturen längst nicht so selbstverständlich und öffentlich legitimiert wie heutzutage. Dies mag zwar auf den ersten
Blick befremdlich wirken, da die Vita Benvenuto Cellinis
(* 1500 Florenz – † 1571 ebenda), die wahrscheinlich zwischen
1558 und 1567 niedergeschrieben wurde (allerdings bis 1728 nur
in Manuskriptform existierte), heute zu den populärsten autobiographischen Schriften des Cinquecento zählt. Man darf jedoch nicht vergessen, daß die literarische Selbstdarstellung mit
dem humanistischen Verlangen, unsterblichen Ruhm in den
Augen der Nachwelt zu erringen, in hohem Maß mit dem christlichen Demuts- und Bescheidenheitsideal kollidierte und ein
Autobiograph auch im 16. Jahrhundert sich noch leicht dem
Vorwurf aussetzte, hochmütig und selbstgefällig zu sein.
Bescheidenheitstopoi und indirektes Selbstlob gehörten aus diesem Grund ebenso zum Standardrepertoire solcher Schriften
wie die Angabe von Gründen, mit denen die Autoren ihr Tun
vor der Öffentlichkeit zu rechtfertigen suchten.

Im Unterschied zur Vita Cellinis, die mit ihrer weit ausge-
sponnenen zusammenhängenden Darstellung der Handlung und
dem kausal geschlossenen Geschehensaufbau eher einem ›Schel-
menroman‹ gleicht, wirkt die Autobiographie Vasaris – wohl
auch durch den weitgehenden Verzicht auf Anekdotisches – wie

eine Aneinanderreihung von Fakten, hinter denen die Persönlichkeit des Autors nur schwer faßbar wird. Bezeichnenderweise spricht Vasari selbst – jedenfalls im Titel – von einer »Beschreibung der Werke Giorgio Vasaris« und nicht von seiner Vita. Die scheinbar nüchterne Erzählweise seines Textes hat in der Vergangenheit wohl den Umstand begünstigt, daß man seine Autobiographie vorwiegend als historische Quelle nutzte, obwohl schon zu Beginn des 20. Jahrhunderts ihre Glaubwürdigkeit stark in Zweifel gezogen wurde. Offensichtliche Diskrepanzen zu gesicherten Fakten versuchte man mit dem mangelnden Erinnerungsvermögen des Autors zu erklären, obwohl der Akt der literarischen Selbstreproduktion immer auch Ausdruck einer bewußt selektierenden und komponierenden Handlung ist. Zur Verifizierung von Vasaris Angaben stützte man sich im wesentlichen auf seinen gut dokumentierten Briefwechsel und sein sogenanntes *Libro di ricordanze*, das der Aretiner Künstler angeblich nach dem Tod seines Vaters Antonio 1527 als ältester Sohn der Familie zu führen begonnen hatte. Darin notierte Vasari in chronologischer Ordnung und ohne jeglichen literarischen Anspruch über einen Zeitraum von insgesamt 45 Jahren alle Daten von ökonomischem Belang, insbesondere die ihm erteilten Aufträge mit entsprechender Vergütung.

Wie Philip Jacks vor einigen Jahren in einem äußerst erhellenden Artikel zeigte, ist dieses überwiegend als Quelle für Vasaris künstlerische Laufbahn genutzte Dokument jedoch nachträglich stark überarbeitet und retrospektiv konstruiert worden, sowohl von Vasari selbst als auch von seinen Erben, denen die Reputation ihres berühmten Verwandten am Herzen lag. Auch die allgemeine Vorstellung, daß die *Ricordanze* Vasaris das Rohmaterial für seine Autobiographie bildeten, kann schon aufgrund der Tatsache, daß diese Aufzeichnungen erst achtzehn Monate vor seinem Tod im Juni 1574 enden, nicht vorbehaltlos akzeptiert werden. Anhand eines bis dahin unbekannten Manuskripts in der Beineke Rare Book and Manuscript Library der Yale University (Archiv Spinelli), das wahrscheinlich den ersten Entwurf zu Vasaris *Ricordanze* darstellt, konnte Jacks darlegen, daß das gesamte Werk überwiegend in drei Phasen entstand: Die erste zwischen 1553 und 1554 fällt bezeichnenderweise mit einem Wendepunkt in Vasaris Karriere zusammen, nämlich in die Zeit von seiner Rückkehr nach Florenz und seinem Eintritt in die Dienste Herzog Cosimos I. (* 1519 Florenz – † 1574 Castello). Die zweite Phase von 1566 bis 1568 ist nicht minder zufällig und trifft zeitlich mit den Vorbereitungen der Publikation der zweiten Edition der *Vite* zusammen, während die dritte Schreibphase in die letzten Monate vor seinem Tod fällt. Dieser Umstand belegt ziemlich deutlich, mit welcher Vorsicht die Aussagen Vasaris im einzelnen zu behandeln sind und wie dringlich nach der jeweiligen Absicht des Autors zu fragen ist.

Daß Vasari ähnlich wie Ghiberti (* 1378 Florenz – † 1455 ebenda), dessen *Commentarii* (um 1448) als die erste Sammlung von Künstlerviten der Renaissance mit literarischem Anspruch und zugleich als erste erhaltene, wenn auch knappe, Autobiographie eines bildenden Künstlers überhaupt gelten, seine Lebensbeschreibung den Viten anderer Künstler anfügt, belegt sein Streben nach *gloria* und *immortalitas.* Denn wenn Vasari in seinem *Proemio di tutta l'opera* sich vor der Öffentlichkeit für sein Tun damit rechtfertigt, daß er mit seinen Aufzeichnungen alle lobenswerten Künstler vor einem zweiten Tod bewahren und deren Erinnerung lebendig halten will, so gilt dies zumindest in der zweiten Edition der *Vite* in gleichem Maße auch für seine eigene Person. Die Autobiographie Vasaris nimmt zwar im Verhältnis zum Gesamtvolumen der *Vite* nur eine untergeordnete Rolle ein und vermag kaum mit der alles dominierenden Michelangelo-Biographie zu konkurrieren, doch ist sie in bezug auf ihre Länge der Vita Raffaels oder jener von Vasaris Lehrer Andrea del Sarto durchaus ebenbürtig. Darüber, ob Vasaris Streben nach Ruhm das einzige Motiv für die Niederschrift seiner Lebensbeschreibung war, kann nur spekuliert werden. Denkbar wäre auch, daß ähnliche Ambitionen Cellinis und Bandinellis (* 1493 Florenz – † 1560 ebenda), beides erbitterte Konkurrenten Vasaris am Hof von Herzog Cosimo I. de' Medici, einen nicht unwesentlichen Einfluß darauf hatten. Zumindest von Cellinis autobiographischen

Anstrengungen muß Vasari Kenntnis gehabt haben, denn in seinem Kapitel über die Künstler der Accademia del Disegno kommt Vasari auch auf Cellini zu sprechen und erwähnt, daß dieser selbst eine Vita und andere Schriften verfaßt und sie »mit sehr viel mehr Wortgewandtheit und Ordnung« niedergeschrieben hätte als er dies an besagter Stelle zu tun vermocht hätte (Vasari, *Montorsoli, Bronzino und die Künstler der Accademia*, S. 104).

Sowohl Cellini in seiner *Vita* als auch Bandinelli in seinem 1552 verfaßten *Memoriale* erwähnen den Namen Vasaris bei verschiedenen Gelegenheiten, doch sind beide darum bemüht, ein sehr negatives Bild von ihm zu zeichnen. Cellini beispielsweise bezichtigt Vasari der üblen Nachrede und spielt auf homoerotische Neigungen des Künstlers an, Bandinelli wiederum erklärt, daß Vasari in künstlerischer Hinsicht nicht an ihn heranreiche und daß er außerdem ein Besserwisser und Verleumder sei. Es ist nicht auszuschließen, daß Vasari sich wegen dieser Anfeindungen legitimiert fühlte, mit einer entsprechenden Gegendarstellung vor die Öffentlichkeit zu treten und der Nachwelt ein bedeutend besseres und zweifellos auch geschöntes Bild von sich zu hinterlassen.

Einer der zentralen Aspekte in Vasaris Autobiographie ist das weitumspannende soziale Netzwerk des Künstlers, das sich in der verhältnismäßig großen Zahl der von ihm genannten Namen und Orte widerspiegelt. Fast möchte man meinen, Vasari habe den Leser bewußt mit dieser Art *name-dropping* beeindrucken und auf diese Weise seinen eigenen hohen gesellschaftlichen Rang zum Ausdruck bringen wollen. Durch den häufigen Verweis auf seine freundschaftlichen Beziehungen zu hochgestellten Persönlichkeiten und Auftraggebern der säkulären höfischen Welt auf der einen und den religiösen Orden auf der anderen Seite läßt Vasari von sich das Bild eines vielbeschäftigten und hoch geschätzten Künstlers entstehen. In dieser Hinsicht aufschlußreich ist vor allem seine eigene, der Selbstinszenierung dienende künstlerische Genealogie, die von Michelangelo (*1475 Caprese – †1564 Rom) über Andrea del Sarto (*1486 Florenz – †1530 ebenda) bis Rosso Fiorentino (*1494 Florenz – †1540 Fontainebleau) reicht. Tatsache ist, daß Vasari zu keiner Zeit ein

Sala della Fama e delle Arti. Arezzo, Casa Vasari

Gehilfe des von ihm so bewunderten Michelangelo, dafür aber ein Schüler Baccio Bandinellis in Florenz war. Doch dessen Name verschweigt Vasari in diesem Zusammenhang ganz bewußt und zudem ohne jedes Risiko, denn Bandinelli, der 1560 gestorben war, hatte in seinem *Memoriale* ebenfalls bestritten, Vasari jemals als Gehilfen in seiner Werkstatt gehabt zu haben.

In seiner Autobiographie entwirft Vasari den Topos vom modernen Künstler, der allseitig gebildet auf der Grundlage seines Talents und durch nahezu asketische Lebensweise im ständigen Bemühen um Selbstperfektionierung schließlich den Gipfel des Ruhms erreicht. In Anlehnung an die antike *virtus*, deren konstituierendes Element die individuelle Leistung des einzelnen ist, galt Mühsal als aller Tugend Anfang und Ruhm als Lohn für entsprechende Anstrengungen. Gemäß diesem antiken Ideal hatte Ariost in seinem *Orlando furioso* (1516) die Summe aller Tugenden wie Arbeit, Eifer und Fleiß, aber auch Willensstärke und Entscheidungskraft als Voraussetzung zur Erlangung von Ruhm proklamiert (Ariost, *Orlando furioso* 4,65). Dem heidnischen Ruhmerwerb entsprach unter christlich-moralischer Perspektive die Allegorie des steinigen und dornenreichen Wegs, von dem Vasari in der Vita des Benozzo Gozzoli ein sprechendes Beispiel gibt (Bettarini/Barocchi, *Vite*, Bd. III, S. 375). In seiner Autobiographie legt Vasari Zeugnis von seinem unbeirrbaren Willen ab, keine Mühen und Unannehmlichkeiten zu scheuen, um sein angestrebtes Ziel zu erreichen, nämlich unter denjenigen zu sein, die dank ihrer vortrefflichen Werke Pensionen und ähnliches erlangt haben (Vasari in einem Brief an Niccolo Vespucci im Jahr 1532; vgl. Frey, Bd. I, S. 1–6).

Mühsal und Entbehrungen, die ein Künstler aus Liebe zu seinem Metier in Kauf nehmen muß und die gemäß der Vorstellung Vasaris notwendige Voraussetzung zur Erlangung von Ruhm sind, nehmen in vielen Passagen der *Vite* die Züge einer leidenschaftlichen Askese an. Sowohl in der Vita Salviatis als auch in seiner Autobiographie behauptet Vasari, daß er während seines Studiums häufig auf die Einnahme von Mahlzeiten verzichtet und Nächte durchwacht hätte, um die kostbare Zeit in Rom nicht mit Nebensächlichkeiten zu vergeuden. In seiner Liebe zur Kunst folgt Vasari seinem großen Idol Michelangelo, von dem er sagt, daß er die Mühen der Kunst liebte (»molto inclinato alle fatiche dell'arte« – Vasari, *Michelangelo*, S. 194). Nirgends kommt Vasaris Konzept der *fatica* (Mühe, Anstrengung) besser zum Ausdruck als in der von ihm beschriebenen Personifikation, die sein Assistent Cristofano Gherardi (*1508 Borgo San Sepolcro – †1556 Florenz) in Anlehnung an die Allegorie der Arbeit (lat. *labor*) folgendermaßen in Szene setzte: »die [...] Personifikation der Arbeit in Gestalt eines robusten, sich mühenden Bauern, der die Gerätschaften zum Bearbeiten des Bodens um sich versammelt hat«. (Vasari, *Salviati und Gherardi*, S. 93). Nur wer sich als Künstler wie ein Bauer mit ungeheurem Einsatz und entsprechendem Rüstzeug seinen Aufgaben widmet, wird zu gegebener Zeit die Früchte seiner Arbeit, sprich Ruhm und Unsterblichkeit, ernten, wie Vasari es in seiner Autobiographie vorgibt.

Bibl.: Cellini, *Mein Leben*; Bandinelli, *Memoriale*; Misch 1969; Jacks 1992; Perini 1997; Weiand 1998; Wagner-Egelhaaf 2000; Stimato 2006; Caleca 2007; Enenkel 2008.

Kunst
bei
Wagenbach

Werbemittelnr.: 9951

Kunst bei Wagenbach

Liebe Leserinnen, Kunstinteressierte und Neugierige,

Seit langem erscheinen im Verlag Klaus Wagenbach Bücher zur Kunst. Dabei interessiert uns weniger die klassische Kunstgeschichte, sondern vor allem ein unorthodoxer Blick auf Bilder im Spannungsfeld zwischen der Größe eines Künstlers und den Wirren seiner Zeit, aber auch die Auftraggeber, Sammler und Betrachter. Oft schauen unsere Autoren auf die große Zeit der Renaissance, oder aber auf die Moderne, zum Beispiel auf Picasso oder das legendäre Cover von Sgt. Pepper.

Kunst bei Wagenbach finden Sie in verschiedenen Reihen, die gebundenen Bände im Sachbuch und in der Kleinen Kulturwissenschaftlichen Bibliothek (**KKB**) sowie in kleiner, handlicher Form in unserer roten Leinenreihe *SVLTO*. Oder, einige Zeit nach dem Erscheinen des Originals, als preiswerte Taschenbuchausgabe (**WAT**).

Aus unserem Programm:

Vittorio M. Lampugnani
Die Stadt im 20. Jahrhundert. Visionen, Entwürfe, Gebautes

Das Opus Magnum des Architekten und Architekturhistorikers Vittorio Magnago Lampugnani über die Stadt im 20. Jahrhundert: eine Ideengeschichte, eine Baugeschichte, eine Kulturgeschichte.

2 Bände im Schmuckschuber. Großformat.
Klappenbroschur. Fadenheftung.
912 S. mit ca. 640, großteils farbigen Abb.
EUR [D/A] 124.00/127.50

Vom Leben der Künstler

Guido Beltramini   Palladio
Lebensspuren

Die Villen und Paläste Andrea Palladios wurden zum Inbegriff der gebauten Sehnsucht nach Süden. Über den Architekten selbst weiß man heute wenig. Der namhafteste Palladio-Forscher legt die bisher verborgenen Spuren seiner Lebensgeschichte frei.

Aus dem Italienischen von Victoria Lorini. *SVLTO*. Rotes Leinen. Fadengeheftet. 120 S. mit vielen Abbildungen
EUR [D/A] 14.90/15.40

Sebastian und Herma C. Goeppert
Jean Cocteau und Pablo Picasso   Eine Künstlerfreundschaft

Ein Buch über die lebenslange Verbindung zwischen zwei Künstlern, die gegensätzlicher kaum sein konnten, und doch ein Paradebeispiel für eine Künstlerfreundschaft.

SVLTO. Rotes Leinen. Fadengeheftet. 112 S. mit vielen, z.T. farbigen Zeichnungen von Picasso und Cocteau
EUR [D/A] 14.90/15.40

Jean Clair   Giacomettis Nase   Fastengesichter, Fastnachtsmasken

Über die Geschichte der Nase in der Kunst und über die zentrale stilbildende Stellung der Nase im Gesamtwerk Giacomettis.
»Der konzentriert mäandernde Blick auf die Nase in Geschichte und Gegenwart wächst sich aus zu einem brillanten Essay über die nicht immer göttlichen Längen der Männlichkeit.«   DIE ZEIT

Aus dem Französischen von Hans Thill. Sachbuch. Gebunden. 96 S. mit vielen, meist farbigen Abbildungen
EUR [D/A] 17.50/18.00

Damian Dombrowski   Botticelli
Ein Florentiner Maler über Gott, die Welt und sich selbst

Eine Handreichung für den Museumsbesucher in Berlin oder München, Florenz oder Rom: achtzehn Gemälde aus allen Schaffensphasen des großen Renaissancemalers Sandro Botticelli, vorgestellt von einem der versiertesten Kenner des Malers.

SVLTO. Rotes Leinen. Fadengeheftet. 144 S. mit zahlreichen Abbildungen
EUR [D/A] 15.90/16.40

Alessandro Conti   Der Weg des Künstlers
Vom Handwerker zum Virtuosen

Die Geschichte des Künstlers vom schlecht bezahlten Handwerker zum unabhängigen Freischaffenden: Über den jahrhundertelangen Weg der Überwindung eines Dienstverhältnisses.

Aus dem Italienischen von Heinz-Georg Held. WAT 328. 256 S. mit vielen Abbildungen. EUR [D/A] 12.50/12.90

Bilder sehen

Gunnar Schmidt   Weiche Displays
Projektionen auf Rauch, Wolken und Nebel

Bühnennebel, Laserinstallationen, Lichtarchitekturen, Himmelsschriften – Gunnar Schmidt öffnet uns die Welt der flüchtigen Bilder und erklärt die wachsende Begeisterung für Medienkunst: statt einfacher Betrachtung ein Erlebnis mit allen Sinnen.

KKB. Gebunden. 160 Seiten mit sehr vielen Abbildungen. EUR [D/A] 22.90/23.60

John Berger   Das Leben der Bilder oder die Kunst des Sehens

Ein nützliches Begleitbuch für den durch Kunstgalerien, Ausstellungen und Museen flanierenden kunstinteressierten Laien.
»Ein anregenderer Reisebegleiter in die Welt der Kunst ist kaum vorstellbar.«   Sigrid Löffler, Österreichischer Rundfunk

Aus dem Englischen von Stephen Tree. *SVLTO*. Rotes Leinen. Fadengeheftet. 132 S. mit Abb. EUR [D/A] 15.90/16.40

John Berger   Das Kunstwerk
Über das Lesen von Bildern

Diese Überlegungen des großen Schriftstellers und Kritikers sind Zwiegespräche mit Bildern: mit denjenigen, die sie malten, und denjenigen, die sie betrachteten.

Mit zahlreichen Abbildungen: ein Hand- und Bilderbuch für den Umgang mit Kunst und den Besuch im Museum.

Aus dem Englischen von Kyra Stromberg. *SVLTO*. Rotes Leinen. Fadengeheftet. 96 S. EUR [D/A] 14.90/15.40

Wolfgang Ullrich   Bilder auf Weltreise
Eine Globalisierungskritik

Wie werden Bilder bei uns verstanden, und wie in der Fremde? Welche Macht üben sie aus und welche Folgen hat das für die Bilder?
»Ullrich schreibt anschaulich, er formuliert elegant, pointiert, präzise und ohne die für das Genre so typische hysterische Emphase.«
                Christian Demand, Bayerischer Rundfunk

KKB. Gebunden. 144 S. mit vielen Abbildungen. EUR [D/A] 19.50/20.10

Frank Zöllner   Leonardos Mona Lisa
Vom Portrait zur Ikone der freien Welt

Die »Mona Lisa« von Leonardo da Vinci ist das bekannteste Bild der Welt, über kein anderes ist mehr gerätselt und spekuliert worden. Das Buch ist gleichzeitig eine kleine Geschichte des Frauenportraits der Renaissance.

WAT 552. 112 S. mit vielen Abbildungen. EUR [D/A] 12.90/13.30

Walter Grasskamp   Das Cover von Sgt. Pepper
Eine Momentaufnahme der Popkultur

»Sgt. Pepper's Lonely Hearts Club Band«, die 1967 erschienene
Langspielplatte der Beatles, zählt zu den erfolgreichsten Schallplat-
ten der Musikgeschichte: nicht zuletzt wegen des Covers, das als
ebenso innovativ und originell wahrgenommen wurde wie die
Musik und das gesamte Konzept des Pop-Albums.

KKB. Gebunden. 136 S. mit sehr vielen, z.T. farbigen Abbildungen. EUR [D/A] 18.50/19.10

Ernst H. Gombrich   Schatten
Ihre Darstellung in der abendländischen Kunst

Ernst H. Gombrich, einer der großen Gelehrten des 20. Jahrhunderts, lenkt den Blick zuweilen auf ebenso einfache wie vergnügli-
che Dinge und zeigt uns »im Leben und in der Kunst« eine andere,
neue Art zu sehen.

Aus dem Englischen von Robin Cackett. *SVLTO.* Rotes Leinen. Fadengeheftet
96 S. mit sehr vielen, z.T. farbigen Abbildungen. EUR [D/A] 15.90/16.40

Peter Burke   Augenzeugenschaft
Bilder als historische Quellen

Ein Grundlagenwerk der Bildwissenschaft: Peter
Burke vermittelt das kritische Werkzeug, um dem,
was Bilder mehr oder anders sagen als Texte, auf
die Spur zu kommen.

Aus dem Englischen von Matthias Wolf. WAT 631. 256 S. mit vielen Abbildungen
EUR [D/A] 13.90/14.30

Horst Bredekamp   Darwins Korallen
Frühe Evolutionsmodelle und die Tradition der Naturgeschichte

Lebensbaum mit dem Menschen als Krone oder Entwicklung der
Arten nach allen Seiten? Bredekamp befragt Darwins Evolutions-
theorie und ihre Bilder.

»Ein geistesgeschichtliches Jongleurstück.«   Der Spiegel

KKB. Gebunden. 112 S. mit vielen, z.T. farbigen Abbildungen. EUR [D/A] 22.50/23.30

Horst Bredekamp   Bilder bewegen
Von der Kunstkammer zum Endspiel

Bredekamp in all seinen Facetten: über die Antike und das Mittelalter und immer wieder über die Renaissance und den Fußball. Exem-
plarische und spielerische Texte, die den großen Bildwissenschaft-
ler vorstellen.

Aufsätze und Reden. Herausgegeben von Jörg Probst. WAT 557. 256 S. mit vielen Abbildungen. EUR [D/A] 13.90/14.30

Kunst und Repräsentation

Andreas Beyer   Andrea Palladio, Teatro Olimpico
Triumpharchitektur für eine humanistische Gesellschaft

Der Italienreisende Goethe war äußerst verblüfft über das von außen unauffällige, innen aber höchst beeindruckende Teatro Olimpico, er fand es »unaussprechlich schön«. Der Palladio-Kenner Andreas Beyer betrachtet das Theater mit heutigen Augen.

WAT 625. 96 S. mit vielen Abbildungen. EUR [D/A] 9.90/10.20

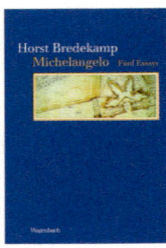

Horst Bredekamp   Michelangelo
Fünf Essays

Michelangelo als Vertragsbrecher, als Scheiternder, als souveräner Künstler, den Mächtigen ebenbürtig, portraitiert von Horst Bredekamp, einem der profiliertesten Kunsthistoriker unserer Zeit.

KKB. Gebunden. 112 S. mit vielen, z.T. farbigen Abbildungen. EUR [D/A] 22.90/23.60

Horst Bredekamp   Sandro Botticelli, La Primavera
Florenz als Garten der Venus

Das berühmteste Rätselbild der italienischen Renaissance, neu gesehen und entschlüsselt.
»Endlich wieder aufgelegt: ein Kunstkrimi um ein Propagandabild im innerfamiliären Krieg der Medici.«   DIE ZEIT

WAT 446. 128 S. mit vielen, z.T. farbigen Abbildungen. EUR [D/A] 11.90/12.30

Wolfgang Ullrich   Uta von Naumburg
Eine deutsche Ikone

Gräfin, Heilige, Madonna, First Lady des Dritten Reichs: Die erstaunliche Karriere einer Sandsteinstatue des Naumburger Doms.
»Wolfgang Ullrich ist ein glänzendes und kenntnisreiches Stück kultureller Rezeptionsgeschichte gelungen.«
                    Karen Lütge, Neue Zürcher Zeitung

WAT 523. 192 S. mit vielen Abbildungen. EUR [D/A] 11.90/12.30

Wolfgang Ullrich   Mit dem Rücken zur Kunst
Die neuen Statussymbole der Macht

»Ullrich analysiert gründlich und mit viel Humor die Motive für die neuartige Allianz von Kunst und Machtelite. Sehr lesenswert.«
                    Harald Falckenberg, art. Das Kunstmagazin

KKB. Gebunden. 128 S. mit vielen, z.T. farbigen Abbildungen. EUR [D/A] 18.50/19.10

Vom Sammeln

Krzysztof Pomian   Der Ursprung des Museums
Vom Sammeln

»Hier kommt die Geschichte des Sammlers in ihrer ganzen Buntheit zu ihrem Recht: ein Feuerwerk!«
Henning Ritter, Frankfurter Allgemeine Zeitung

Aus dem Französischen von Gustav Roßler. WAT 302. 112 S. mit Abbildungen. EUR [D/A] 9.90/10.20

Horst Bredekamp   Antikensehnsucht und Maschinenglauben
Die Geschichte der Kunstkammer und die Zukunft
der Kunstgeschichte

Was hat die Bewunderung antiker Skulpturen mit der Faszination
von Maschinen zu tun?

WAT 361. 128 S. mit vielen Abbildungen. EUR [D/A] 9.90/10.20

Heinz Berggruen   Die Kunst und das Leben
Erinnerungen, Portraits, Schnurren

Der bekannte Kunstsammler und Kunstmäzen Heinz Berggruen
(1914–2007) erzählt über seine Begegnungen mit Kunst und Künstlern, über die Rückkehr nach Berlin, Wiederbegegnungen und altmo-
dische Dinge.

SVLTO. Rotes Leinen. Fadengeheftet. 144 S. mit vielen Abbildungen. EUR [D/A] 15.90/16.40

Wolfgang Ullrich   Gesucht: Kunst!
Das Phantombild eines Jokers

Moderne Kunst findet großen Zuspruch. Doch was steckt hinter der
Begeisterung ihrer Betrachter und Käufer, was löst sie aus? Uner-
schrocken beharrt Wolfgang Ullrich auf dieser Frage.
*»Endlich einer, der nicht nur Provokatives, sondern auch Kluges über
die sukzessive Entleerung des Kunstbegriffs zu sagen wagt.«*

WAT 577. 304 S. mit Abbildungen. EUR [D/A] 14.90/15.40   Neue Zürcher Zeitung

Roland Albrecht   Museum der Unerhörten Dinge
Haben Sie je einen Gedanken daran verschwen-
det, wie der in Prag und Tschechien geläufige
Gruß »Ahoi« in die Seefahrt geriet? Warum
Messwein weiß und nicht rot ist? Warum das Edel-
weiß so hochgeschätzt wird und Kaiserin Maria
Theresia Perlmuttknöpfe für ihre Soldaten haben
wollte? »Dieser Mann findet Antworten auf Fragen, die die Welt nicht kennt!«

SVLTO. Rotes Leinen. Fadengeheftet. 120 S. mit vielen Abb. EUR [D/A] 14.90/15.40

Bitte schicken Sie meine Bestellung an meine Buchhandlung:
(oder falls Sie landeinwärts wohnen, leiten wir Ihre Bestellung an eine Buchhandlung weiter)

Name / Vorname: _____

Straße / Hausnr.: _____

PLZ / Ort: _____

Telefon / Fax: _____

e-mail: _____

Datum: _____

Unterschrift: _____

Stempel Ihrer Buchhandlung

Bestellungen können innerhalb von 14 Tagen schriftlich widerrufen werden.

Wenn Sie mehr über den Verlag und seine Bücher wissen möchten: Bestellen Sie hier die
— _Zwiebel_, unseren Westentaschenalmanach mit Gesamtverzeichnis. Kostenlos!

Verlag Klaus Wagenbach   Emser Str. 40/41   10719 Berlin   www.wagenbach.de   Fax: 030 / 211 61 40

EDITION GIORGIO VASARI

DIE EDITION ZUR FORTSETZUNG –
DAS VASARI-ABONNEMENT

Sie wollen alles über die »hervorragendsten Künstler Italiens« wissen?
Sie können sich keinen schöneren Anblick vorstellen als die vollständige Edition Giorgio Vasari in Ihrem Bücherregal?
Sie wollen zum Kreis der Vasari-Abonnenten gehören?
Dann schenken Sie sich ein Abonnement – bestellen Sie die Bände zur Fortsetzung!
Dabei stehen Ihnen alle Wege offen:

1) Sie bestellen im wohlsortierten Buchhandel und holen sich die zwei Bände, die jeweils im Frühjahr und Herbst erscheinen, vor Ort ab (**der Fußweg**)
2) Sie bestellen direkt bei uns (Verlag Klaus Wagenbach, Vertrieb/ Marketing, Emser Straße 40/41, 10719 Berlin oder vertrieb@wagenbach.de), wir leiten Ihre Bestellung an eine Buchhandlung weiter oder schicken sie Ihnen direkt zu – Sie können sich Ihre Bestellung also wahlweise vor Ort abholen (**Fußweg**) oder per Post zustellen lassen (**Postweg**).
Auf diese Weise erhalten Sie komfortabel und bequem sämtliche Bände zur Fortsetzung.*
Sie können die Edition natürlich auch verschenken: Sie bestellen, Sie zahlen, wir liefern – und Ihre kunstinteressierten Liebsten, Ihre Kinder, Enkel, Großnichten und -neffen, Ihre Verwandten, Bekannten, guten Freunde oder Ihre Schüler, Studenten, Jünger freuen sich über die Edition in Einzelbänden oder im Geschenkabonnement.
Bei Bestellung der Gesamtausgabe erhalten Sie den Band »Kunstgeschichte und Kunsttheorie. Mit Glossar« kostenlos.

*Selbstverständlich erhalten Sie alle Bände auch einzeln, wahlweise auch hier per Fußweg oder Postweg.

EDITION GIORGIO VASARI

In Vorbereitung

Das Leben des Ghiberti   (September 2011)

Das Leben des Lippi, Pesello und Peselli, Castagno, Veneziano und Fra Angelico   (September 2011)

Das Leben des Verrocchio und der Gebrüder Pollaiuolo
(Andrea del Verrocchio, Antonio und Piero del Pollaiuolo)   (April 2012)

Das Leben des Brunelleschi und des Alberti   (April 2012)

Das Leben des Bernardo und Antonio Rossellino, Giuliano da Maiano, Benedetto da Maiano, Desiderio da Settignano
(September 2012)

Die ›Prospettici‹
(Paolo Uccello, Piero della Francesca, Antonello da Messina, Luca Signorelli)   (September 2012)

Das Leben des Domenico Ghirlandaio und des Gherardo Miniatore
(April 2013)

Das Leben des Donatello und des Michelozzo   (April 2013)

Das Leben der Sieneser Maler
(Duccio, Simone Martini und Lippo Memmi, Barna da Siena, Ambrogio Lorenzetti, Pietro Laurati, Taddeo di Bartolo)
(September 2013)

Das Leben der frühen Maler
(Cimabue, Giotto, Cavallini)   (April 2014)

Das Leben der Bildhauer und Architekten des Duecento und des Trecento (Nicola und Giovanni Pisano, Arnolfo di Cambio, Andrea Pisano, Agostino und Agnolo da Siena)   (April 2014)

Das Leben der Künstler des Trecento
(Taddeo Gaddi, Agnolo Gaddi, Buffalmacco, Orcagna, Spinello, Lorenzo Monaco)   (September 2013)

Den aktuellen Stand der Edition und weitere Informationen finden Sie unter www.wagenbach.de

EDITION GIORGIO VASARI

500 Jahre Giorgio Vasari

Maler, Architekt, Schriftsteller, Begründer der europäischen Kunstgeschichte, Erfinder unglaublicher Geschichten

Kaum ein anderes Werk hat auf die Kunstgeschichtsschreibung folgender Generationen so großen Einfluss ausgeübt wie die Lebensbeschreibungen Vasaris.

Giorgio Vasari (*30.7.1511 Arezzo – †24.6.1574 Florenz) war aber auch ein gefragter Maler und Architekt: Er baute die Uffizien in Florenz samt ihrem berühmten Korridor, malte zahlreiche Portraits der Medici und stattete große Säle im Palazzo Vecchio (Florenz) und im Palazzo della Cancelleria (Rom) mit Fresken aus. Kein Wunder, dass Vasari in den *Vite* sein eigenes Leben als Erfolgsmodell eines Renaissancekünstlers beschreibt.

Vasaris Autobiographie *Mein Leben* ist ein Glücksfall für den Leser, denn er lernt nicht nur einen ewig unruhigen, ökonomisch erstaunlich offenen und rasch arbeitenden Künstler kennen, sondern erfährt auch viel über dessen Zeit: über das höfische Leben, über Pfründe und Sammler, über Kollegen und Mäzene, also über den gesamten Kunstmarkt der Renaissance.

Das Leben des Piero di Cosimo, Fra Bartolomeo und Mariotto Albertinelli
160 Seiten   EUR [D/A] 12.90/13.30

Das Leben des Perino del Vaga
128 Seiten   EUR [D/A] 12.90/13.30

Das Leben des Montorsoli und des Bronzino sowie der Künstler der Accademia del Disegno
256 Seiten   EUR [D/A] 14.90/15.40

Das Leben des Francesco Salviati und des Cristofano Gherardi
240 Seiten   EUR [D/A] 14.90/15.40

Das Leben des Daniele da Volterra und des Taddeo Zuccaro
200 Seiten   EUR [D/A] 13.90/14.30

Das Leben des Baccio Bandinelli
160 Seiten   EUR [D/A] 13.90/14.30

Das Leben des Michelangelo
512 Seiten   EUR [D/A] 24.90/25.60

Das Leben der Sangallo-Familie
224 Seiten   EUR [D/A] 14.90/15.40

Das Leben des Tribolo und des Pierino da Vinci
192 Seiten   EUR [D/A] 13.90/14.30

Das Leben des Sandro Botticelli, Filippino Lippi, Cosimo Rosselli und Alesso Baldovinetti
208 Seiten   EUR [D/A] 14.90/15.40

Das Leben der Bellini und des Mantegna
176 Seiten   EUR [D/A] 13.90/14.30

Das Leben des Jacopo della Quercia , Niccolò Aretino, Nanni di Banco und Luca della Robbia
144 Seiten   EUR [D/A] 12.90/13.30

Das Leben des Masolino, des Masaccio, des Gentile da Fabriano und des Pisanello
128 Seiten   EUR [D/A] 12.90/13.30

Das Leben des Perugino und des Pinturicchio
192 Seiten   EUR [D/A] 13.90/14.30

Zur Einführung:

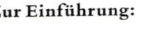 **Jeder nach seinem Kopf**
Die verrücktesten Künstlergeschichten der Renaissance
SVLTO. Rotes Leinen
Fadengeheftet. 96 Seiten
EUR [D/A] 13.90/14.90

Kunstgeschichte und Kunsttheorie ▸
Das Grundlagenwerk zur
Renaissancekunst: Band I der
EDITION. Mit einem Glossar
aller wichtigen Begriffe
aus den *Vite*
Broschiert. 312 Seiten

EDITION GIORGIO VASARI

Bereits erschienen

Kunstgeschichte und Kunsttheorie
2. überarbeitete Auflage   312 Seiten   EUR [D/A] 16.90/17.40

Das Leben des Parmigianino
2. Auflage   96 Seiten   EUR [D/A] 11.90/12.30

Das Leben des Raffael
208 Seiten   EUR [D/A] 12.90/13.30

Das Leben des Pontormo
144 Seiten   EUR [D/A] 11.90/12.30

Das Leben des Sebastiano del Piombo
96 Seiten   EUR [D/A] 10.90/11.30

Das Leben des Rosso Fiorentino
96 Seiten   EUR [D/A] 10.90/11.30

Giorgio Vasari. Mein Leben
192 Seiten   EUR [D/A] 13.90/14.30

Das Leben des Tizian
144 Seiten   EUR [D/A] 12.90/13.30

Das Leben des Giulio Romano
96 Seiten   EUR [D/A] 11.90/12.30

Das Leben des Andrea del Sarto
144 Seiten   EUR [D/A] 12.90/13.30

Steinschneider, Glas- und Miniaturmaler
224 Seiten   EUR [D/A] 14.90/15.40

Das Leben des Leonardo da Vinci
144 Seiten   EUR [D/A] 12.90/13.30

Einführung in die Künste der Architektur, Bildhauerei und Malerei
176 Seiten   EUR [D/A] 13.90/14.30

Sodoma und Beccafumi
160 Seiten   EUR [D/A] 12.90/13.30

Die Leben der Bildhauer des Cinquecento
320 Seiten   EUR [D/A] 16.90/17.40

Das Leben des Sansovino und des Sanmicheli mit Ammannati, Palladio und Veronese
272 Seiten   EUR [D/A] 15.90/16.40

Das Leben des Bramante und des Peruzzi
160 Seiten   EUR [D/A] 13.90/14.30

Die Künstler der Raffael-Werkstatt
256 Seiten   EUR [D/A] 14.90/15.40

Das Leben des Giorgione, Correggio, Palma il Vecchio und Lorenzo Lotto
176 Seiten   EUR [D/A] 13.90/14.30

EDITION GIORGIO VASARI

Pressestimmen

»Wagenbachs Vasari ist der schönste Vasari, den Sie derzeit irgendwo auf der Welt kaufen können.« Arno Widmann, Frankfurter Rundschau

»Kein Superlativ scheint gegenüber diesem Werk übertrieben. Vasaris Viten bilden eine geschlossene Geschichte der Kunst des 14. bis 16. Jahrhunderts, damit wurde ihr Autor zum vielbeschworenen ›Vater der Kunstgeschichte‹. Nun bringt der Wagenbach Verlag eine Neuedition mit neuen Übersetzungen heraus. Ein Blick in die ersten Bände erweist, dass es ihnen auf vorzügliche Weise gelingt, so wörtlich wie möglich an Vasaris Text zu bleiben und zugleich die Melodie seiner Diktion zu wahren. Erstmals seit der Übersetzung Schorn und Försters in das Deutsche des frühen 19. Jahrhunderts liegen damit die Viten in einer Form vor, die vorzüglich lesbar ist, ohne die Genauigkeit der Schilderung preiszugeben. Vasari wie noch nie.«

Horst Bredekamp, Literaturen

Giorgio Vasari: *Der Ursprung der Kunst – der Lydier Gyges. Florenz, Casa Vasari*

EDITION GIORGIO VASARI

IM TASCHENBUCH BEI WAGENBACH

Ohne die Erzählungen Giorgio Vasaris wüssten wir kaum etwas von den ›ausgezeichnetsten‹ Künstlern Italiens. Seine farbigen Lebensberichte, seine Bildbeschreibungen und Anekdoten haben weltweit nicht nur das Bild der italienischen Kunst geprägt, sondern sie haben auch die Kunstbetrachtung aus dem Reich der Legenden geführt und auf historische Füße gestellt. Man kann sagen: Vasari hat in der Mitte des 16. Jahrhunderts, am Ende der Renaissance, die europäische Kunstgeschichte begründet.

Umso mehr muss es verwundern, dass eben diese Lebensbeschreibungen, die *Vite*, im deutschen Sprachraum seit über 100 Jahren nicht mehr übersetzt, geschweige denn kritisch kommentiert, erläutert oder gar mit Hinweisen auf die heutigen Standorte oder Zustände der einzelnen Kunstwerke versehen wurden.

All dies leistet die neue Ausgabe. Sie wird herausgegeben von Alessandro Nova in Zusammenarbeit mit Sabine Feser, Hana Gründler, Matteo Burioni und Katja Burzer, zunächst am Kunsthistorischen Institut der Johann-Wolfgang-Goethe-Universität in Frankfurt am Main, mittlerweile am Kunsthistorischen Institut Florenz. Die meisten Neuübersetzungen besorgte Victoria Lorini.

Die einzelnen Bände sind jeweils einem Künstler oder einer Künstlergruppe gewidmet und folgendermaßen gegliedert:

- Eine kurze Einführung stellt den Text Vasaris aus heutiger Sicht vor.
- Es folgt der Text Vasaris in der neuen Übersetzung.
- Wer mehr wissen will, den informiert ein anschließender Anmerkungsapparat über die neuesten wissenschaftlichen Erkenntnisse. Er ergänzt oder korrigiert Vasari, teilt die wesentlichen Differenzen zwischen der endgültigen zweiten Edition (1568) und der ersten (1550) mit und nennt die heutigen Standorte der Kunstwerke.
- Abbildungen (teilweise in Farbe) zeigen die wichtigsten Werke.

Bisher sind über 30 Bände – jeweils zwei im Frühjahr und Herbst – erschienen. Die Halbzeit ist überschritten! Der mit Abstand umfangreichste Band ist der Vita Michelangelos gewidmet (512 Seiten). Die Lebensbeschreibung Sandro Botticellis erschien pünktlich zum 500. Todestag des Malers im Frühjahr 2010, wie bisher alle Bände zum geplanten Termin herauskamen. Nach 45 Bänden wird das Großprojekt im Frühjahr 2014 abgeschlossen sein.

EDITION GIORGIO VASARI

Die Lebensläufe der berühmtesten Künstler

Wagenbach

Beschreibung der Werke
Giorgio Vasaris, Maler und Architekt
aus Arezzo

*Descrizione dell'opere di Giorgio Vasari
pittore e architetto aretino (1568)*

Nachdem ich bis hierher von den Werken anderer mit der größtmöglichen Sorgfalt und Aufrichtigkeit[1] gesprochen habe, zu der mein Verstand nach besten Kräften fähig war, möchte ich zum Abschluß dieser meiner Mühen der Welt zusammenfassend von den Werken Kenntnis geben, deren Ausführung ich der göttlichen Güte[2] verdanke. Sind sie auch nicht von jener Vollkommenheit, die ich mir wünschen würde, so wird doch derjenige, der sie mit ungetrübtem Blick betrachten möchte, erkennen, daß sie von mir mit Eifer, Sorgfalt und hingebungsvoller Mühe gestaltet worden sind, und daher, wenn nicht Lob, so wenigstens Nachsicht verdienen, abgesehen davon, daß ich sie nicht verbergen kann, da sie ausgestellt und zu sehen sind.[3] Und weil diese vielleicht von irgend jemand anderem beschrieben werden könnten, ist es wohl besser, die Wahrheit zu bekennen und meine Unvollkommenheit selbst anzuklagen, die ich selbst am besten kenne. Sicher wird man, wie ich schon sagte, in ihnen, wenn nicht Vortrefflichkeit und Vollkommenheit, so doch wenigstens den brennenden Wunsch nach guter Ausführung erkennen und eine große, unermüdliche Anstrengung und allergrößte Liebe, die ich unseren Künsten entgegenbringe. Die Regeln wollen es, daß man mir einen großen Teil davon verzeihen wird, wenn ich mein Versagen freimütig bekenne.[4]

Um also mit meinen Anfängen zu beginnen, so meine ich schon genug vom Ursprung meiner Familie, von meiner Geburt und meiner Kindheit gesprochen zu haben und davon, wie ich von meinem Vater Antonio mit allem Wohlwollen auf den Pfad der Tugenden und insbesondere auf jenen des Zeichnens geleitet wurde, dem er mich sehr zugeneigt sah.[5] Von all dem habe ich bereits in der Vita meines Verwandten Luca Signorelli[6] aus Cortona sowie in jener von Francesco Salviati[7] und an vielen anderen Stellen im vorliegenden Werk berichtet, so daß ich mich aus guten Gründen nicht damit aufhalten werde, dieselben Dinge zu wiederholen. Wohl werde ich sagen, daß mir, nachdem ich in meinen frühen Jahren ein paar gute, für die Aretiner Kirchen bestimmte Bilder gezeichnet hatte, die ersten Grundlagen mit gewisser Methode von dem Franzosen Guillaume de Marcillat[8] beigebracht wurden, dessen Werke und Leben wir oben erwähnten.

Im Jahr 1524 wurde ich dann von Silvio Passerini,[9] dem Kardinal von Cortona, nach Florenz gebracht, wo ich mich unter der Leitung von Michelangelo,[10] Andrea del Sarto[11] und anderen einige Zeit dem Zeichnen widmete.[12] Doch als 1527 die Medici und insbesondere Alessandro und Ippolito[13] aus Florenz vertrieben wurden, in deren Diensten ich dank der Vermittlung des genannten Kardinals ungeachtet meiner Jugend stand, ließ mich Don Antonio, mein Onkel väterlicherseits, nach Arezzo zurückkehren, weil mein Vater kurz zuvor an der Pest gestorben war.[14] Jener Don Antonio hielt mich von der Stadt fern, damit ich nicht mit der Pest infiziert würde, und dies war der Grund, weshalb ich – um dem Müßiggang zu entrinnen – in der Umgebung von Arezzo unweit unseres Wohnorts für die Bauern der Region einige Werke in Fresko auszuführen begann, obwohl ich so gut wie nie zuvor mit Farben gearbeitet hatte.[15] Während ich dies tat, wurde mir bewußt, daß Ausprobieren und eigenständiges Arbeiten lehrreich ist und darüber hinaus zu bester Praxis verhilft.

Im darauffolgenden Jahr 1528, nach dem Ende der Pestepidemie, war mein erstes Werk eine kleine, an einem Pfeiler angebrachte Tafel für die Servitenkirche San Pietro in Arezzo, in der drei Halbfiguren dargestellt sind: die Heilige Agatha, der Heilige Rochus und der Heilige Sebastian.[16] Als der hochangesehene Maler Rosso in jenen Tagen nach Arezzo kam,[17] dieses Gemälde sah und in ihm etwas Gutes, nach der Natur Gebildetes erkannte, wollte er mich kennenlernen und half mir daraufhin mit Zeichnungen und Rat. Es verging nicht viel Zeit, bis Messer Lorenzo Gamurrini dank seiner Vermittlung eine Tafel bei mir in Auftrag gab, für die mir Rosso den Entwurf anfertigte und die ich dann mit größtmöglichem Eifer, mit Anstrengung und Sorgfalt ausführte, um [daraus] zu lernen und damit zu beginnen, mir einen Namen zu machen.[18] Und wären Können und Wollen einander gleichgekommen, wäre bald ein annehmbarer Maler aus mir geworden, so sehr bemühte ich mich und studierte ich die Prinzipien der Kunst. Doch fand ich heraus, daß die Schwierigkeiten wesentlich größer waren, als ich sie anfangs eingeschätzt hatte. Dennoch verlor ich nicht den Mut und ging nach Florenz zurück, wo ich mich der Goldschmiedekunst zuwandte, weil ich erkannt hatte, daß ich ohne größeren Zeitaufwand nicht solche Fortschritte würde machen können, um meine drei jüngeren Schwestern und meine zwei jüngeren Brüder zu unterstützen, die mir mein Vater hinterlassen hatte.[19] Ich blieb dort allerdings nur kurze Zeit, da sich 1529 das Kriegsgeschehen[20] nach Florenz verlagerte, und ging mit meinem sehr guten Freund, dem Goldschmied Manno,[21] nach Pisa, wo ich den Beruf des Goldschmieds aufgab und den Bogen über dem Tor des alten Bruderschaftsgebäudes der Florentiner freskierte sowie einige Ölgemälde ausführte, die mir von Don Miniato Pitti,[22] damals Abt von Agnano bei Pisa, und von Luigi Guicciardini,[23] der sich zu dieser Zeit in Pisa aufhielt, in Auftrag gegeben worden waren.

Als der Krieg sich dann von Tag zu Tag ausweitete, faßte ich den Entschluß, nach Arezzo zurückzukehren. Da dies nicht auf dem direkten und üblichen Weg möglich war, begab ich mich durch die Berge von Modena nach Bologna. Als ich dort erfahren hatte, daß man für die Krönung Karls V. einige Triumphbögen malte, bekam ich trotz meines jugendlichen Alters Gelegenheit, mir Gewinn und Ehre zu erarbeiten, und weil ich recht fähig zeichnete, hätte ich dort bleiben können und Arbeit gefunden. Aber der Wunsch, meine Familie und meine Verwandten wiederzusehen, war der Grund, daß ich, als ich gute Begleitung gefunden hatte, nach Arezzo zurückkehrte, wo ich meine Angelegenheiten dank der fürsorglichen Obhut meines Onkels Don Antonio in gutem Zustand vorfand und mich nun mit ruhigem Gewissen wieder dem Zeichnen widmete und auch ein paar

Kleinigkeiten in Öl malte, die nicht von großer Bedeutung sind. Unterdessen schickte besagter Don Miniato Pitti nach mir, der entweder zum Abt oder Prior von Sant'Anna, dem Kloster von Monte Oliveto in der Region von Siena, ernannt worden war. So kam es, daß ich für ihn und für Albenga,[24] ihren Ordensgeneral, einige Bilder und noch andere Malereien ausführte. Als derselbe dann zum Abt von San Bernardo in Arezzo ernannt worden war, malte ich ihm für die Orgelempore zwei Bilder in Öl, die Hiob und Moses zeigen.[25] Weil dieses Werk den Mönchen gefiel, ließen sie mich vor dem Hauptportal der Kirche, im Gewölbe und an den Wänden eines Säulengangs einige Fresko-Malereien ausführen: die vier Evangelisten mit Gottvater im Gewölbe und einige andere Figuren in Lebensgröße.[26] Als der wenig erfahrene Jüngling, der ich war, schuf ich nicht, was ein geübter Maler vollbracht hätte, doch tat ich, was ich vermochte, und in Anbetracht meines jugendlichen Alters gefiel es jenen Patern nicht schlecht.

Gerade hatte ich dieses Werk fertiggestellt, als Kardinal Ippolito de' Medici mit der Postkutsche durch Arezzo kam und mich – wie in der Vita von Salviati berichtet – mit nach Rom in seine Dienste nahm, wo ich dank der Freundlichkeit dieses Herrn Muße hatte, mich viele Monate dem Studium der Zeichenkunst zu widmen. Und ich darf aufrichtig sagen, daß diese Annehmlichkeit und das Studium jener Tage meine wahren und grundlegenden Lehrer in dieser Kunst gewesen sind, auch wenn mir die weiter oben Genannten anfangs nicht wenig genützt haben und der sehnliche Wunsch zu lernen und ein unermüdlicher Drang, Tag und Nacht in einem fort zu zeichnen, in meinem Herzen niemals erloschen sind. Von großer Hilfe war mir zu dieser Zeit außerdem der Wetteifer unter den Jugendlichen meinesgleichen, die meine Kameraden waren und von denen später die meisten in unserer Kunst hervorragend gewesen sind. Ein ebenfalls nicht unwesentlicher Ansporn war der Wunsch nach Ruhm und der Anblick jener vielen, die es vermocht hatten, Außerordentliches zu leisten und Rang und Ehren zu erlangen. Daher sagte ich einige Male zu mir selbst: »Warum steht es nicht in meiner Macht, mir durch beharrliche Anstrengung und Übung die Größe und den Rang zu verschaffen, die sich viele andere erworben haben? Auch sie bestehen doch nur aus Fleisch und Knochen wie ich.«[27] Getrieben von so vielen heftigen Stacheln und der Erkenntnis, daß meine Familie meiner bedurfte, beschloß ich, keine Mühsal und Entbehrung, keine durchwachte Nacht und keine Anstrengung zu scheuen, um dieses Ziel zu erreichen. Nachdem ich mir dies in den Kopf gesetzt hatte, gab es damals kein bedeutendes Werk in Rom und dann in Florenz und den anderen Orten, an denen ich verweilte, das ich in meiner Jugend nicht gezeichnet hätte: Dies waren nicht nur Gemälde, sondern auch antike und moderne Skulpturen und Bauwerke. Und außer dem Nutzen, den ich aus dem Zeichnen von Michelangelos Gewölbe und Kapelle zog, gab es kein Werk von Raffael,[28] Polidoro[29] und Baldassarre aus Siena,[30] das ich nicht ebenfalls zusammen mit Francesco Salviati gezeichnet hätte, wie bereits in seiner Vita berichtet wurde. Damit jeder von uns beiden die Zeichnungen aller Werke besäße, zeichneten wir des Tags nicht ein und dasselbe, sondern verschiedene Dinge. Nachts kopierten wir dann einer vom anderen die Blätter, um Zeit zu gewinnen und mehr Routine zu bekommen. Ganz zu schweigen davon, daß wir morgens meistens nichts und wenn, dann nur eine Kleinigkeit im Stehen aßen.

Nach jener unglaublichen Kraftanstrengung war das erste Werk, das aus meiner Hand wie aus der eigenen Schmiede hervorging,[31] ein großes Bild in Lebensgröße, das eine Venus mit den Grazien darstellt, die diese schmücken und schön zurechtmachen; mit seiner Ausführung hatte mich Kardinal de' Medici beauftragt. Als ein Jugendwerk ist dieses Bild kaum der Rede wert und ich würde es nicht erwähnen, wenn es mir nicht willkommen wäre, mich auch an jene frühen Anfänge und die vielen Vorteile zu erinnern, die ich zu Beginn in den Künsten erfuhr.[32] Es genügt, daß dieser Herr und andere mir glaubhaft machten, daß dies etwas von einem, ich weiß nicht wie gearteten, guten Anfang hatte und eine lebendige, greifbare Würde besaß. Ich hatte dort unter anderem dank eines Einfalls von mir einen lüsternen Satyr gemalt, der sich, hinter einigen Zweigen versteckt, am Anblick der nackten Grazien und der Venus erfreut und

Bildnis Herzog Alessandro de' Medicis. Florenz, Uffizien (Depot)

ergötzt. Dies gefiel dem Kardinal dermaßen, daß er mir – nachdem er mich völlig neu eingekleidet hatte – den Auftrag gab, in einem größeren, ebenfalls in Öl ausgeführten Bild den Kampf der Satyrn im Gefolge von Faunen, Waldwesen und Kindern darzustellen, die gewissermaßen ein Bacchanal veranstalten. Ich begann also damit, den Karton zu zeichnen und führte anschließend eine

Grablegung Christi. Arezzo, Casa Vasari

farbige Skizze auf der zehn Ellen langen Leinwand aus.[33] Als dann
der Kardinal nach Ungarn aufbrach, stellte er mich Papst
Clemens[34] vor und ließ mich unter dem Schutz Seiner Heiligkeit
zurück, der mich in die Obhut seines Kammerdieners, Herrn
Geronimo Montauto, gab.[35] Weil ich dem römischen Klima in

diesem Sommer entfliehen wollte, gab dieser mir einige Empfehlungsschreiben, die es mir ermöglicht hätten, in Florenz bei Herzog Alessandro empfangen zu werden. Es wäre gut gewesen, hätte ich dies getan, denn da ich mich trotz Hitze, Luft und Mühsal entschloß, in Rom zu bleiben, wurde ich dermaßen krank, daß ich gezwungen war, mich zur Genesung auf Karren nach Arezzo bringen zu lassen. Endlich geheilt, kam ich um den 10. Dezember nach Florenz, wo ich von besagtem Herzog freundlich empfangen und bald darauf in die Obhut von Messer Ottaviano de' Medici gegeben wurde. Dieser stellte mich derart unter seinen Schutz, daß er mich zeit seines Lebens an Sohnes statt annahm: Ich werde das gute Andenken an ihn immer in Ehren halten und mich an ihn als einen ungemein liebevollen Vater erinnern.[36]

Als ich zu meinen üblichen Studien zurückgekehrt war, hatte ich dank besagtem Herrn die Gelegenheit, nach meinem Belieben die Neue Sakristei von San Lorenzo zu betreten, wo sich die Werke Michelangelos befinden, der in jenen Tagen nach Rom gegangen war. Und so studierte ich diese für einige Zeit sehr sorgfältig, so wie sie dort am Boden lagen.[37] Dann ging ich an die Arbeit und schuf in einem Bild von drei Ellen Länge einen toten Christus, der von Nikodemus, Joseph und anderen zu Grabe getragen wird, und dahinter die weinenden Marien [siehe Seite 19].[38] Als das Bild vollendet war, kam es zum guten und glücklichen Beginn meiner Tätigkeit in den Besitz von Herzog Alessandro. Nicht nur schätzte es dieser sein Leben lang, es befand sich auch später immer im Gemach von Herzog Cosimo[39] und ist nun in dem seines Sohnes, des hochverehrten Prinzen.[40] Und wenn ich auch manchmal den Wunsch hatte, an einigen Stellen nochmals Hand anzulegen, um sie zu verbessern, ließ man mich dies nicht tun. Nachdem also Herzog Alessandro dieses erste Werk von mir gesehen hatte, beauftragte er mich, den ebenerdigen Raum im Medici-Palast zu vollenden, der – wie gesagt – von Giovanni da Udine[41] unvollendet zurückgelassen worden war. Ich malte dort vier Szenen mit Cäsars Taten: wie er in einer Hand seine *Commentarii* und im Mund das Schwert hat; wie er die Schriften des

Pompeus verbrennt, um die Werke seiner Feinde nicht anzusehen; wie er sich auf See, von einem Unwetter heimgesucht, einem Steuermann zu erkennen gibt, und schließlich seinen Triumphzug, der aber nicht ganz fertig wurde.[42] Zu jener Zeit gab mir der Herzog, obwohl ich kaum mehr als achtzehn Jahre zählte,[43] monatlich einen Lohn von sechs Scudi, freie Verpflegung sowie einen Diener, Wohnräume und viele andere Annehmlichkeiten. Und obgleich mir bewußt war, einen so hohen Rang nicht zu verdienen, tat ich mit Liebe und Sorgfalt mein Möglichstes. Auch schien es mir keine Mühe, bei Älteren nachzufragen, was ich nicht wußte, und so wurde mir mehrmals mit Rat und Tat von Tribolo,[44] Bandinelli[45] und anderen geholfen.

Ich malte dann gemäß einer neuen Erfindung in einem Bild von drei Ellen Höhe besagten Herzog Alessandro in Rüstung und nach dem Leben porträtiert auf einem Stuhl, der aus gefesselten Gefangenen und anderen Phantasien gebildet ist [siehe Seite 18]. Ich entsinne mich, daß ich außer dem Bildnis, das ihm ähnlich war, die Politur dieser Rüstung hellschimmernd, glänzend und ihrer Eigenheit entsprechend zu gestalten beabsichtigte und kurz davor war, den Verstand zu verlieren, so sehr mühte ich mich damit ab, jede Einzelheit naturgetreu wiederzugeben. Als ich aber die Hoffnung aufgegeben hatte, mich in diesem Werk der Wirklichkeit annähern zu können, zog ich Jacopo da Pontormo[46] hinzu, dem ich aufgrund seines großen Könnens Respekt zollte, um ihm das Werk zeigen und mich von ihm beraten zu lassen. Als dieser das Bild sah und er meine Leidenschaft erkannte, sagte er wohlwollend zu mir: »Mein Sohn, solange diese echten glänzenden Waffen neben diesem Bild stehen, werden dir deine immer wie gemalt erscheinen, denn obwohl Bleiweiß die härteste Farbe ist, der sich die Kunst bedient, ist Eisen dennoch viel härter und glänzender. Nimm die echten Waffen weg und du wirst sehen, daß deine vorgetäuschten längst nicht so mißlungen sind, wie du glaubst.«[47] Als es fertig war, übergab ich dieses Bild dem Herzog und jener schenkte es Messer Ottaviano de' Medici, in dessen Besitz es sich bis zum heutigen Tag zusammen mit dem Porträt der damals jungen Katharina, Schwester

Bildnis des Lorenzo de' Medici. Florenz, Uffizien

besagten Herzogs und dann Königin von Frankreich,[48] sowie jenem des erlauchten Lorenzo des Älteren befindet [siehe oben].[49] Im selben Besitz sind drei weitere Bilder von mir aus meiner Jugend: In einem ist dargestellt, wie Abraham Isaak opfert, das zweite zeigt Christus im Garten und das andere das Abendmahl, das er mit den Aposteln einnimmt.[50] Als unterdessen Kardinal Ippolito verstorben war, in den ich all meine Hoffnungen gesetzt hatte, wurde mir allmählich bewußt, wie trügerisch doch oft die Hoffnungen dieser Welt sind und wie notwendig es ist, Vertrauen in sich selbst zu haben und von einer Sache grundsätzlich überzeugt zu sein.

Als ich im Anschluß an diese Werke sah, daß der Herzog ganz und gar von Befestigungs- und Bauprojekten eingenommen war, begann ich mich in dem Wunsch, ihm besser dienen zu können, mit der Architektur zu beschäftigen, und verwendete viel Zeit darauf.[51] Unterdessen war man im Jahr 1536 mit der Ausarbeitung der Festdekoration für den Empfang von Kaiser Karl V.[52] in Florenz beschäftigt, und wie es schon in der Vita von Tribolo hieß, gab der Herzog den Verantwortlichen für das Fest Anweisung, mich beim Entwurf aller [Triumph-]Bögen und aller anderen für diesen Empfang zu gestaltenden Ausschmückungen hinzuzuziehen. Um mich zu belohnen, wurde mir danach auch die Ausführung der großen Burgfahnen zugeteilt und, wie schon gesagt, die Fassade, die man bei San Felice in Piazza in Form eines Triumphbogens errichtete und die vierzig Ellen hoch und zwanzig breit war. Dazu kam noch die Ausschmückung des Portals von San Piero Gattolini – alles Werke von großen Ausmaßen, die meine Kräfte überstiegen. Schlimmer war, daß ich mir durch diese Begünstigungen tausendfachen Neid eingehandelt hatte und daraufhin ungefähr zwanzig Männer, die mir bei der Anfertigung der Fahnen und anderen Arbeiten halfen, mich von dem einen oder anderen überredet im Stich ließen, damit ich nicht in der Lage wäre, so viele und so bedeutende Werke auszuführen. Weil ich aber die Bösartigkeit gewisser Leute voraussah, die ich immer zu unterstützen versucht hatte, kümmerte ich mich selbst um meine Angelegenheiten und bemühte mich, diese Schwierigkeiten und Anfeindungen mit Hilfe der Werke selbst zu überwinden, indem ich einerseits eigenhändig Tag und Nacht arbeitete, andererseits von Malern unterstützt wurde, die ich von auswärts holte und die mir heimlich halfen.[53] Unterdessen hatte

Bertoldo Corsini,[54] der damalige Generalinspektor Seiner Exzellenz, dem Herzog hinterbracht, daß ich so vieles übernommen hätte, was ich niemals rechtzeitig ausführen könnte, und daß die Arbeiten weit im Rückstand seien, weil ich überhaupt keine Männer zur Verfügung hätte. Als der Herzog deshalb nach mir schickte und mich wissen ließ, was er vernommen hatte, gab ich ihm zur Antwort, daß meine Arbeiten, wie sich Seine Exzellenz nach Belieben überzeugen könne, fast fertiggestellt waren und daß das Ergebnis dem Ganzen schmeicheln würde. Nachdem ich ihn verlassen hatte, dauerte es nicht lange, bis er mich dort, wo ich arbeitete, heimlich aufsuchte, sich alles besah und die Mißgunst und Bösartigkeit jener erkannte, die mich grundlos beschuldigt hatten. Als der Zeitpunkt gekommen war, an dem alles gerichtet sein sollte, hatte ich zur großen Zufriedenheit des Herzogs und der Allgemeinheit meine Arbeiten ganz vollendet und an ihren jeweiligen Ort gebracht, während man die [Werke] von einigen anderen, die mehr an mich als an sich selbst gedacht hatten, unvollendet aufstellte. Nach Beendigung der Festlichkeiten schenkte mir der Herzog außer den vierhundert Scudi, die mir für die Werke ausbezahlt worden waren, weitere dreihundert, die er jenen abzog, die ihre Werke getreu der Übereinkunft nicht fristgerecht zu Ende geführt hatten. Mit dem überschüssigen Geld und der Schenkung vermählte ich eine meiner Schwestern und half kurze Zeit später einer weiteren, Nonne bei den Murate von Arezzo zu werden,[55] indem ich dem Kloster außer der Mitgift oder besser dem Almosen eine von mir gemalte Tafel mit der Darstellung der Verkündigung überließ und dazu noch ein Sakramentstabernakel, das darin eingelassen war. Diese Tafel wurde in ihrem Chor aufgestellt, wo sie den Gottesdienst abhalten.[56]

Danach erteilte mir die Bruderschaft vom Corpus Domini aus Arezzo den Auftrag, die Tafel für den Hochaltar von San Domenico zu gestalten, in der ich eine Kreuzabnahme malte.[57] Wenig später begann ich im Auftrag der Bruderschaft von San Rocco mit der Altartafel für ihre Kirche in Florenz.[58] Gerade als ich dabei war, mir unter der Obhut von Herzog Alessandro Ehre, Namen und Wohlstand zu verschaffen, wurde der arme Herr auf grausame Weise getötet, und jede Hoffnung auf das, was ich dank seiner Gunst vom Schicksal erwartete, wurde mir genommen. Und weil Clemens, Ippolito und Alessandro innerhalb weniger Jahre gestorben waren, faßte ich auf Anraten von Messer Ottaviano den Entschluß, nicht länger dem Schicksal der Höfe folgen zu wollen, sondern bloß der Kunst, obwohl es leicht gewesen wäre, mit Herrn Cosimo de' Medici, dem neuen Herzog, übereinzukommen.[59] So fuhr ich in Arezzo mit der genannten Tafel und der Ausschmückung der Fassade von San Rocco fort und begann, meine Sachen zu ordnen, um nach Rom zu gehen. Da wurde ich dank der Vermittlung von Messer Giovanni Pollastra[60] und durch den Willen Gottes (dem ich mich stets anempfohlen habe und dem ich all mein Glück verdanke und immer verdankt habe) nach Camaldoli, dem Hauptsitz der Kamaldulenser,[61] zu den Patres dieser Einsiedelei gerufen, um zu erfahren, was sie in ihrer Kirche zu gestalten dachten. Dort angekommen, fand ich an der rauhen, endlosen Einsamkeit und Ruhe dieses heiligen Ortes großen Gefallen.[62] Obwohl ich gleich bemerkte, daß diese ehrwürdig aussehenden Patres angesichts meiner Jugend Bedenken hatten, faßte ich mir ein Herz und sprach auf eine Weise zu ihnen, daß sie beschlossen, sich für die vielen Öl- und Freskomalereien, die in ihrer Kirche von Camaldoli ausgeführt werden sollten, meiner Arbeit zu bedienen. Als sie aber wünschten, daß ich zuallererst die Tafel des Hochaltars gestaltete, überzeugte ich sie mit guten Argumenten, daß es besser sei, zunächst eines von den kleineren Werken zu malen, die für den Lettner bestimmt waren, und daß ich, wenn dieses beendet sei und es ihnen gefiele, fortfahren könnte. Darüber hinaus wollte ich mit ihnen keinen festen Vertrag über meinen Lohn abschließen, sondern erklärte, daß sie mich nach Vollendung meiner Arbeit für das, was ihnen gefiele, ihrer Vorstellung gemäß bezahlen, und was ihnen nicht zusage, an mich zurückgeben könnten, da ich es dann sehr gerne für mich behalten würde. Diese Bedingung erschien ihnen mehr als ehrenhaft und zuvorkommend, und so waren sie zufrieden, als ich mich an die Arbeit machte.[63] Nachdem sie mir gesagt hatten, daß sie dort die Madonna mit ihrem Sohn im Arm dargestellt haben wollten,

zusammen mit Johannes dem Täufer und dem Heiligen Hieronymus – beide im Wald lebende Eremiten –, verließ ich die Einsiedelei und stieg hinab zu ihrer Abtei von Camaldoli, wo ich
dann rasch einen Entwurf machte, der ihnen gefiel. Also begann
ich mit der Tafel und hatte zur großen Freude jener Patres (soweit
sie es erkennen ließen) und meiner eigenen diese innerhalb von
zwei Monaten ganz vollendet und an den für sie vorgesehenen
Ort gebracht.[64] In den beiden Monaten an diesem Ort erfuhr ich,
wieviel dienlicher für die Studien angenehme Ruhe und redliche
Einsamkeit sind als der Trubel auf den Plätzen und an den Höfen,
und ich erkannte, so sage ich, meinen Irrtum, meine Hoffnungen
vormals auf die Menschen und die Nichtigkeiten und Ränke-
spiele dieser Welt gesetzt zu haben.[65] Nach Vollendung besagter
Tafel beauftragten sie mich sofort, den Rest des Kirchenlettners
zu gestalten, das heißt die Szenen und anderes, was dort unten
und oben zu freskieren war. Dies sollte ich im kommenden Sommer gestalten, da es in solchen Höhen und inmitten dieser Berge
im Winter kaum möglich ist, in Fresko zu malen.

Unterdessen nach Arezzo zurückgekehrt, vollendete ich die
Altartafel für die Kirche San Rocco, in der ich die Madonna mit
sechs Heiligen und Gottvater mit Pfeilen in der Hand malte, die
die Pest versinnbildlichen. Während er im Begriff ist, diese zu
schleudern, richten der Heilige Rochus und weitere Heilige ihre
Fürbitte für das Volk an ihn. Auf der Wand befinden sich viele in
Fresko gemalte Figuren[66] und zusammen mit jenen der Altartafel sind sie, wie sie eben sind. Dann ließ Bruder Bartolomeo
Graziani, ein Ordensbruder von Sant'Agostino in Monte Sansavino, in Val di Caprese nach mir schicken und erteilte mir den
Auftrag, für den Hauptaltar der Kirche Sant'Agostino auf ge-
nanntem Berg eine große Tafel in Öl zu malen. Dahingehend
übereingekommen, begab ich mich nach Florenz, um Messer
Ottaviano zu sehen. Dort blieb ich einige Tage und hatte Mühe,
dafür zu sorgen, daß er mich nicht wieder in den Dienst bei Hofe
stellte, wie es seine Absicht war. Doch gewann ich die Auseinan-
dersetzung mit guten Argumenten und beschloß, in jedem Fall
nach Rom zu gehen, bevor ich irgend etwas anderes tun würde.

Dies gelang mir jedoch nicht eher, als bis ich für genannten Messer Ottaviano eine Kopie von jenem Bild angefertigt hatte, in dem Raffael von Urbino Papst Leo, Kardinal Giulio de' Medici und Kardinal de' Rossi porträtiert hatte, weil der Herzog sein Eigentum, das damals im Besitz von Messer Ottaviano war, zurückhaben wollte.[67] Diese von mir geschaffene Kopie befindet sich heute im Haus der Erben jenes Herrn, der mir bei meiner Abreise nach Rom einen Wechsel über fünfhundert Scudi auf Giovanbattista Puccini[68] ausstellte, der ihn mir auf jede Anfrage von meiner Seite hin auszahlen sollte, und sagte zu mir: »Nimm dies, um dich deinen Studien widmen zu können; wenn du später in der Lage bist, kannst du es mir je nach Belieben mit Werken oder Bargeld zurückerstatten.«

Im Februar des Jahres 1538 schließlich in Rom eingetroffen, verweilte ich dort den ganzen Juni und widmete mich in Gesellschaft von meinem Lehrling Giovanbattista Cungi[69] aus Borgo dem Zeichnen all jener Dinge, die ich beim letzten Mal in Rom ausgelassen hatte, darunter besonders jene, die sich in den unterirdischen Grotten[70] befanden. Auch ließ ich kein Bauwerk und keine Skulptur ungezeichnet und unvermessen, und ich kann wirklich sagen, daß es mehr als dreihundert Zeichnungen waren, die ich in diesem Zeitraum anfertigte: Viele Jahre bereiteten sie mir Vergnügen und Nutzen, indem ich sie immer wieder betrachtete und die Erinnerung an die Werke in Rom auffrischte. Wie sehr mir diese Anstrengungen und die Übung nach meiner Rückkehr in die Toskana genutzt haben, erkennt man in der Tafel, die ich für Monte Sansavino schuf, bei der ich in ungleich besserem Stil eine Himmelfahrt Mariens malte und darunter – außer den Aposteln, die sich um das Grab scharen – den Heiligen Augustinus und den Heiligen Romuald.[71]

Nach Camaldoli zurückgekehrt, wie ich es jenen Einsiedler-Mönchen versprochen hatte, schuf ich in der anderen Tafel des Lettners eine Geburt Christi [siehe Seite 6], wobei ich eine Nachtszene vortäuschte, die durch den Glanz des neugeborenen Christuskindes erhellt wird, umringt von einigen Schäfern, die es anbeten. Dabei versuchte ich, mit Hilfe der Farben Sonnenstrahlen nachzuahmen, und malte die Figuren und alles andere in diesem Werk nach der Natur und im Lichtschein, damit sie soweit wie möglich der Wirklichkeit ähnelten. Da dieses Licht nicht über die Hütte hinaus zu leuchten vermochte, schuf ich darüber und ringsherum ein strahlendes Licht, das vom Glanz der Engel ausgeht, die in der Luft *Gloria in excelsis Deo* singen. Für Licht sorgen darüber hinaus an einigen Stellen die Schäfer, die mit angezündeten Strohgarben umherlaufen, und teilweise auch der Mond, der Stern und der Engel, der einigen Schäfern erscheint. Was die Hütte betrifft, so malte ich einige von mir frei erfundene Altertümer mit zerbrochenen Statuen und weitere ähnliche Dinge.[72] Kurz und gut, ich führte dieses Werk mit all meinen Kräften und nach bestem Wissen aus, und obwohl es mir nicht gelang, mit Hand und Pinsel das große Verlangen und den Willen nach bester Leistung zu erfüllen, so gefiel dieses Bild doch vielen. So dichtete Messer Fausto Sabeo,[73] ein Mann von höchster Bildung und damals Kustode der päpstlichen Bibliothek, wie auch einige andere nach ihm, viele lateinische Verse zum Lob auf dieses Bild, wahrscheinlich mehr durch die große Zuneigung [zu mir] dazu bewogen als durch die Vortrefflichkeit des Werks. Wie dem auch sei, sollte sich darin etwas Gutes finden, so war dies ein Geschenk Gottes. Nach Vollendung dieser Tafel beschlossen die Patres, daß ich an der Wand die dort vorgesehenen Szenen freskieren solle. Ich malte also über dem Portal eine Ansicht der Einsiedelei, auf der einen Seite den Heiligen Romuald mit einem venezianischen Dogen, der ein Heiliger war, und auf der anderen eine Vision, die besagter Heiliger an der Stelle empfing, wo er später seine Klause errichtete. Dazu kamen einige Phantasien, Grotesken und weitere Dinge, die dort zu sehen sind.[74] Und nachdem ich dies beendet hatte, erteilten sie mir den Auftrag, im Sommer des kommenden Jahres zurückzukehren, um die Tafel für den Hochaltar zu malen. Unterdessen begegnete der schon erwähnte Don Miniato Pitti, seinerzeit Visitator der Kongregation von Monteoliveto, dem Florentiner Don Filippo Serragli,[75] Abt von San Michele in Bosco in Bologna, nachdem er die Tafel von Monte Sansavino und die Werke von Camaldoli gesehen hatte. Und er sagte zu ihm, daß er, da das Refektorium dieses ehrwürdigen Klosters mit Malereien versehen werden sollte, der Ansicht sei, man solle mich und keinen anderen mit diesem Werk beauftragen. Ich ging deshalb nach Bologna, und obwohl das Werk von großen Ausmaßen und von Bedeutung war, nahm ich den Auftrag an.[76] Zunächst wollte ich jedoch die berühmtesten Malereien dieser Stadt sehen, die von Bologneser Künstlern und anderen stammten.[77] Das Werk an der Stirnseite jenes Refektoriums wurde in drei Bilder unterteilt. In einem sollte die Szene dargestellt werden, wie Abraham im Tal Mamre das Mahl für die Engel bereitet,[78] im zweiten Christus, der im Haus von Maria Magdalena und Martha mit jener Martha spricht und ihr sagt, daß Maria den besten Teil erwählt hat.[79] Und im dritten sollte der Heilige Gregor bei der Speisung mit zwölf Armen gemalt sein, unter denen er Christus erkannte [siehe Seite 30].[80] Nachdem ich mit der Arbeit begonnen hatte, stellte ich in diesem letzten [Bild] den Heiligen Gregor an der Tafel eines Konvents dar, bedient von den in Weiß gekleideten Mönchen dieses Ordens, um jene Patres ihren Wünschen gemäß darin unterzubringen. Außerdem verlieh ich der Figur dieses Heiligen die Gesichtszüge von Papst Clemens VII. und porträtierte unter den vielen Herren, Botschaftern, Fürsten und anderen Persönlichkeiten, die ihm beim Essen zuschauen, Herzog Alessandro de' Medici zur Erinnerung an die Wohltaten und Gunstbezeugungen, die ich von seiner Seite empfangen hatte, und zum Andenken an das, was er war; und mit ihm stellte ich viele meiner Freunde dar. Unter denjenigen, die am Tisch die Speisen für die Armen auftragen, porträtierte ich einige mir befreundete Brüder jenes Konvents und ein paar Fremde, die mir als Schatzmeister, Kellermeister und anderes dienten; und ebenso den Abt Serragli, den Ordensgeneral Don Cipriano aus Verona und [Herrn] Bentivoglio. Desgleichen gab ich die natürliche Beschaffenheit der päpstlichen Roben wieder, indem ich Samt, Damast und andere aus Gold und Seide gewirkte Stoffe aller Art nachahmte. Das Tafelgeschirr, Gefäße, Tiere und andere Dinge ließ ich dann Cristofano aus Borgo ausführen, wie in des-

Gastmahl des Heiligen Gregor. Bologna, Pinacoteca Nazionale

sen Vita berichtet wurde. In der zweiten Szene bemühte ich mich, Köpfe, Kleider und Gebäude so zu gestalten, daß sie sich nicht nur von der ersten unterscheiden, sondern auch soweit wie möglich die Zuneigung Christi bei der Belehrung Magdalenas und die Erregung und Lebhaftigkeit Marthas bei der Vorbereitung des Festmahls zum Ausdruck bringen und auch den Schmerz darüber, von ihrer Schwester mit all den Mühen und einer solchen Aufgabe allein gelassen zu werden; ganz zu schweigen von der Aufmerksamkeit der Apostel und den vielen anderen Dingen, die bei diesem Gemälde zu bedenken waren. Was die dritte Szene betrifft, so malte ich die drei Engel (ich weiß selbst nicht, wie ich darauf kam) in einem überirdischen Licht, das von ihnen auszuströmen scheint, während die Sonnenstrahlen sie wie eine Wolke umgeben. Obwohl der alte Abraham drei Engel sieht, betet er [nur] einen von ihnen an, während Sarah lächelnd darüber sinnt, wie sein könne, was man ihm verheißen hat, und Hagar verläßt mit Ismael auf dem Arm das Hospiz. Dasselbe Licht erhellt auch die am Tisch auftragenden Diener, von denen einige das Leuchten nicht ertragen können und schützend die Hände vor die Augen halten: Die Vielfalt des Dargestellten mit den harten Schatten und dem gleißenden Licht, die den Gemälden mehr Ausdruckskraft verleihen, geben diesem Bild mehr Räumlichkeit als den beiden anderen, und indem ich die Farben variierte, erzielte ich eine ganz andere Wirkung. In dieser Weise versuchte ich, meine Vorstellung ins Werk zu setzen, so wie ich es damals und später tat, immer mit neuen Einfällen und Phantasien, stets auf der Suche nach dem Mühevollen und Schwierigen in der Kunst! Wie dem auch sei, ich führte dieses Werk mit einem Fries in Fresko sowie [Ansichten von] Bauwerken, Schnitzereien, Geländern, Tafeln und weiteren Verzierungen am ganzen Werk und dem gesamten Refektorium in acht Monaten aus. Für dies alles begnügte ich mich mit einem Lohn von zweihundert Scudi wie jene, die mehr nach Ruhm streben als nach Gewinn. Daher ließ mein guter Freund Messer Andrea Alciati,[81] der damals Vorlesungen in Bologna hielt, folgende Worte darunter setzen:

DIESES WERK WURDE VON GIORGIO AUS AREZ-
ZO IN ACHT MONATEN GEMALT, NICHT SO SEHR
WEGEN DES LOHNS ALS VIELMEHR AUS VERPFLICH-
TUNG GEGEN SEINE FREUNDE UND WEIL ER SEIN
EHRENWORT GEGEBEN HAT. IM JAHR 1539 – FILIPPO
SERRAGLI TRUG SORGE FÜR DIE AUSFÜHRUNG.

Zur selben Zeit malte ich zwei kleine Tafeln: einen toten
Christus und eine Auferstehung, die der Abt Don Miniato Pitti
in der Kirche Santa Maria Barbiano vor den Toren von San Gi-
mignano im Val d'Elsa anbringen ließ.[82] Nach Vollendung dieser
Werke kehrte ich sofort nach Florenz zurück, weil Treviso,[83]
Meister Biagio[84] und andere Bologneser Maler glaubten, ich
wolle mich in Bologna niederlassen und ihnen Aufträge und Arbeiten wegnehmen, und sie nicht aufhörten, mich deshalb zu be-
lästigen. Doch ärgerten sie mehr sich selbst als mich, den ihre
Erregung und ihre Umgangsformen belustigten.

In Florenz kopierte ich dann für Messer Ottaviano ein großes,
bis zu den Knien reichendes Porträt Kardinal Ippolitos und andere Bilder, mit denen ich mich während der unerträglichen Hitze
des Sommers beschäftigte.[85] Nach ihrer Fertigstellung kehrte ich
in die Ruhe und Kühle von Camaldoli zurück, um die erwähnte
Tafel für den Hauptaltar auszuführen. In ihr stellte ich mit größtmöglichem Fleiß und Mühe einen Christus dar, der vom Kreuz
abgenommen wird. Und weil es mir bei der Arbeit mit der Zeit
schien, einiges besser machen zu können, und der erste Entwurf
mich nicht zufriedenstellte, trug ich nochmals eine Grundierung
auf und malte die dort zu sehende Tafel völlig neu.[86] Ich blieb an
diesem Ort und angeregt von der Einsamkeit schuf ich für besagten Messer Ottaviano ein Bild, in dem ich einen nackten, jugendlichen Heiligen Johannes zwischen einigen Felsen und Gesteins-
formationen malte, die ich getreu nach jenen Bergen wieder-
gab.[87] Kaum hatte ich diese Werke zu Ende gebracht, als Messer
Bindo Altoviti[88] zufällig nach Camaldoli kam, um für den Bau
von Sankt Peter große Tannenholzstämme von Sant'Alberigo, einer Einsiedelei dieser Patres, auf dem Tiber nach Rom transpor-
tieren zu lassen. Als dieser dort alle von mir geschaffenen Werke

sah und sie ihm zu meinem großen Glück gefielen, beschloß er, daß ich ihm für seine Kirche Santi Apostoli in Florenz eine Tafel malen solle. Nach Vollendung jener von Camaldoli und der Fresken der Kapellenwand, bei denen ich mit sehr gutem Ergebnis versuchte, die Technik der Ölmalerei mit der der Freskomalerei zu vereinen, begab ich mich nach Florenz und schuf besagte Tafel. Da ich in Florenz eine Probe meiner Fähigkeiten abgeben mußte, weil ich bislang kein vergleichbares Werk ausgeführt hatte, [zudem] viele Konkurrenten besaß und den Wunsch hatte, mir einen Namen zu machen, beschloß ich, bei diesem Werk meine ganze Kraft einzusetzen und so viel Sorgfalt hineinzulegen, wie es mir irgend möglich war. Um dies frei von störenden Gedanken tun zu können, verheiratete ich zunächst meine dritte Schwester und kaufte in Arezzo im Borgo di San Vito, dem klimatisch angenehmsten Teil dieser Stadt, ein im Bau befindliches Haus mit einem Stück Grund zum Anlegen sehr schöner Gärten.

Im Oktober des Jahres 1540 begann ich dann mit der Tafel für Messer Bindo, um darin eine Szene zu malen, die laut dem Namen der Kapelle die Empfängnis Mariens darstellen sollte [siehe Seite 35]. Dies war für mich sehr schwierig, und nachdem Messer Bindo und ich die Ratschläge vieler gemeinsamer Freunde erhalten hatten, die gelehrte Männer waren, gestaltete ich sie schließlich in folgender Weise:[89] Im Zentrum der Tafel malte ich den Baum der Ursünde und an dessen Wurzeln, als erste Übertreter von Gottes Gebot, Adam und Eva nackt und gefesselt. An weitere Äste mit beiden Händen gefesselt stellte ich anschließend gemäß der zeitlichen Abfolge nacheinander Abraham, Isaak, Jakob, Moses, Aaron, Joshua, David und die anderen Könige dar. Alle, sage ich, an beiden Armen gefesselt, mit Ausnahme von Samuel und Johannes dem Täufer, die nur an einem Arm gefesselt sind, weil sie schon im Mutterleib heiliggesprochen wurden. Um den Baumstamm gewunden malte ich die Urschlange, die von der Körpermitte aufwärts menschliche Gestalt besitzt und ihre Hände auf den Rücken gefesselt hat. Auf ihren Kopf setzt die ruhmreiche Jungfrau einen Fuß und tritt ihre Hörner nieder; den anderen Fuß setzt sie, von der Sonne eingehüllt und mit zwölf Sternen bekrönt, auf einen Mond. Die Jungfrau wird, so sage ich, in einem hellen Glorienschein von einer großen Zahl nackter kleiner Engel getragen, die von den Strahlen erleuchtet werden, die von ihr ausgehen. Ebenso werfen diese Strahlen, die die Blätter des Baumes durchfluten, Licht auf die Gefesselten, und es scheint, als ob sie deren Fesseln durch die Tugend und die Gnade derjenigen lösen, von der sie ausströmen. Im Himmel schließlich, also am höchsten Punkt der Tafel, halten zwei Putten ein paar Schriftbänder in Händen, auf die folgende Worte geschrieben sind: WEN DIE SÜNDE EVAS VERDAMMTE, ERLÖSTE DIE GNADE MARIENS. Kurz und gut, soweit ich mich erinnere, hatte ich bis dahin kein Werk mit größerem Fleiß oder mehr Liebe und Mühe geschaffen als dieses. Und dennoch: Mag es auch anderen vielleicht gefallen haben, ich selbst war nicht mit mir zufrieden, wenngleich ich wußte, wieviel Zeit, Eifer und Arbeit ich insbesondere für die nackten Gestalten, die Köpfe und letztendlich für alles darin aufgewendet hatte. Messer Bindo gab mir für die Mühen bei dieser Tafel dreihundert Goldscudi. Und im folgenden Jahr erwies er mir darüber hinaus in seinem Haus in Rom, wo ich ihm eine kleine, fast miniaturhafte Kopie jener Tafel malte, viele Gefälligkeiten und Liebenswürdigkeiten, so daß ich seinem Andenken für alle Zeit verpflichtet sein werde.[90]

Zur selben Zeit, als ich diese Tafel schuf, die wie gesagt in Santi Apostoli aufgestellt wurde, malte ich für Messer Ottaviano de' Medici eine Venus und eine Leda nach den Kartons von Michelangelo[91] und ein großes Bild von einem büßenden Heiligen Hieronymus in Lebensgröße. In Kontemplation des Todes Christi, den er am Kreuz vor sich sieht, schlägt er sich auf die Brust, um seinen Geist von den Verführungen der Venus und den Versuchungen des Fleisches zu reinigen, die ihn einige Male gepeinigt hatten, wenngleich er sich, wie er ausführlich von sich selbst berichtet, in Wäldern und an einsamen, wilden Orten aufhielt.[92] Um dies anschaulich zu machen, malte ich eine Venus, die mit Amor auf dem Arm und dem Spaß an der Hand dieser Gottesschau entflieht. Dabei sind ihm Pfeile und der Köcher zu Boden gefallen, ausgenommen jene Pfeilspitzen, die Cupido auf den

Allegorie der unbefleckten Empfängnis. Florenz, Santi Apostoli

Heiligen abgeschossen hat und die nun zerbrochen zu ihm zurückkehren, und einige heruntergefallene, die ihm die Tauben der
Venus im Schnabel zurückbringen [siehe Seite 36]. Bei all jenen
Bildern, die mir damals vielleicht gefallen haben und die ich nach
bestem Wissen ausgeführt habe, weiß ich nicht, wie sie mir heute

Büßender Heiliger Hieronymus. Florenz, Palazzo Pitti, Galleria Palatina

gefallen würden. Da aber Kunst von sich aus schwierig ist, muß man aus dem, der darin tätig ist, herausholen, was er vermag. Ich werde wohl folgendes äußern, da ich es wahrheitsgemäß sagen kann: Daß meine Bilder, Einfälle und Entwürfe, wie sie auch sein mögen, mit größter Schnelligkeit ausgeführt sind, möchte ich zwar nicht behaupten, doch gestaltete ich sie stets mit unglaublicher Leichtigkeit und ohne Anstrengung. Ein Zeugnis dessen sei, wie ich an anderer Stelle gesagt habe, die überaus große Leinwand, die ich im Jahr 1542 in San Giovanni in Florenz in nur sechs Tagen anläßlich der Taufe von Herrn Don Francesco de' Medici malte, der heute Fürst von Florenz und Siena ist.[93]

Damals wollte ich nach Vollendung dieser Werke nach Rom gehen, um Messer Bindo Altoviti Genüge zu tun, doch kam ich nicht dazu. Denn Messer Pietro Aretino,[94] ein Dichter mit damals hochberühmtem Namen und enger Freund von mir, rief mich nach Venedig, weil er mich durchaus zu sehen wünschte, und so war ich gezwungen, dorthin zu gehen. Ich tat dies um so lieber, als ich auf dieser Reise die Werke Tizians und anderer Maler in Augenschein nehmen konnte. Dieses Vorhaben glückte mir, denn in wenigen Tagen sah ich die Werke Correggios[95] in Modena und Parma, jene von Giulio Romano[96] in Mantua und die Altertümer Veronas. Schließlich in Venedig angekommen mit zwei Bildern, die ich nach den Kartons Michelangelos gemalt hatte, machte ich diese Don Diego di Mendoza[97] zum Geschenk, der mir zweihundert Goldscudi anwies.[98] Ich weilte noch nicht lange in Venedig, als ich auf Bitten Aretinos für die Herren der Calza-Bruderschaft und in Zusammenarbeit mit Battista Cungi, Cristofano Gherardi aus Borgo San Sepolcro[99] und dem Aretiner Bastiano Fiori[100] – lauter sehr tüchtige und erfahrene [Maler], von denen schon an anderer Stelle genügend gesprochen wurde – die Dekoration für eines ihrer Feste schuf[101] und die neun Gemälde im Palast von Messer Giovanni Cornaro,[102] will sagen an der Decke von einem Raum seines Palasts in der Nähe der Kirche San Benedetto.[103]

Nach Ausführung dieser und anderer Werke von nicht geringer Bedeutung verließ ich am 16. August 1542 Venedig, obwohl ich mit Arbeitsaufträgen nur so überhäuft war, und kehrte in die Toskana zurück. Dort bemalte ich noch vor allem anderen, was ich dort zu gestalten gedachte, das Gewölbe eines Zimmers, das auf meine Anordnung hin in meinem bereits erwähnten Haus gebaut worden war, mit allen Künsten, die dem *disegno* unterstehen oder von diesem abhängig sind. Im Zentrum befindet sich eine Fama, die auf der Weltkugel sitzt, eine goldene Trompete bläst und eine weitere brennende von sich wegschleudert, die die

Verleumdung symbolisiert. Um sie herum sind sämtliche Künste mit ihren Instrumenten in der Hand angeordnet. Da ich aber nicht genügend Zeit hatte, alles auszuführen, ließ ich acht Ovale aus, um darin [später] acht nach dem Leben gemalte Porträts von den ersten Vertretern unserer Künste darzustellen [siehe Seite 11].[104] Zur gleichen Zeit freskierte ich in dieser Stadt für die Nonnen von Santa Margherita in der Kapelle ihres Gartens eine Geburt Christi mit Figuren in Lebensgröße.[105]

So verbrachte ich den Rest des Sommers und einen Teil des Herbstes in der Heimat und ging dann nach Rom. Dort wurde ich von besagtem Messer Bindo empfangen und sehr liebenswürdig behandelt, woraufhin ich ihm ein Ölbild malte: einen Christus in Lebensgröße, der vom Kreuz abgenommen der Mutter zu Füßen liegt, während in der Luft Phöbus das Gesicht der Sonne und Diana das des Mondes verhüllt.[106] In der von Finsternis verdunkelten Landschaft sieht man einige Felsen, die bei dem Erdbeben bersten, das durch den Tod des Erlösers verursacht wurde. Einige tote Körper von Heiligen sieht man wieder auferstehen und in unterschiedlicher Weise den Gräbern entsteigen. Dank seiner Anmut gefiel dieses Bild nach seiner Vollendung dem allergrößten Maler, Bildhauer und Architekten, den es zu unserer und vielleicht auch in späterer Zeit gegeben hat, nicht schlecht.[107] Durch dieses Bild lernte ich außerdem den hochverehrten Kardinal Farnese[108] kennen, nachdem Giovio[109] und Messer Bindo es ihm gezeigt hatten. Auf einer acht Ellen hohen und vier Ellen breiten Tafel malte ich für diesen gemäß seinem Wunsch eine Justitia, die einen mit zwölf [Gesetzes-]Tafeln beladenen Strauß umarmt. Sie trägt ein Zepter mit einem Storch auf der Spitze, dazu auf dem Kopf einen Helm aus Eisen und Gold mit drei verschiedenfarbigen Federn als Zeichen des gerechten Richters; [außerdem] ist sie von der Körpermitte aufwärts völlig nackt. Am Gürtel hat sie die ihr entgegengesetzten sieben Laster als Gefangene mit goldenen Ketten festgebunden: die Korruption, die Ignoranz, die Grausamkeit, die Furcht, den Verrat, die Lüge und die Verleumdung. Über ihren Schultern befindet sich die vollkommen nackte Wahrheit, die von der Zeit als Zeichen der Unschuld Justitia mit zwei Tauben zum

Allegorie der Gerechtigkeit. Neapel, Museo e Gallerie Nazionali di Capodimonte

Geschenk gemacht wird. Justitia ihrerseits setzt der Wahrheit als Sinnbild für ihre Seelenstärke eine Krone aus Eichenlaub aufs Haupt. Das ganze Werk führte ich mit minuziöser Sorgfalt aus, so gut es mir möglich war [siehe oben].[110]

Zur selben Zeit war ich Michelangelo Buonarroti sehr ergeben; ich fragte ihn bei allen meinen Werken nach seiner Meinung und er erwies mir dank seiner Güte große Zuneigung. Sein Rat bezüglich einiger Zeichnungen von mir, die er gesehen hatte, war der Grund, weshalb ich mich erneut und mit besserer Methode dem Studium der Architektur widmete. Wahrscheinlich hätte ich dies niemals getan, wenn dieser außerordentliche Mann zu mir nicht gesagt hätte, was er sagte und was ich aus Bescheidenheit verschweige.

Am folgenden Petersfest herrschte in Rom größte Hitze, und nachdem ich dort den ganzen Winter 1543 verbracht hatte, kehrte ich nach Florenz zurück. Dort malte ich im Haus von Messer Ottaviano de' Medici, das ich als mein Zuhause bezeichnen durfte, für den aus Lucca stammenden Messer Biagio Mei, seinen Taufpaten, eine Tafel mit derselben Konzeption wie jener des Messer Bindo in Santi Apostoli, doch abgesehen von der Bildfindung veränderte ich alles. Als diese fertiggestellt war, brachte man sie nach Lucca in seine Kapelle in San Piero in Cigoli.[111] Auf einer anderen [Tafel] desselben Formats, das heißt sieben Ellen hoch und vier Ellen breit, malte ich die Madonna, den Heiligen Hieronymus, den Heiligen Lukas, die Heilige Cäcilie, die Heilige Martha, den Heiligen Augustinus und den Heiligen Einsiedler Guido. Diese Tafel wurde im Dom von Pisa aufgestellt, wo sich viele andere von der Hand vortrefflicher Künstler befanden.[112] Ich hatte sie noch nicht ganz zu Ende gebracht, als der Vorsteher jenes Domes mich beauftragte, eine weitere anzufertigen. Weil darin ebenfalls die Madonna dargestellt werden sollte, malte ich – um jene Tafel von der anderen zu variieren – die Madonna zu Füßen des Kreuzes mit dem Leichnam Christi im Schoß und darüber, an den Kreuzen, die Schächer, dazu die umstehenden Marien mit Nikodemus, begleitet von den Schutzpatronen dieser Kapellen, die alle eine gute Komposition bilden und der Szene dieser Tafel Anmut verleihen.[113]

Im Jahr 1544 kehrte ich erneut nach Rom zurück, wo ich neben vielen Bildern für verschiedene Freunde, an die zu erinnern nicht nötig ist, nach einem Entwurf von Michelangelo ein Bild der Venus für Messer Bindo Altoviti schuf, der mich bei sich aufnahm.[114] Für Galeotto da Girone, einen Florentiner Händler, malte ich auf einer Tafel in Öl eine Kreuzabnahme, die in dessen Kapelle in Sant'Agostino in Rom aufgestellt wurde.[115] Damit ich diese Tafel zusammen mit einigen anderen Werken bequem ausführen konnte, mit denen mich Tiberio Crispi,[116] der Kastellan der Engelsburg, beauftragt hatte, zog ich mich nach Trastevere in den Palast zurück, der einst von Bischof Adimari unterhalb von Sant'Onofrio gebaut und von Salviati dem Jüngeren[117] später ausgestattet worden war. Da ich mich aber durch die zahllosen Anstrengungen unpäßlich und matt fühlte, war ich gezwungen, nach Florenz zurückzukehren, wo ich einige Bilder malte, darunter eines mit Dante, Petrarca, Guido Cavalcanti, Boccaccio, Cino da Pistoia und Guittone von Arezzo, die sorgfältig nach ihren alten Bildnissen ausgeführt waren; später gehörte es Luca Martini[118] und wurde dann häufig kopiert.[119]

Im selben Jahr 1544 ließ mich Don Gian Matteo aus Antwerpen, Oberhaupt der Mönche vom Kloster Monte Oliveto,[120] nach Neapel kommen, damit ich das Refektorium eines ihrer Klöster ausmalte, das König Alfons I.[121] hatte bauen lassen. Dort eingetroffen, war ich nah daran, die Arbeit abzulehnen, weil Refektorium und Kloster in altem Baustil mit spitzbogigen Gewölben niedrig und lichtlos errichtet worden waren und ich deshalb bezweifelte, mir damit viel Ehre zu machen.[122] Jedoch von Don Miniato Pitti und Don Ippolito aus Mailand, meinen guten Freunden und damals Visitatoren jenes Ordens, genötigt, nahm ich den Auftrag schließlich an. Da ich erkannte, daß dort kein gutes Werk ohne eine große Fülle von Verzierungen zustande zu bringen sei, die die Augen des Betrachters durch die Mannigfaltigkeit vieler Figuren ablenken, entschloß ich mich, alle Gewölbe jenes Refektoriums mit Stuck zu verkleiden, um den Bögen durch eine reiche Unterteilung in modernem Stil alles Altertümliche und Plumpe zu nehmen. Dabei war es mir von großer Hilfe, daß die Gewölbe und Mauern, wie in dieser Stadt üblich, aus Tuffgestein gebaut waren, das so wie Holz oder sagen wir besser wie nicht ganz gebrannte Ziegel zersägt werden

kann. So konnte ich dort nach meinem Belieben durch Heraus-
schneiden Quadrate, Ovale und Achtecke in sie versenken und
diese mit Stücken desselben Tuffsteins verstärken, die ich mit
Nägeln befestigte. Nachdem ich also dieses Gewölbe mit Hilfe
jener Stukkaturen, die zum ersten Mal in Neapel in modernem
Stil ausgeführt worden waren, und vor allem die Seiten- und
Stirnwände jenes Refektoriums in ein gutes Maßverhältnis gebracht hatte, malte ich dort sechs Tafeln in Öl von jeweils sieben
Ellen Höhe, das heißt drei pro Stirnwand. Drei über dem
Eingang des Refektoriums geben wieder, wie auf das Volk der
Hebräer Manna herabregnet und wie Moses und Aaron es auf-
sammeln. Dabei bemühte ich mich, bei den Frauen, Männern
und Kindern verschiedene Haltungen und Gewänder zu zeigen
und die Ergriffenheit, mit der sie Gott dankend das Manna auf-
sammeln und ablegen. Auf der Stirnwand am oberen Ende des
Refektoriums sieht man Christus, der im Hause Simeons zu
Mittag ißt, und Maria Magdalena, die ihm mit ihren Tränen die
Füße benetzt, sie mit ihren Haaren trocknet und damit zeigt,
daß sie ihre Sünden bereut. Diese Szene ist in drei Bilder aufge-
teilt: im mittleren ist das Gastmahl, zur rechten Hand ein Wein-
keller mit einer Anrichte voll von Gefäßen in unterschiedlichen
ausgefallenen Formen, und zur linken ein Küchenmeister, der
die Speisen bringt. Die Gewölbe wurden in drei Felder unterteilt: in einem ist der Glaube, im zweiten die Religion und im
dritten die Ewigkeit dargestellt. Da sie sich in der Mitte befinden, ist jedes [Feld] von acht Tugenden umgeben, um den
Mönchen, die in diesem Refektorium speisen, zu verdeutlichen,
was für ihr Leben und ihre Vollkommenheit erforderlich ist.
Um die Flächen des Gewölbes zu bereichern, schuf ich sie voller Grotesken, die in achtundvierzig Feldern achtundvierzig
Himmelszeichen verzieren [siehe rechts]. Und in sechs Flächen
entlang des Refektoriums malte ich unterhalb der vergrößerten
und mit prächtigem Schmuck versehenen Fenster sechs der
Gleichnisse Christi, die diesem Ort angemessen sind. Auf all
diese Malereien und Ausschmückungen abgestimmt ist das
Schnitzwerk des aufwendig gestalteten Chorgestühls.[123]

*Gewölbedecke des ehemaligen Refektoriums des Olivetanerklosters
(heute Sakristei). Neapel, Sant'Anna dei Lombardi*

Danach schuf ich für den Hauptaltar dieser Kirche eine Tafel
von acht Ellen Höhe, auf der mit neuem Einfall eine Madonna
dargestellt ist, die Simeon im Tempel den kleinen Jesus Christus
darbringt.[124] Es ist jedoch bemerkenswert, daß es in dieser so vor-
nehmen und großen Stadt bis dahin keine Meister in der
Nachfolge Giottos[125] gegeben hat, die in der Malerei irgendetwas von Bedeutung geschaffen hätten, auch wenn einiges von
der Hand Peruginos[126] und Raffaels[127] dorthin gelangt war. Deshalb bemühte ich mich, soweit mein geringes Können es zuließ,
dort etwas von solcher Art zu schaffen, das die Talente jenes
Landstrichs anregen würde, große und ehrwürdige Werke zu
gestalten. Mag dies oder anderes der Grund gewesen sein: Seit
dieser Zeit sind dort viele sehr schöne Stuckarbeiten und Werke
der Malerei geschaffen worden.[128]

Außer den oben genannten Malereien freskierte ich im Gewölbe des zum selben Kloster gehörenden Gästehauses den kreuztragenden Jesus Christus in Lebensgröße und viele seiner Heiligen,

die es ihm gleichtun und gleichermaßen das Kreuz geschultert haben, um zu zeigen, daß es für die, die ihm wirklich folgen wollen, unerläßlich ist, die Widrigkeiten der Welt mit großer Geduld zu ertragen.[129] Für den General des besagten Ordens stellte ich in einem großen Bild Christus dar, der den in ein Unwetter geratenen Aposteln auf dem Meer erscheint und Petrus am Arm faßt, der, sicher, daß er ertrinken würde, zu ihm über das Wasser gelaufen war.[130] Und für den Abt Capece[131] malte ich in einem anderen Bild die Auferstehung.[132] Nachdem ich diese Werke zu Ende geführt hatte, freskierte ich für Don Pedro de Toledo,[133] den Vizekönig von Neapel, eine Kapelle in seinem Garten in Pozzuolo und [gestaltete] einige überaus feine Stuckverzierungen.[134] Auf Anweisung desselben sollten zwei große Loggien errichtet werden, doch kam es aus folgendem Grund nicht zur Ausführung: Weil es zwischen dem Vizekönig und besagten Mönchen einige Meinungsverschiedenheiten gegeben hatte, kam der Befehlshaber der Wachen mit seinen Leuten zum Kloster, um den Abt und einige Mönche abzuholen, die mit den Schwarzen Mönchen wegen des Vortritts bei einer Prozession Streit gehabt hatten. Als sich aber die Mönche mit Hilfe von ungefähr fünfzehn jungen Männern verteidigten, die mit mir die Stukkaturen und Malereien ausgeführt hatten, verletzten sie einige Wachleute, so daß [meine Helfer] in der Nacht fliehen mußten und der eine hierhin und der andere dorthin ging.

Da ich auf diese Weise nahezu allein geblieben war, konnte ich weder die Loggien in Pozzuolo ausführen, noch vierundzwanzig Bilder mit Szenen aus dem Alten Testament und aus dem Leben von Johannes dem Täufer malen. Diese brachte ich dann, da ich in Neapel nicht länger bleiben wollte, zur Fertigstellung nach Rom, von wo ich sie ihnen zukommen ließ. Man brachte sie an den Rückenlehnen und oberhalb der Schränke aus Nußbaumholz an, die nach meinen Entwürfen und Bauanweisungen in der Sakristei von San Giovanni a Carbonara, einem Konvent der Eremitanerobservanten vom Augustinerorden, gefertigt wurden.[135] Jenen [Brüdern] hatte ich kurz zuvor im Auftrag von Seripando,[136] ihrem Ordensgeneral und späteren Kardinal, in einer außerhalb der Kirche gelegenen Kapelle eine Tafel des Gekreuzigten zusammen mit einer prächtigen und abwechslungsreichen Stuckverzierung gemalt.[137] Ebenso freskierte ich auf halber Treppe des besagten Klosters Johannes den Evangelisten, der die von der Sonne eingehüllte und mit zwölf Sternen bekrönte Madonna bewundert, die mit den Füßen auf dem Mond steht.[138] In derselben Stadt malte ich für Tommaso Cambi,[139] einen Florentiner Händler und guten Freund von mir, im Saal eines seiner Häuser auf vier Wänden die Zeitalter und Jahreszeiten und auf einer Terrasse mit Springbrunnen den Traum und den Schlaf.[140] Für den Herzog von Gravina[141] malte ich in einer Tafel, die er in sein Herzogtum mitnahm, die Anbetung Christi durch die Weisen.[142] Für Orsanca, den Sekretär des Vizekönigs, schuf ich eine andere Tafel mit fünf Gestalten, die den Gekreuzigten umringen, und viele [weitere] Bilder.[143]

Obwohl ich in jeder Hinsicht von diesen Herren gern gesehen war, viel verdiente und die Aufträge sich jeden Tag mehrten, befand ich, daß es nun, da meine Leute weggegangen waren und ich innerhalb eines Jahres in dieser Stadt genügend Werke geschaffen hatte, richtig wäre, nach Rom zurückzukehren. So getan, schuf ich als erstes ein Werk für Herrn Ranuccio Farnese,[144] den damaligen Erzbischof von Neapel: Es handelt sich um vier in Öl auf Leinwand ausgeführte sehr große Türflügel für die Orgel seines Amtssitzes in Neapel, auf deren Außenseiten die fünf Schutzpatrone dieser Stadt dargestellt sind und auf den Innenseiten eine Geburt Christi mit den Hirten und König David, der auf seiner Harfe *Dominus dixit ad me* und anderes singt.[145] Ebenso malte ich die oben erwähnten vierundzwanzig Bilder und einige, die für Messer Tommaso Cambi bestimmt waren und alle nach Neapel geschickt wurden. Nachdem ich dies getan hatte, malte ich für Raffaello Acciaiuoli[146] fünf Bilder mit der Passion Christi, die dieser mit nach Spanien nahm.[147] Im selben Jahr, als Kardinal Farnese den Saal der [päpstlichen] Kanzlei im Palast San Giorgio ausmalen lassen wollte und Monsignore Giovio wünschte, daß ich dies eigenhändig ausführen möge, ließ er mich viele Entwürfe mit verschiedenen Erfindungen anfertigen, die dann nicht zur

Tribut der Nationen an Papst Paul III.
Rom, Palazzo della Cancelleria, Sala dei Cento Giorni

Ausführung kamen. Dennoch entschied der Kardinal zum Schluß,
daß der Saal so schnell wie möglich freskiert werden sollte, damit
er ihn zu einem bestimmten Zeitpunkt würde nutzen können.[148]
Besagter Saal hat eine Länge von etwas mehr als hundert Spannen,
fünfzig in der Breite und ebenso viel in der Höhe.[149] Daher gestaltete man auf jeder Stirnseite von fünfzig Spannen eine große
Szene und auf einer der Längswände zwei. Auf der anderen
[Wand] konnte man, weil sie von Fenstern durchbrochen ist,
keine Szenen malen, weshalb man dort die Einteilung der gegen-
überliegenden Wand wiederholte. Und um keine Sokkelzone zu
gestalten, wie sie bis zu diesem Zeitpunkt von Künstlern bei allen
szenischen Darstellungen üblich war, ließ ich, um dies abzuwandeln und etwas Neues zu schaffen, auf mindestens neun Spannen
Höhe Treppen unterschiedlichster Art vom Boden aufsteigen,
und zwar für jede Szene eine eigene. Auf diesen ließ ich dann die

Papst Paul III. belohnt die Verdienstvollen.
Rom, Palazzo della Cancelleria, Sala dei Cento Giorni

Figuren entsprechend dem Gegenstand der Darstellung nach und nach bis zu der Ebene hinaufsteigen, wo die Szene beginnt. Es wäre langwierig und vielleicht auch langweilig, alle Einzelheiten und Details dieser Episoden aufzuzählen, doch werde ich die wichtigsten Dinge kurz erwähnen.

Alle Szenen stellen die Taten von Papst Paul III. dar und jede enthält ein nach dem Leben gemaltes Porträt von ihm. In der ersten, wo sich sozusagen die Gesandtschaften des römischen Hofes befinden, sieht man über der Personifikation des Tiber verschiedene Nationen und etliche Botschafter in vielen lebensnahen Porträts, die gekommen sind, um Gnade zu ersuchen oder dem Papst verschiedene Tribute darzubringen [siehe links]. Darüber hinaus [sieht man] in ein paar großen Nischen zwei über den Türen angeordnete große Figuren, die die Szene flankieren und von denen eine die Eloquenz darstellt, über ihr zwei Viktorien,

Papst Paul III. und der Bau von Sankt Peter.
Rom, Palazzo della Cancelleria, Sala dei Cento Giorni

die ein Brustbild von Julius Cäsar halten; die andere ist Justitia mit
zwei weiteren Viktorien und der Bildnisbüste Alexanders des Großen. Oben in der Mitte befindet sich das Wappen des genannten
Papstes, das von der Freigebigkeit und der Belohnung getragen
wird. Auf der größeren Wandseite ist derselbe Papst [dargestellt],
der die Tugend durch die Schenkung von Gütern, Ritterwürden,
Pfründen, Pensionen, Bischofssitzen und Kardinalshüten belohnt
[siehe Seite 47]. Unter den Empfängern befinden sich Sadoleto,
Polo, Bembo, Contarini, Giovio, Buonarroti und andere ver-
dienstvolle Persönlichkeiten, die alle nach dem Leben gemalt sind.
Auf dieser [Seite] befindet sich in einer großen Nische eine Grazia
mit einem Füllhorn voller Ehrenämter, das sie auf die Erde aus-
schüttet; über ihr sind Viktorien angeordnet, die den anderen äh-
neln und das Brustbild von Kaiser Trajan halten. Dort ist auch der
Neid, der Schlangen frißt und aussieht, als würde er am Gift ver-
enden. Und am oberen Ende der Szene befindet sich das Wappen

Papst Paul III. und der Friede zwischen Kaiser Karl V. und König Franz I.
von Frankreich. Rom, Palazzo della Cancelleria, Sala dei Cento Giorni

von Kardinal Farnese, das von Fama und Virtù gehalten wird. In
der anderen Szene sieht man denselben Papst Paul intensiv mit
dem Planen von Bauwerken beschäftigt, insbesondere mit jenem
von Sankt Peter auf dem Vatikan [siehe links]. Aus diesem Grund
knien Malerei, Bildhauerei und Architektur vor dem Papst, und
nachdem sie eine Grundrißzeichnung jener Peterskirche erläutert
haben, erhalten sie den Auftrag, dieses Werk auszuführen und zu
vollenden. Außer den genannten Figuren ist dort auch der Mut,
der mit geöffneter Brust sein Herz zeigt, und daneben Fürsorge
und Reichtum sowie in einer Nische der Überfluß mit zwei Siegesgöttinnen, die das Bildnis Vespasians halten. In einer Nische da-
zwischen, die die eine Szene von der anderen trennt, ist die christ-
liche Religion [dargestellt] und darüber zwei Viktorien, die das
Brustbild des Numa Pompilius halten. Das über dieser Szene be-
findliche Wappen ist das des Kardinals von San Giorgio, der diesen
Palast einst bauen ließ.[150] In der anderen Szene, gegenüber jener

mit den Gesandtschaften des Hofes, ist der allumfassende Frieden abgebildet, der dank der Vermittlung Papst Pauls III. und besonders durch die dort porträtierten Kaiser Karl V. und König Franz von Frankreich unter den Christen gestiftet wurde [siehe Seite 49]. Und so sieht man dort die Verbrennung der Waffen und das Schließen des Janustempels durch den Frieden und den gefesselten Furor. In einer der beiden großen Nischen, die die szenische Darstellung flankieren, ist die Eintracht mit zwei Siegesgöttinnen über ihr abgebildet, die die Bildnisbüste von Kaiser Titus halten. In der anderen befindet sich die Caritas mit vielen Kindern. Oberhalb der Nische halten zwei Siegesgöttinnen das Brustbild des Augustus und als Abschluß ist das Wappen von Karl V. dargestellt, das Sieg und Heiterkeit festhalten. Das ganze Werk ist voller Inschriften und wunderschöner Wahlsprüche, die von Giovio verfaßt wurden. Insbesondere gibt es dort einen, der besagt, daß alle diese Malereien in hundert Tagen ausgeführt worden sind. Ich schuf es in jungen Jahren, wie einer, der an nichts anderes dachte, als diesem Herrn zu dienen, da er es, wie bereits gesagt, vollendet haben wollte, um es in jener Zeit bei einem bestimmten Anlaß zu nutzen. Und obwohl ich mich besonders anstrengte, Kartons zu fertigen und dieses Werk zu erarbeiten, bekenne ich, einen Fehler begangen zu haben, als ich es dann in die Hände von Gehilfen gab, um es – wie ich gedrängt wurde – schneller auszuführen. Besser wäre es gewesen, sich hundert Monate damit abzuplagen und es mit eigener Hand zu gestalten. So hätte ich, wenn ich es auch nicht in jener Weise geschaffen hätte, die ich aus Gefälligkeit gegenüber dem Kardinal und um meiner Ehre willen anstrebte, wenigstens die Genugtuung gehabt, es mit eigenen Händen ausgeführt zu haben. Dieser Fehler war jedoch der Grund, daß ich beschloß, keine Werke mehr zu schaffen, die ich nicht selbst nach der auf meinem Entwurf beruhenden Vorzeichnung der Gehilfen vollendet hätte.[151] Große Praxis erwarben sich bei diesem Werk die Spanier Becerra[152] und Rubiales,[153] die dort viel mit mir arbeiteten, und [ebenso] Battista Bagnacavallo aus Bologna,[154] der Aretiner Sebastiano Fiori, Giovanni Paolo dal Borgo[155] und Fra Salvadore Foschi aus Arezzo[156] und viele andere meiner Schüler.

Anbetung der Könige. Rimini, S. Fortunato

Zu dieser Zeit besuchte ich nach Abschluß des Tages häufig den genannten hochverehrten Kardinal Farnese beim Abendessen, wo sich immer auch Molza,[157] Annibale Caro,[158] Messer

Gandolfo,[159] Messer Claudio Tolomei,[160] Messer Romolo Amaseo,[161] Monsignore Giovio und viele andere Schriftgelehrte und Edelmänner aufhielten, mit denen der Hof jenes Herrn stets bevölkert war, um ihn mit sehr schönen und ehrwürdigen Reden zu unterhalten. Eines Abends kam man unter anderem auf Giovios Museum zu sprechen und auf die Bildnisse berühmter Männer, die dort geordnet und mit sehr schönen Inschriften ausgestellt sind.[162] Und während man, wie im Gespräch üblich, von einer Sache zur nächsten kam, sagte Monsignore Giovio, daß er immer große Lust gehabt hätte und noch immer habe, dem Museum und seinem Buch mit den Lobreden einen Traktat hinzuzufügen, worin von den berühmten Männern der Zeichenkunst die Rede sein solle, die es seit Cimabue bis in unsere Zeit gegeben hat.[163] Dies weiter ausführend, zeigte er zweifellos, daß er in künstlerischen Dingen große Kenntnis und Urteilskraft besaß. Doch es ist wohl wahr, daß es ihm genügte, einen groben Überblick zu geben und nicht auf die Feinheiten einzugehen, und wenn er von den genannten Künstlern sprach, verwechselte er häufig die Vor- und Nachnamen, ihre Heimat und Werke oder sagte nicht, wie die Dinge genau standen, sondern sprach ganz allgemein über sie. Nachdem Giovio seine Rede beendet hatte, wandte sich der Kardinal zu mir und sagte: »Was sagt ihr dazu, Giorgio? Wäre dies nicht eine schöne Arbeit und Beschäftigung?« »Schön ja, mein hochverehrter Herr« – antwortete ich – »wenn Giovio von einem Künstler unterstützt wird, damit die Dinge ihren entsprechenden Platz erhalten und sie gesagt werden, wie sie wirklich sind. Ich betone dies so, weil er, obgleich seine Erörterung wunderbar gewesen ist, vieles verwechselte und viele Dinge anstelle von anderen nannte.« »Also könntet ihr ihm« – fügte der von Giovio, Caro, Tolomei und anderen aufgeforderte Kardinal hinzu – »eine geordnete Auflistung aller genannten Künstler und ihrer Werke gemäß ihrer Chronologie geben. So hätten eure Künste auch durch euch einen Nutzen.« Ich versprach, dies sehr gern und nach bestem Vermögen zu tun, obwohl ich wußte, daß es meine Kräfte übersteigen würde. So schickte ich mich an, meine Erinnerungen und Aufzeichnungen zu durchsuchen, die ich seit meiner Jugend zum Zeitvertreib und aus Liebe zum Andenken an unsere Künstler niedergeschrieben hatte, wobei mir jeder Hinweis zu ihnen unendlich teuer war. Ich sammelte alles zusammen, was mir geeignet erschien, und brachte es zu Giovio. Dieser sagte mir, nachdem er diese Anstrengung sehr gelobt hatte: »Mein lieber Giorgio, ich möchte, daß ihr die Mühe übernehmt, dies alles in jener Weise ausführlich zu behandeln, auf die ihr euch, wie ich sehe, ausgezeichnet versteht, denn ich habe nicht den Mut dazu, da ich weder Stile noch viele Einzelheiten kenne, die ihr wissen mögt, ganz zu schweigen davon, daß ich, wenn ich diese Sache angehen würde, höchstens einen kleinen Traktat verfassen würde, der dem des Plinius ähnlich wäre.[164] Tut also, was ich euch sage, Vasari, denn ich sehe aus der Probe, die ihr mir mit dieser Abhandlung überbracht habt, daß es euch wunderschön gelingen wird.« Als ihm aber schien, daß ich nicht sehr dazu entschlossen war, ließ er Caro, Molza, Tolomei und andere meiner Freunde mit mir darüber sprechen. Als ich mich schließlich dazu entschied, führte ich sie in der Absicht aus, sie nach Vollendung einem von ihnen zu übergeben, damit er sie durchsehen, verbessern und unter einem anderen Namen als meinem herausgeben würde.[165]

In der Zwischenzeit verließ ich Rom im Oktober des Jahres 1546 und ging nach Florenz, wo ich für die Nonnen des berühmten Klosters der Murate in Öl auf Holz ein Letztes Abendmahl für ihr Refektorium schuf. Den Auftrag zu diesem Werk und die Bezahlung erhielt ich von Papst Paul III., dessen Schwägerin, die Gräfin von Pitigliano, Nonne in besagtem Kloster war.[166] Danach schuf ich in einer anderen Tafel die Madonna mit dem Christuskind auf dem Arm, das sich mit der Jungfrau und Märtyrerin Katharina vermählt, und zwei weitere Heilige. Diese Tafel ließ mich Messer Tommaso Cambi für eine seiner Schwestern malen, die damals Äbtissin im Kloster von Bigallo außerhalb von Florenz war.[167] Nach Vollendung derselben gestaltete ich für Monsignor de' Rossi,[168] Graf zu San Secondo und Bischof von Pavia, zwei große Bilder in Öl – einen Heiligen Hieronymus und eine Pietà, die beide nach Frankreich geschickt wurden.[169] Im Jahr 1547 vollendete ich

Personifikation der Bescheidenheit. Arezzo, Casa Vasari, Camera di Abramo

dann auf Anforderung des Kirchenvorstehers Messer Sebastiano della Seta eine weitere von mir begonnene Tafel für den Dom von Pisa[170] und danach ein großformatiges Ölbild mit einer Madonna für Simone Corsi, einen sehr guten Freund von mir.[171]

Während ich diese Werke schuf, hatte ich das Buch mit den Lebensbeschreibungen der Künstler des *disegno* fast abgeschlossen, so daß mir nun nichts anderes zu tun blieb, als es in eine gute Form übertragen zu lassen. Da kam es wie gerufen, daß mir zu dieser Zeit Gian Matteo Faitani aus Rimini,[172] ein Olivetanermönch von Bildung und Geist, begegnete, da ich ihm einige Werke für die Kirche und das Kloster von Santa Maria di Scolca von Rimini ausführen sollte, wo er Abt war. Nachdem mir dieser also versprochen hatte, es von einem seiner Mönche, einem ausgezeichneten Kalligraphen, übertragen zu lassen und es persönlich zu korrigieren, begab ich mich nach Rimini, um bei dieser Gelegenheit die Tafel und den Hauptaltar von besagter Kirche zu gestalten, die ungefähr drei Kilometer von der Stadt entfernt ist. In diesem Bild stellte ich die Anbetung Christi durch die Weisen mit unzähligen Figuren dar, die ich mit viel Eifer an diesem einsamen Ort ausführte. Dabei ahmte ich, so gut ich konnte, die Gefolgsleute der drei Könige nach, und zwar so, daß man, obwohl sie alle untereinander vermischt sind, an den Gesichtern erkennt, aus welcher Gegend sie kommen und zu welchem König sie gehören, da einige eine weiße Hautfarbe haben, andere eine dunkle oder schwarze. Darüber hinaus verleihen die unterschiedlichen Gewänder und verschiedenen Haartrachten [dem Bild] Anmut und Vornehmheit [siehe Seite 51]. Die genannte Tafel wurde zwischen zwei große Bilder gesetzt, in denen sich der übrige Hofstaat, Pferde, Elefanten und eine Giraffe befinden. Überdies sind an verschiedenen Stellen der Kapelle verteilt Propheten, Sibyllen und Evangelisten beim Schreiben wiedergegeben. In der Kuppel, oder besser in der Chorkapelle, malte ich vier große Figuren, die Lobgesänge auf Christus, seinen Stamm und auf die Jungfrau halten. Dies sind Orpheus und Homer mit einigen griechischen Motti, Vergil mit dem Spruch *Iam redit et virgo* etc. und Dante mit folgenden Versen:

> *»Du bist es, durch deren Adel einst genesen*
> *Die Menschheit, weil ihr Schöpfer nicht verschmähte*
> *Sich selber zum Geschöpfe zu erlesen.«*[173]

Triumph der Tugend. Arezzo, Casa Vasari, Sala del Trionfo della Virtù

Dort waren noch viele andere Figuren und Erfindungen, von denen mehr zu sagen nicht nötig ist.[174] Weiterhin mit dem Schreiben des erwähnten Buchs und seiner Fertigstellung beschäftigt, schuf ich danach in San Francesco in Rimini für den Hauptaltar eine große Tafel in Öl mit einem nach dem Leben gemalten Heiligen Franziskus, der die Wundmale Christi auf dem Berg La Vernia empfängt. Da jener Berg aber ganz aus grauem Fels und Gestein besteht und der Heilige Franziskus und seine Gefährten ebenfalls in Grau gekleidet sind, stellte ich eine Sonne dar, in der Christus mit einer großen Zahl von Seraphim erscheint: Auf diese Weise wirkte das Bild abwechslungsreicher, da der Heilige nun mit den anderen Figuren vom Glanz jener Sonne hell erleuchtet und die Landschaft in einer Vielfalt von Farbabstufungen schattiert war. Diese [Farben] finden viele schön, und von Kardinal Capodiferro,[175] dem Legaten der Romagna, wurden sie damals sehr gelobt.[176] Von Rimini dann nach Ravenna gerufen, schuf ich, wie schon an anderer Stelle bemerkt, eine Tafel für die neue Kirche der Abtei von Classe, die zum Orden der Kamaldulenser gehört, in der ich einen Christus malte, der vom Kreuz abgenommen im Schoß der Madonna liegt.[177] Zur selben Zeit schuf ich für verschiedene Freunde viele Zeichnungen, Bilder und andere kleinere Werke,[178] die so zahlreich und so verschieden sind, daß es mir schwerfallen würde, mich nur an einen Teil zu erinnern, und für die Leser wäre es vielleicht nicht angenehm, von so vielen Nebensächlichkeiten zu hören.

Unterdessen hatte man mein Haus in Arezzo fertiggebaut, und wieder heimgekehrt, schuf ich in jenem Sommer quasi zum Zeitvertreib die Entwürfe für die Ausmalung des Saals, der drei Zimmer und der Fassade. Neben anderen Dingen stellte ich in diesen Entwürfen alle Provinzen und Orte dar, an denen ich gearbeitet hatte, so als würden sie durch die Gewinne, die ich dank ihnen erzielt hatte, diesem meinem Haus Tribut zollen. Doch zunächst gestaltete ich nur die sehr prächtig mit Holz gearbeitete Decke des Saals mit dreizehn großen Gemälden, in denen die himmlischen Gottheiten dargestellt sind, und in den vier Ecken die vier Jahreszeiten als nackte Gestalten, die auf ein großes Bild in der Mitte blicken: Darin sieht man in lebensgroßen Figuren die Tugend mit dem Neid zu ihren Füßen. Sie packt Fortuna bei den Haaren und schlägt auf die eine wie den anderen ein [siehe Seite 55]. Was damals sehr gut gefiel, war, daß sich Fortuna in der Mitte befindet und deshalb beim Umhergehen im Saal mal der Neid über Fortuna und der Tugend erscheint und mal die Tugend über dem Neid und Fortuna, so wie man dies tatsächlich häufig antrifft. Ringsumher auf den Wänden befinden sich [die Personifikationen von] Überfluß, Freigebigkeit, Weisheit, Besonnenheit, Mühe und Ehre und weitere ähnliche Dinge; und darunter verlaufen ringsum Szenen mit Malern der Antike wie Apelles, Zeuxis, Parrhasius, Protogenes und andere, mit vielen Einzelheiten und Details, die ich der Kürze halber auslasse. Außerdem schuf ich an der mit Holzschnitzwerk verkleideten Decke eines der Zimmer in einem großen Rundbild Abraham, dessen Nachkommenschaft Gott segnet und ihr unendliche Vermehrung verspricht [siehe unten]. Rings um das Rundbild schuf ich den Frieden, die Eintracht, die Tugend

Segnung der Nachkommenschaft Abrahams.
Arezzo, Casa Vasari, Camera di Abramo

Hochzeit von Esther und Ahasverus.

und die Bescheidenheit [siehe Seite 54]. Und da ich stets das Andenken der Antike und ihre Werke verehrt habe und ich die
Temperamalerei aufgegeben sah, stieg in mir das Verlangen, diese
Malweise wieder aufleben zu lassen, und so gestaltete ich sie [die
Decke] ganz in Tempera; mit Sicherheit verdient diese Technik es
keinesfalls, mißachtet und aufgegeben zu werden.[179] Gewissermaßen zum Scherz malte ich am Eingang des Zimmers eine
Braut, die in der einen Hand einen Rechen hält und damit zeigt,
daß sie aus dem Haus des Vaters so viel zusammengerafft und mit-
genommen hat, wie sie nur konnte. Und in der ausgestreckten
Hand trägt sie beim Eintreten in das Haus des Ehemanns eine brennende Fackel zum Zeichen, daß sie dort, wo sie hinkommt, ein
Feuer mit sich bringt, das alles verzehrt und zerstört.[180]

Während ich mir so die Zeit vertrieb und das Jahr 1548 kam,
bat mich Don Giovan Benedetto aus Mantua, Abt von Sante Flora
e Lucilla, dem Kloster der schwarzen Mönche von Montecas-

Arezzo, Museo Statale d'Arte Medievale e Moderna

sino,[181] der sich unendlich an den Werken der Malerei erfreute und
außerdem ein guter Freund von mir war, für ihn an der Stirnseite
eines ihrer Refektorien ein Abendmahl oder irgendetwas in dieser
Art zu malen. Als ich mich entschlossen hatte, ihm diesen Gefallen zu erweisen, gedachte ich, etwas Außergewöhnliches für ihn
zu schaffen. Und so beschloß ich zusammen mit jenem guten
Pater, ihm die Hochzeit von Königin Esther und König Ahasverus
darzustellen, und zwar alles in einer fünfzehn Ellen langen Tafel
in Öl, die aber erst an ihrem Platz angebracht und dann bearbeitet
werden sollte [siehe oben].[182] Diese Vorgehensweise (und ich kann
dies bestätigen, da ich sie erprobt habe) ist diejenige, die wirklich
beibehalten werden sollte, wenn man möchte, daß die Bilder das
ihnen eigene, natürliche Licht erhalten: Denn in der Tat führt das
Arbeiten am Boden oder an einem anderen Ort als dem, an dem
sie angebracht werden sollen, dazu, daß die Lichter, Schatten und
viele andere Eigenschaften der Bilder verändert werden. In die-

sem Werk strengte ich mich also an, Würde und Größe zu zeigen, obgleich ich kein Urteil darüber abgeben kann, ob mir dies gelungen ist oder nicht: Ich weiß genau, daß ich alles so angelegt habe, daß man in recht schöner Anordnung die verschiedenen Diener, Pagen, Schildträger, Wachsoldaten, den Weinausschank, die Anrichte, die Musiker und einen Zwerg erkennt und alles andere, was ein königliches und herrliches Gastmahl verlangt.

Unter den übrigen sieht man dort den Küchenmeister die Speisen zu Tisch tragen, begleitet von einer großen Zahl gleichgekleideter Pagen und weiterer Knappen und Dienern. An den Stirnseiten des ovalen Tischs stehen Edelleute, andere große Persönlichkeiten und Höflinge, die dem Festmahl zuschauen, so wie es Brauch ist. König Ahasverus sitzt majestätisch erhaben und verliebt zu Tisch und stützt sich ganz auf den linken Arm, um der Königin mit wirklich königlicher und würdevoller Geste eine Schale mit Wein zu reichen. Kurz und gut, wenn ich glauben soll, was ich die Leute damals darüber sagen hörte und was ich noch immer von jedem höre, der dieses Werk sieht, könnte ich meinen, etwas vollbracht zu haben: Doch ich weiß besser, wie die Angelegenheit steht und was ich geschaffen hätte, würde die Hand dem gehorcht haben, was ich in meiner Vorstellung konzipiert hatte. Trotzdem legte ich (dies kann ich freimütig bekennen) Erfahrung und Sorgfalt hinein.[183] Über dem Bild folgte im Pendentif eines Gewölbes ein Christus, der der Königin [Esther] eine Blumenkrone reicht. Und dies wurde als Fresko ausgeführt und dort angebracht, um die geistige Idee der Geschichte zu versinnbildlichen, durch die man zum Ausdruck brachte, daß Christus die alte Synagoge verstoßen und sich mit der neuen Kirche seiner christlichen Gläubigen vermählt hat.[184]

Zur selben Zeit schuf ich das Porträt von Luigi Guicciardini, dem Bruder von Messer Francesco, der die Geschichte [Italiens] schrieb, da besagter Messer Luigi ein sehr guter Freund von mir war und mir in jenem Jahr als Verwalter von Arezzo wohlwollend dazu verhalf, ein sehr großes, Frassineto genanntes Landgut im Valdichiana zu kaufen.[185] Dies bedeutete für meine Familie größtes Wohlergehen und Nutzen und so wird es auch für meine Nachkommen sein, sofern es, wie ich hoffe, nicht an ihnen fehlen wird. Man sagt von jenem Porträt, das sich bei den Erben von besagtem Messer Luigi befindet, daß es unter den unendlich vielen, die ich angefertigt habe, das beste und ähnlichste ist. Doch auch über die von mir geschaffenen Porträts möchte ich nichts sagen, obwohl es viele sind, denn dies wäre eine mühselige Angelegenheit. Um die Wahrheit zu sagen, habe ich mich soweit wie möglich gegen ihre Ausführung gewehrt. Dieses beendet, malte ich für Fra Mariotto da Castiglioni aus Arezzo und die dortige Kirche San Francesco in einer Tafel die Madonna, die Heilige Anna und die Heiligen Franziskus und Silvester.[186] Zur selben Zeit zeichnete ich für meinen großen Gönner Kardinal del Monte, den späteren Papst Julius III., der damals noch Legat in Bologna war,[187] Anordnung und Plan für eine große landwirtschaftliche Anlage, die dann in seiner Heimat am Fuß des Monte Sansavino verwirklicht wurde und wo ich auf Anweisung jenes Herrn, der am Bauen viel Freude hatte, oft gewesen bin.[188]

Nach Beendigung dieser Werke ging ich nach Florenz und schuf in diesem Sommer für die Prozession der Bruderschaft von San Giovanni de' Peducci in Arezzo eine Fahne mit der Darstellung jenes Heiligen, der auf der einen Seite zu den Massen predigt und auf der anderen Christus tauft. Als ich diese Malerei sofort nach ihrer Fertigstellung in mein Haus nach Arezzo schicken ließ, damit sie den Männern besagter Bruderschaft übergeben werden konnte, begab es sich, daß der Franzose Monsignore Georges, Kardinal von Armagnac,[189] auf dem Weg durch Arezzo unter anderem mein Haus besichtigen ging und dort besagte Fahne oder vielmehr Standarte sah. Da sie ihm gefiel, unternahm er alles, um sie zu bekommen, und bot einen hohen Preis, damit er sie dem König von Frankreich[190] schicken konnte. Doch wollte ich gegenüber jenen nicht wortbrüchig werden, die sie mir in Auftrag gegeben hatten, auch wenn mir viele sagten, ich hätte noch eine weitere anfertigen können, wobei ich aber nicht weiß, ob sie mir so gut und mit gleicher Sorgfalt gelungen wäre.[191] Nicht lange danach schuf ich für Messer Annibale Caro entsprechend eines Verlangens, das er schon vor geraumer Zeit in einem seiner Briefe, der als Druck erschien, an mich gerichtet hatte, ein Bild von Adonis, der nach der Erfindung Theokrits im Schoß der Venus stirbt.[192] Dieses Werk wurde dann fast gegen meinen Willen nach Frankreich gebracht und Messer Albizzo del Bene[193] gemeinsam mit einer Psyche überreicht, die mit einer Öllampe den schlafenden Amor betrachtet, der, von einem Fünkchen jener Lampe versengt, erwacht.[194] All jene nackten, lebensgroßen Figuren gaben Anlaß, daß Alfonso di Tommaso Cambi,[195] damals ein sehr schöner, gebildeter, tüchtiger und sehr höflicher und freundlicher junger Mann, sich nackt und in voller Größe in Gestalt eines Endymion darstellen ließ, dem von Luna geliebten Jäger. Sein blasser Leib und die umliegende phantastische Landschaft werden vom Licht des Mondscheins beleuchtet, was im Dunkel der Nacht eine ganz besondere und natürliche Wirkung erzeugt, und folglich habe ich mich mit aller Sorgfalt darum bemüht, die eigentümlichen Farben darzustellen, die jenes weißlich-gelbe Licht des Mondes den Dingen zu verleihen pflegt, auf die es trifft.[196] Danach malte ich zwei Bilder, die nach Ragusa geschickt werden sollten: das eine mit einer Madonna, das andere mit einer Pietà;[197] und danach für Francesco Botti[198] in einem großen Gemälde die Madonna mit dem Kind im Arm und Josef. Dieses Bild, das ich zweifelsohne mit der mir größtmöglichen Sorgfalt ausführte, nahm er mit sich nach Spanien.[199]

Nachdem diese Arbeiten vollbracht waren, machte ich mich im selben Jahr auf, Kardinal del Monte in Bologna zu sehen, wo er Legat war. Ich verweilte einige Tage bei ihm, und nach vielen anderen Gesprächen wußte er mir so gut zuzureden und mich mit vielen guten Gründen zu überzeugen, daß ich mich durch ihn gedrängt entschloß, zu tun, was ich bis dahin nicht gewollt hatte, nämlich mir eine Frau zu nehmen. Und so heiratete ich, ganz wie er es wollte, eine Tochter Francesco Baccis, eines adeligen Bürgers aus Arezzo.[200]

Nach Florenz zurückgekehrt, schuf ich gemäß einem neuen Einfall ein großes Madonnenbild mit mehreren Figuren, das Messer Bindo Altoviti bekam, der mir dafür hundert Goldscudi zahlte und es nach Rom brachte, wo es sich heute in seinem Haus befindet.[201] Darüber hinaus schuf ich zur selben Zeit noch viele andere Bilder wie für Messer Bernardetto de' Medici[202] oder Messer Bartolomeo Strada,[203] einen hervorragenden Arzt, und für weitere meiner Freunde, doch ist es nicht notwendig, von ihnen zu berichten. Als in jenen Tagen Sigismondo Martelli[204] in Florenz gestorben war und per Testament verfügt hatte, daß in der Kapelle dieser Adelsfamilie in San Lorenzo ein Tafelbild mit der Madonna und einigen Heiligen angefertigt werden sollte, ersuchten mich Luigi und Pandolfo Martelli[205] gemeinsam mit Messer Cosimo Bartoli,[206] die alle gute Freunde von mir waren, besagte Tafel auszuführen. Und als ich von Herzog Cosimo, dem Patron und obersten Verwalter dieser Kirche, die Erlaubnis dazu bekam, freute ich mich, diese anzufertigen. Ich hatte mir allerdings vorbehalten, nach meinem Belieben irgend etwas zum Heiligen Sigismund zu gestalten, um damit auf den Namen des Erblassers anzuspielen. Nachdem diese Übereinkunft getroffen war, erinnerte ich mich gehört zu haben, daß Filippo Brunelleschi,[207] der Architekt dieser Kirche, allen Kapellen eine solche Form gegeben hatte, daß für jede von ihnen keine kleine Tafel, sondern irgendeine großformatige Szene oder ein ebensolches Gemälde angefertigt werden sollte, die den ganzen Raum ausfüllen würden. Weil ich geneigt war, dem Willen und der Anordnung Brunelleschis diesbezüglich Folge zu leisten, mehr die Ehre als den geringen Verdienst im Auge, den ich durch dieses Werk erzielen würde, da ich ja eigentlich dazu angehalten war, eine kleine Tafel mit wenigen Figuren zu schaffen, malte ich also in einer zehn Ellen breiten und dreizehn Ellen hohen Tafel die Geschichte oder vielmehr das Martyrium des Heiligen Königs Sigismund, als dieser mit der Frau und zwei Kindern von einem anderen König oder besser Tyrannen in einen Brunnen geworfen wurde [siehe Seite 64]. Ich nutzte den halbkreisförmigen Bau dieser Kapelle als Öffnung eines in Rustikawerk gestalteten Tores zu einem großen Palast, durch das man einen Blick in den quadratischen Innenhof werfen kann, der von dorischen Pilastern und Säulen getragen wird. Und ich gab vor, daß man durch

Martyrium des Heiligen Sigismund,
Entwurfszeichnung. Lille, Musée des Beaux-Arts

diese Öffnung in der Mitte einen achteckigen Brunnen mit einer umlaufende Treppe sehen könne, über deren Stufen die
Schergen emporsteigen, um die genannten zwei Kinder nackt in
den Brunnen zu werfen. In den umliegenden Bogengängen
malte ich auf der einen Seite das Volk, das dort steht, um das
furchtbare Schauspiel zu betrachten, und auf der anderen, linken
Seite stellte ich einige Soldaten dar, die die Frau des Königs bru-

tal gepackt haben und sie zu dem Brunnen führen, um sie sterben zu lassen. Vor dem Haupttor stellte ich eine Gruppe von Soldaten dar, die den Heiligen Sigismund fesseln. In gelöster und ruhiger Haltung zeigt dieser, daß er bereit ist, jenen Tod und das Martyrium zu erleiden, und er schaut auf vier Engel in der Luft, die ihm die Palmzweige und Märtyrerkronen von ihm selbst, seiner Frau und seinen Kindern zeigen, was ihn zu trösten und zu ermutigen scheint. Ich bemühte mich außerdem, die Grausamkeit und den Stolz dieses gottlosen Tyrannen darzustellen, der im oberen Stockwerk des Innenhofs steht und von dort seinem Racheakt und dem Tod des Heiligen Sigismund zuschaut. Kurz und gut, soweit es mich angeht, habe ich alles getan, damit sich in jeder Figur ihre jeweiligen Gefühlsregungen, die angemessenen Haltungen und der passende Stolz und alles, was sonst noch erforderlich war, soweit wie möglich zeigen würde. Wie sehr mir dies gelungen ist, überlasse ich anderen zur Beurteilung. Wohl werde ich aber sagen, daß ich an Erfahrung, Mühe und Sorgfalt so viel hineinlegte, wie ich nur konnte.[208]

Unterdessen wünschte Herzog Cosimo, daß das Buch der Lebensbeschreibungen, das mit der mir größtmöglichen Sorgfalt und der Hilfe einiger meiner Freunde schon fast fertiggestellt war, herausgegeben und gedruckt würde, und so übergab ich es dem herzoglichen Druckleger Lorenzo Torrentino,[209] woraufhin mit dem Druck begonnen wurde. Aber noch waren die theoretischen Teile nicht abgeschlossen, als Papst Paul III. starb und ich mich zu fragen begann, ob ich Florenz würde verlassen müssen, bevor besagtes Buch fertig gedruckt wäre. Denn als ich mich vor die Tore von Florenz begab, um Kardinal del Monte zu treffen, der dort auf seinem Weg zum Konklave vorbeikam, hatte ich ihm kaum meine Empfehlungen ausgesprochen und ein wenig geplaudert, als er zu mir sagte: »Ich geh' nach Rom und mit Sicherheit werde ich Papst. Also beeile dich, wenn du etwas zu erledigen hast, und sobald du die Nachricht vernimmst, komm' nach Rom, ohne weitere Anweisungen oder eine Berufung abzuwarten.« Und dies war keine leere Vorhersage: Denn als in Arezzo der Karneval stattfand, wo verschiedene Feste und Maskenzüge organisiert wurden, traf die Nachricht ein, daß besagter Kardinal [Papst] Julius III. geworden war. Ich bestieg also sofort mein Pferd und eilte nach Florenz, von wo ich durch den Herzog angetrieben nach Rom aufbrach, um der Krönung des besagten neuen Papstes beizuwohnen und an der Gestaltung der Festdekoration teilzunehmen.

Auf diese Weise in Rom angelangt und am Haus von Messer Bindo abgesessen, ging ich hin, Seiner Heiligkeit meine Ehrerbietung zu erweisen und ihm die Füße zu küssen. Dies getan, rief er mir mit den ersten Worten, die er zu mir sagte, in Erinnerung, daß seine Vorhersage nicht falsch gewesen war. Sobald er dann gekrönt und ein wenig zur Ruhe gekommen war, wollte er als erstes einer Verpflichtung nachkommen, die er dem Andenken des alten Messer Antonio,[210] dem ersten Kardinal del Monte schuldete, und ihm in San Pietro in Montorio ein Grabmal errichten lassen. Als die Modelle und Zeichnungen dafür angefertigt waren, führte man es in Marmor aus, wie schon an anderer Stelle ausführlich berichtet wurde. In der Zwischenzeit schuf ich das Tafelbild für jene Kapelle, in dem ich die Bekehrung des Heiligen Paulus malte. Um aber abzuwandeln, was Buonarroti in der Paulina-Kapelle gemalt hatte, stellte ich den Heiligen Paulus, so wie er selbst schreibt, jung und in dem Moment dar, als er bereits vom Pferd gestürzt ist und die Soldaten ihn erblindet zu Hananias führen, von dem er das verlorene Augenlicht durch Handauflegen zurückerhält und getauft wird. Sei es wegen der Enge des Ortes oder aus irgendeinem anderen Grund, jedenfalls vermochte ich mich selbst mit diesem Werk nicht ganz zufriedenzustellen, wenn es vielleicht auch bei anderen und besonders bei Michelangelo nicht wenig Anklang fand.[211]

Gleichermaßen schuf ich für jenen Papst noch eine weitere Tafel für eine Kapelle des Palasts. Aus Gründen, die ich schon anderswo genannt habe, brachte ich diese dann nach Arezzo und stellte sie auf dem Hauptaltar der Pieve auf [siehe Seite 86].[212] Daß ich aber weder mit dieser noch mit jener bereits genannten in San Pietro in Montorio mich selbst und andere ganz zufriedengestellt hatte, dürfte nicht verwunderlich sein, da ich dem

Papst ständig zur Verfügung stehen mußte und dadurch immer in Bewegung oder damit beschäftigt war, architektonische Zeichnungen auszuführen. Vor allem zeichnete und plante ich als erster den gesamten Entwurf für die Vigna Giulia, die dieser mit unglaublichen Kosten verwirklichte. Und wenn sie dann auch von anderen ausgeführt wurde, so war dennoch stets ich derjenige, der die Einfälle des Papstes in einen Entwurf umsetzte, der dann zur Durchsicht und Korrektur an Michelangelo weitergegeben wurde. Schließlich vollendete Jacopo Barozzi aus Vignola[213] mit vielen seiner Zeichnungen die Räume, Säle und viele weitere Ausschmückungen an jenem Ort.[214] Der untere Brunnen aber wurde nach meinen Angaben und jenen Ammannatis ausgeführt, der dann noch vor Ort blieb, um die Loggia oberhalb des Brunnens zu errichten.[215] Es war jedoch unmöglich, in diesem Werk die eigenen Fähigkeiten zu zeigen noch irgendetwas richtig zu machen, da dem Papst in einem fort neue Einfälle kamen, die nach den täglichen Anweisungen von Messer Piergiovanni Aliotti,[216] Bischof von Forlì, ausgeführt werden mußten. In der Zwischenzeit mußte ich im Jahr 1550 wegen anderer Dinge gut zweimal nach Florenz, und beim ersten Mal vollendete ich die Tafel des Heiligen Sigismund, die der Herzog im Haus von Ottaviano de' Medici besichtigen kam, wo ich an ihr arbeitete. Sie gefiel ihm so sehr, daß er zu mir sagte, ich solle, sobald ich in Rom alles zu Ende gebracht hätte, nach Florenz in seine Dienste kommen, wo ich dann angewiesen werden würde, was ich zu tun hätte.[217]

Also kehrte ich nach Rom zurück und stellte die erwähnten unvollendeten Werke fertig und schuf außerdem ein Tafelbild für den Hauptaltar der Bruderschaft der Misericordia mit einem enthaupteten Johannes dem Täufer, der von den üblichen Darstellungen ziemlich abweicht.[218] Im Jahr 1553 stellte ich sie auf und wollte [nach Florenz] zurückgehen. Doch war ich, weil ich es ihm nicht verweigern konnte, dazu gezwungen, für Messer Bindo Altoviti zwei riesige mit Stuck und Fresken ausgeschmückte Loggien zu schaffen. Die eine in der Vigna schuf ich in einer neuartigen, gemalten Architektur: Weil die Loggia so groß war, daß man die Bögen nicht ohne Gefahr wölben konnte, ließ ich ein Gerüst aus Holz und Schilfrohrmatten anfertigen, das mit Stuck verkleidet und in Fresko so bemalt wurde, als würde die Loggia aus Mauerwerk bestehen; und tatsächlich erscheint sie so und jeder, der sie sieht, hält sie dafür. Getragen wird sie von vielen antiken und seltenen Säulenornamenten aus Breccie.[219] Die andere [Loggia] auf dem Grundstück seines Hauses in Ponte gestaltete ich ganz mit Szenen in Freskomalerei aus.[220] Danach malte ich die Decke eines Vorzimmers mit vier großen Ölgemälden der vier Jahreszeiten aus,[221] und als diese fertig waren, war ich gezwungen, für meinen sehr guten Freund Andrea della Fonte das Porträt einer Dame nach dem Leben zu malen.[222] Zusammen mit diesem überließ ich ihm auch noch ein großes Bild von einem kreuztragenden Christus mit lebensechten Figuren, das ich für einen Verwandten des Papstes gemacht hatte, dem ich es nun aber nicht mehr geben wollte.[223] Für den Bischof von Vaison schuf ich einen toten Christus, der von Nikodemus und zwei Engeln gestützt wird,[224] und für Pierantonio Bandini[225] eine Geburt Christi bei nächtlicher Beleuchtung und mit mannigfaltiger Erfindung.[226]

Während ich diese Werke ausführte und abwartete, was der Papst [als nächstes] beschließen würde, erkannte ich schließlich, daß man sich von ihm nur wenig erhoffen durfte und man sich vergeblich bemühte, ihm zu dienen. Obwohl ich bereits die Kartons für die in der Loggia zu malenden Fresken angefertigt hatte, die sich über dem Brunnen der erwähnten Vigna [Giulia] befand,[227] entschloß ich mich, auf jeden Fall dem Herzog von Florenz dienen zu wollen. In diesem Ansinnen wurde ich von Messer Averardo Serristori[228] und dem Bischof de' Ricasoli,[229] den Gesandten Seiner Exellenz in Rom, und außerdem durch die Briefe von Messer Sforza Almeni,[230] seinem Mundschenk und obersten Kämmerer, nachdrücklich bestärkt. Als ich folglich nach Arezzo umgesiedelt war, um von dort aus nach Florenz zu gehen, wurde ich gedrängt, für meinen Herrn und lieben Freund Monsignore Minerbetti,[231] den Bischof dieser Stadt, in einem lebensgroßen Bild die Pazienza darzustellen, die später Herrn Ercole, dem Herzog von Ferrara,[232] als Vorbild für eine Imprese und die Rückseite seiner Medaille diente.[233] Dieses Werk vollendet, machte ich mich auf, Herzog Cosimo die Hand zu küssen, und wurde von ihm in seiner Güte willkommen geheißen. Während er überlegte, woran ich zuerst Hand anlegen sollte, ließ ich Cristofano Gherardi aus Borgo nach meinen Entwürfen die Fassade von Messer Sforza Almeni in *chiaroscuro* gestalten, und zwar in jener Weise und mit jenen Erfindungen, die an anderer Stelle ausgiebig besprochen wurden.[234] Da ich in dieser Zeit zu den Herren Prioren der Stadt von Arezzo zählte, jenem die Stadt regierenden Amt, wurde ich mit Briefen des Herzogs in seine Dienste berufen und von dieser Verpflichtung befreit. Als ich nach Florenz kam, hatte Seine Exzellenz gerade in diesem Jahr damit begonnen, unter Anleitung des damaligen Palastarchitekten Tasso,[235] eines Holzschnitzers, jene Wohnräume seines Palasts errichten zu lassen, die in Richtung der Piazza del Grano gelegen sind. Doch war das Dach so niedrig angesetzt worden, daß alle diese Zimmer geringe Ausmaße hatten und wirklich zwergenhaft waren. Da aber das Anheben der Tragbalken und des Dachs eine langwierige Angelegenheit war, schlug ich vor, zwischen den Tragbalken eine Unterteilung und Balkeneinfassung anzulegen, mit zweieinhalb Ellen breiten Vertiefungen zwischen den Dachträgern und mit einer Reihe von vertikalen Konsolen, die ungefähr zwei Ellen über den Balken einen Fries bilden würden. Dies gefiel Seiner Exzellenz sehr und er gab sogleich Anweisung, es so ausführen zu lassen, und Tasso wies er an, die Holzleisten und viereckigen Felder zu gestalten, in die die Genealogie der Götter gemalt werden sollte, um dann mit den anderen Zimmern fortzufahren.

Während also das Holz für die besagten Decken bearbeitet wurde, erhielt ich vom Herzog die Erlaubnis, für zwei Monate nach Arezzo und Cortona zu gehen, um einerseits einige meiner Angelegenheiten zu erledigen und andererseits eine Freskoarbeit auszuführen, die ich in Cortona auf den Wänden und im Gewölbe der Bruderschaft Jesu begonnen hatte. An jenem Ort

Die Kastration des Himmels.

schuf ich drei Szenen aus dem Leben Jesu Christi und aus dem Alten Testament alle Opfer, die man Gott dargebracht hat: von Kain und Abel bis zum Propheten Nehemias.[236] Gleichzeitig erledigte ich dort die Modelle und Entwürfe für den Bau der Madonna Nuova außerhalb der Stadt.[237] Als ich dieses Werk der Bruderschaft Jesu zu Ende gebracht hatte, kehrte ich im Jahr 1555 mit der ganzen Familie nach Florenz in den Dienst Herzog Cosimos zurück. Dort begann und vollendete ich die Bilder, Wände und die Decke des oben genannten Saals, der als Saal der Elemente bezeichnet wird, wo ich in den Gemälden, von denen es elf gibt, als Sinnbild für die Luft die Kastration des Himmels [i.e. Uranus] darstellte [siehe oben]. Und an der Decke einer an besagten Saal angrenzenden Terrasse schuf ich die Taten von Saturn und Ops und anschließend an der Decke eines anderen großen Zimmers alle Ereignisse um Ceres und Proserpina. In

Florenz, Palazzo Vecchio, Quartiere degli Elementi

einem angrenzenden größeren Raum malte ich ebenfalls an der
ganz kostbar gestalteten Decke Szenen mit der Göttin Bere-
cynthia, dem Triumph der Kybele und den vier Jahreszeiten sowie an den Wänden alle zwölf Monate. An der Decke eines weiteren, nicht weniger reich gestalteten [Zimmers] malte ich die
Geburt Jupiters und wie er von der Ziege Amaltheia genährt
wird und die übrigen herausragendsten Begebenheiten um ihn.
Auf einer weiteren, mit Stein und Stuck reich ausgeschmückten
Terrasse neben demselben Raum malte ich weitere Szenen mit
Jupiter und Juno. In dem angrenzenden Zimmer schließlich
stellte ich die Geburt von Herkules dar und alle seine Taten.
Und was nicht mehr an der Decke untergebracht werden
konnte, wurde auf die Friese eines jeden Zimmers gemalt oder
in den Wandteppichen dargestellt, die der Herzog nach meinen
Kartons für jedes Zimmer hatte weben lassen und die auf die dar-

überliegenden Gemälde der Wände Bezug nehmen.²³⁸ Über die Grotesken, Ornamente und die Malereien der Treppenaufgänge werde ich nichts sagen und auch nichts über die vielen Details, die in der Ausstattung der Zimmer von meiner Hand stammen, denn außer meiner Hoffnung, davon ein anderes Mal ausführlicher zu berichten, kann sie jeder nach seinem Wunsch besichtigen und sein Urteil darüber abgeben.

Während man im oberen Stockwerk diese Räumlichkeiten ausmalte, wurden auf der Ebene des großen Saals die anderen gebaut, die mit den darüberliegenden im Lot sind und mittels sehr bequemer öffentlicher und geheimer Treppenaufgänge mit ihnen verbunden sind, die von den obersten bis zu den untersten Wohnungen des Palasts reichen.

Unterdessen war Tasso gestorben und der Herzog verspürte den innigen Wunsch, diesen Palast besser zu gestalten, der aufs Geratewohl und in mehreren Abschnitten zu unterschiedlichen Zeiten errichtet worden war, und zwar mehr nach Belieben der Amtsträger als in Folge einer guten Ordnung. Also beschloß er, daß er auf jeden Fall, soweit dies möglich war, hergerichtet und mit der Zeit der große Saal ausgemalt werde und daß Bandinelli²³⁹ den begonnenen Audienzsaal weiterführe. Um also den gesamten Palast in sich abzustimmen, sprich das bereits Existierende mit dem, was noch zu machen war [zu vereinen], wies er mich an, mehrere Pläne und Entwürfe anzufertigen und schließlich auf der Grundlage einiger, die ihm gefallen hatten, ein Holzmodell zu machen. So konnte man nun besser nach seinen Anweisungen alle Räumlichkeiten anlegen und die alten Treppen, die ihm steil, unzweckmäßig und schlecht erschienen, begradigen und abändern. Ich legte also Hand an diese Sache, auch wenn es mir ein schwieriges und meine Kräfte übersteigendes Unterfangen erschien, und mehr um ihm zu gehorchen als in der Hoffnung, daß es mir gelingen würde, führte ich aufs Bestmögliche ein riesiges Modell aus, das sich heute im Besitz Seiner Exzellenz befindet. Ob es nun sein Los, das meine oder mein großes Verlangen war, ihn zufriedenzustellen, auf jeden Fall gefiel ihm dieses Modell, als es fertig war, sehr gut.²⁴⁰ Nach Baubeginn wurde es Stück für Stück ausgeführt und indem man nach und nach das eine und andere gestaltete, brachte man es so weit, wie man es heute sieht. Während die verbliebenen Arbeiten ausgeführt wurden, gestaltete ich in verschiedenen Abschnitten die ersten acht neuen Räume auf dem Stockwerk des großen Saals mit reichen Stukkaturen aus, darunter Salons, Gemächer und eine Kapelle, für die ich außerdem verschiedene Malereien schuf, mit unzähligen, nach dem Leben gemalten Porträts in den *istorie*. Diese beginnen mit Cosimo dem Alten und jeder Raum ist nach einem seiner bedeutenden und berühmten Nachfahren benannt.

So sind in der einen die denkwürdigsten Taten von besagtem Cosimo dargestellt, die ihm eigenen Tugenden und außerdem seine größten Freunde und Untergebenen und Bildnisse seiner Kinder, die alle nach dem Leben gemalt sind. Da findet sich also das [Zimmer] von Lorenzo dem Alten, das seines Sohns Papst Leo, jenes von Papst Clemens, das des Herrn Giovanni, Vater des großen Herzogs, und dasjenige von Herzog Cosimo selbst. In der Kapelle ist ein wunderschönes großes Bild von Raffael aus Urbino, das zwischen den von mir gemalten Heiligen Cosmas und Damian hängt, denen die Kapelle geweiht ist.[241] Und in den für Herzogin Eleonora[242] ausgemalten oberen Räumen, derer es vier gibt, finden sich die Taten berühmter Frauen – griechische, hebräische, römische und toskanische –, jedes Zimmer einer von ihnen gewidmet. Ich habe davon schon an anderer Stelle berichtet und werde in dem Dialog, den wir bald veröffentlichen werden, noch einmal ausführlich darüber sprechen, so daß es viel zu lang wäre, hier alles zu erzählen.[243] Für diese meine endlosen Mühen, die beschwerlich und groß waren, wurde ich dank der außerordentlichen Freigebigkeit dieses großen Herzogs neben der Bezahlung aufs Reichlichste belohnt: Mit Geschenken und achtbaren, bequemen Häusern in Florenz und auf dem Land, um ihm so auf angenehmere Weise zu Diensten sein zu können. Außerdem hat er mich in meiner Heimat Arezzo mit dem höchsten Amt des Gonfaloniere und anderen Posten beehrt, mit der Erlaubnis, mich von einem der Bürger dieses Ortes vertreten zu lassen. Meinem Bruder Messer Piero hat er darüber hinaus in

Florenz gewinnbringende Ämter zugeteilt und dasselbe gilt für meine Verwandten in Arezzo, denen er außerordentliche Gefälligkeiten erwies. Deshalb werde ich niemals müde werden, die Verpflichtung einzugestehen, die ich wegen all dieser vielen Liebenswürdigkeiten gegenüber diesem Herrn habe.

Um nun zu meinen Werken zurückzukehren, sage ich, daß dieser hochverehrte Herr gedachte, einen schon vor geraumer Zeit gefaßten Gedanken umsetzen zu lassen, der darin bestand, den großen Saal auszumalen [siehe rechts]:[244] eine der Größe und Tiefe seines Geistes würdige Konzeption, und ich weiß nicht, ob er, wie ich glaube, scherzend mit mir darüber sprach, weil er sicherlich dachte, daß ich die Hände davon lassen würde und er es zu seiner Zeit [nicht] fertig sehen würde oder aufgrund irgend eines Geheimnisses und eines – wie stets bei ihm – äußerst sorgfältig erwogenen Urteils. Das Ergebnis schließlich war, daß er mir den Auftrag gab, die Tragbalken und das Dach in ihrer bereits vorhandenen Höhe um dreizehn Ellen anzuheben, die Decke aus Holz zu gestalten, zu vergolden und ganz mit Szenen in Öl auszumalen: Dies war ein immenses und ungemein bedeutendes Unterfangen, das, wenn nicht über meinen Mut, so vielleicht über meine Kräfte ging. Ob es das Vertrauen dieses großen Herrn und das ihn in allem begleitende gute Geschick war, daß ich mich über mich selbst erhob, oder ob die Hoffnung und Gelegenheit zu einem so schönen Thema meine Fähigkeiten steigerten oder (und dies hätte ich vor allem anderen nennen sollen) die Gnade Gottes mir die Kräfte dazu verlieh, jedenfalls nahm ich an. Und wie man gesehen hat, führte ich es entgegen der Ansicht vieler nicht nur in wesentlich kürzerer Zeit aus, als ich versprochen hatte und die das Werk eigentlich verlangte, sondern auch [schneller] als ich selbst oder Seine hochverehrte Exzellenz jemals gedacht hätten. Ich denke wohl, daß er erstaunt und sehr zufrieden war, denn es wurde vollendet, als man seiner am meisten bedurfte und anläßlich der schönsten Gelegenheit, die es nur geben konnte. Damit man den Grund für die große Eile erfährt, war dies die von ihm bestimmte Hochzeit unseres hochverehrten Fürsten mit der Tochter des früheren Kaisers und Schwester des jetzigen.[245] Und es erschien mir

Salone dei Cinquecento. Florenz, Palazzo Vecchio

als meine Pflicht, jede Anstrengung zu unternehmen, damit man rechtzeitig zum Anlaß dieses großen Fests diesen bedeutendsten Raum des Palasts, wo alle wichtigen Handlungen zu vollziehen waren, würde nutzen können. An dieser Stelle überlasse ich das Urteil allen, die die Größe und die Mannigfaltigkeit dieses Werks gesehen haben, ob sie nun den Künsten angehören oder nicht: Der ungeheure und bedeutende Anlaß soll mir Entschuldigung sein, falls ich aufgrund solcher Eile die Erwartungen nicht ganz erfüllt haben sollte, angesichts einer so großen Vielfalt von Kriegen zu Land und zur See, Eroberungen von Städten, Geschützen, Angriffen, Scharmützeln, Errichten von Stadtanlagen, öffentlichen Beschlüssen, antiken und modernen Zeremonien, Triumphzügen und vielen anderen Dingen, wobei allein schon die Skizzen, Zeichnungen und Kartons für so ein Werk unglaublich viel Zeit in Anspruch nahmen. Und nicht zu reden von den nackten Körpern, auf denen die Perfektion unserer Künste beruht, und auch nicht von den Landschaften, in denen sich die genannten dargestellten Ereignisse zugetragen haben, die ich alle jeweils an Ort und Stelle nach dem natürlichen Vorbild wiedergeben mußte, so wie ich außerdem eine Vielzahl an Heerführern, Generälen, Soldaten und anderen Anführern darstellte, die an den von mir gemalten Unternehmungen teilgenommen hatten. Alles in allem wage ich zu sagen, daß ich an besagter Decke die Gelegenheit hatte, beinahe alles darzustellen, was menschliches Denken und Vorstellungsvermögen vergegenwärtigen kann: eine Mannigfaltigkeit von Körpern, Gesichtern, Trachten, Kleidungen, Sturmhauben, Helmen, Rüstungen, verschiedenen Frisuren, Pferden, Zubehör, Harnischen, jede Art von Geschützen, Seefahrten, Unwetter, Regen- und Schneefälle und viele andere Dinge, an die ich mich nicht mehr erinnern kann. Wer aber dieses Werk sieht, kann sich mit Leichtigkeit vorstellen, wieviel Mühsal und wie viele durchwachte Nächte ich auf mich nehmen mußte, um mit der mir größtmöglichen Erfahrung ungefähr vierzig große Szenen umzuset-

Florenz, Uffizien

zen, einige von ihnen in Gemälden, die allseitig zehn Ellen messen und riesige Figuren aller Art enthalten. Und wenn mir auch einige meiner jungen Lehrlinge geholfen haben, so waren sie mir nur zuweilen nützlich, andere Male wiederum nicht, denn wie sie wissen, mußte ich manchmal alles mit eigener Hand noch einmal machen und die Tafel vollständig übermalen, damit alles einen einheitlichen Stil aufweist. Diese Szenen handeln, sage ich, von den Begebenheiten der Stadt Florenz, von ihrer Erbauung bis zum heutigen Tag: die Unterteilung in Viertel, die unterstellten Städte, die überwundenen Feinde, unterworfene Städte und zuletzt Anfang und Ende des Kriegs mit Pisa auf der einen Seite und auf der anderen ganz ähnlich Beginn und Ende desjenigen mit Siena – der eine von der Volksregierung in einem Zeitraum von vierzehn Jahren geführt und beendet, der andere vom Herzog in vierzehn Monaten, wie wir noch sehen werden [siehe Seite 2]. Was darüber hinaus an der Decke ist und was sich auf den Seitenwänden befinden wird, die jeweils achtzig Ellen lang und zwanzig hoch sind und von mir trotzdem in Fresko bemalt werden, kann ich dann ebenfalls in besagtem Dialog berichten.

Dies alles habe ich bis hierher sagen wollen, um einzig und allein vor Augen zu führen, wieviel Mühe ich aufgewendet habe und noch immer in der Kunst aufwende und mit wie vielen triftigen Gründen ich mich für die Male entschuldigen könnte (und ich denke, es sind viele), bei denen ich versagt habe. Ich füge außerdem hinzu, daß ich fast gleichzeitig den Auftrag hatte, [die Entwürfe für] sämtliche [Triumph-]Bögen zur Vorlage bei Seiner Exzellenz zu zeichnen, damit die Gesamtanordnung bestimmt und daraufhin ein Großteil davon umgesetzt und auf diese Weise der bereits erwähnte Festapparat vollendet werden konnte, der in Florenz anläßlich der Hochzeit des hochverehrten Prinzen gestaltet worden war. Ich hatte nach meinen Entwürfen in zehn jeweils vierzehn Ellen hohen und elf Ellen breiten Gemälden die Ansichten der bedeutendsten Städte des Herrschaftsgebiets perspektivisch verkürzt und mit ihren ersten Gründern und Wappen darzustellen, während ich nebenher die Stirnseite besagten Saals zu Ende bringen mußte, die von Bandinelli begonnen worden war. In dem anderen [Saal] mußte ich zudem eine Szene gestalten, die die bedeutendste und reichste war, die jemals von irgendwem ausgeführt worden ist. Schließlich hatte ich die wichtigsten Treppenaufgänge dieses Palasts mit ihren Eingangshallen, den Innenhof und die Säulen in jener Weise auszuführen, die jeder kennt und die ich oben beschrieben habe, mit fünfzehn Städten des Kaiserreichs und Tirols, die in vielen Gemälden nach ihrem natürlichen Aussehen wiedergegeben worden sind.

Ebenfalls nicht geringe Dauer beanspruchte zu jener Zeit die Weiterführung der Loggia und des riesigen, zum Arno hin ausgerichteten Magistratsgebäudes [siehe Seite 76], und niemals habe ich etwas Schwierigeres und Gefährlicheres errichten lassen, da die Fundamente direkt am Fluß und fast in der Luft liegen.[246] Dies war neben anderen Gründen vor allem deshalb notwendig gewesen, um, wie geschehen, den großen Korridor daran anzuschließen, der den Fluß überquert und vom Herzogspalast zum Palast und Garten der Pitti führt: Jener Korridor wurde unter meiner Leitung und nach meinem Entwurf in fünf Monaten erbaut, auch wenn es sich um ein Werk handelt, von dem man denkt, es könne in nicht weniger als fünf Jahren ausgeführt werden [siehe rechts].[247] Darüber hinaus unterlag es meiner Aufsicht, anläßlich genannter Hochzeit in der großen Kuppel von Santo Spirito die [mechanischen] Vorrichtungen für jenes Fest erneuern und vergrößern zu lassen, das man früher in San Felice in Piazza abhielt. Dies alles wurde mit der größtmöglichen Perfektion durchgeführt, damit die früher mit besagtem Fest verbundenen Gefahren nicht mehr eintreten würden.[248] Ebenfalls unter meiner Aufsicht stand der Bau von Palast und Kirche des Ritterordens von Santo Stefano in Pisa[249] und der Chorraum oder besser die Kuppel der Madonna dell'Umiltà in Pistoia, bei der es sich um ein ausgesprochen wichtiges Werk handelt.[250] Ohne mich für meine Unvollkommenheit zu entschuldigen, die ich nur zu gut kenne, möchte ich, wenn ich bei alledem etwas Gutes geleistet habe, unendlichen Dank an Gott richten, der mir, wie ich hoffe, auch dabei helfen wird, das ungeheure Unternehmen besagter Saalwände vollbracht zu sehen, wann immer

Vasarianischer Korridor zur Arnoseite hin, Florenz

dies sein wird, und daß dies zur vollen Zufriedenheit meiner Herren geschieht, die mir bereits über einen Zeitraum von dreizehn Jahren die Gelegenheit zur Ausführung großartiger Werke zu meiner Ehre und meinem Nutzen gegeben haben, und daß ich mich dann müde, verbraucht und gealtert endlich ausruhen kann. Und wenn ich die genannten Dinge aus verschiedenen Gründen größtenteils mit einer gewissen Eile und Schnelligkeit gemacht habe, so hoffe ich, diese [Arbeit] nach meinem Ermessen ausführen zu können, da der Herzog darin übereinstimmt, daß ich sie nicht übereile, sondern mit Bedacht ausführe und er mir alle Ruhepausen und Erholungen zugesteht, die ich mir selbst wünsche.

Als ich nach Ablauf des Jahres aufgrund der vielen oben genannten Arbeiten erschöpft war, gab er mir die Erlaubnis, mich für einige Monate zu vergnügen. Also begab ich mich auf Reisen und besuchte fast ganz Italien, wobei ich zahllose meiner Freunde und Auftraggeber wiedersah und außerdem die Werke verschiedener hervorragender Künstler, wie ich schon oben in anderem Zusammenhang berichtet habe.[251] Als ich zum Abschluß in Rom weilte, um von dort nach Florenz zurückzukehren, und die Füße des heiligen und ehrwürdigen Papstes Pius V.[252] küßte, gab er mir den Auftrag, ich solle ihm in Florenz eine Tafel ausführen, die in sein Konvent in die Kirche von Bosco[marengo] geschickt werden sollte, die er in seiner Heimat in der Nähe von Alessandria in Apulien gerade errichten ließ.²⁵³ Folglich nach Florenz zurückgekehrt, schuf ich einerseits aufgrund der Anweisung Seiner Heiligkeit, andererseits wegen der vielen mir erwiesenen Liebenswürdigkeiten in einem Tafelbild die Anbetung der Könige, so wie er es bei mir bestellt hatte. Und als er in Erfahrung brachte, daß ich sie fertiggestellt hatte, ließ er mich wissen, daß ich zu seiner Zufriedenheit mit besagter Tafel nach Rom kommen solle, damit er mir einige seiner Gedanken mitteilen könne, vor allem aber um über den Bau von Sankt Peter zu sprechen, der ihm wie sich zeigte ungemein am Herzen lag. Er hatte mir zu diesem Zweck hundert Scudi gesandt, und so schickte ich die Tafel voraus und begab mich nach Rom. Nachdem ich dort einen Monat verweilt und viele Unterredungen mit Seiner Heiligkeit geführt hatte, in denen ich ihm riet, nicht zu gestatten, daß der Plan Buonarrotis abgeändert würde, und ich einige Zeichnungen angefertigt hatte, gab er mir den Auftrag, für den Hauptaltar seiner erwähnten Kirche von Bosco[marengo] keine der allgemein üblichen Tafeln zu schaffen, sondern einen riesigen, fast in der Form eines Triumphbogens gestalteten Aufbau mit zwei großen Tafelbildern, von denen das eine auf der Vorderseite und das andere auf der Rückseite angebracht werden sollte. Dazu kamen in kleineren Tafeln ungefähr dreißig Szenen voller Figuren, die alle zu einem sehr guten Ende gebracht wurden.²⁵⁴ In dieser Zeit erhielt ich großzügigerweise von Seiner Heiligkeit (der mir dank unendlicher Liebenswürdigkeit und Gnade die Bullen unentgeltlich zusandte) die Erlaubnis zum Bau einer Kapelle und eines Dekanats in der Pieve von Arezzo, die nun die Hauptkapelle besagter Pieve ist. Sie untersteht meinem Patronat und dem meiner Familie und wurde von mir gestiftet, von meiner Hand ausgemalt und der göttlichen Güte als Anerkennung (und sei sie auch gering) für die große Schuldigkeit geweiht, zu der ich Seiner Hoheit für all die unendliche Gnade und die Wohltaten verpflichtet bin, die er mir zu erweisen geruhte. Die Tafel dort ist der Form nach jener oben erwähnten sehr ähnlich, und daß sie mir in Erinnerung gekommen ist, liegt unter anderem daran, daß sie freisteht und ebenfalls aus zwei Tafeln besteht: eine auf der Vorderseite, die schon oben behandelt wurde [siehe Seite 86] und die andere mit der Geschichte des Heiligen Georg auf der Rückseite. Eingerahmt werden sie von einigen Heiligenbildern und darunterliegenden kleineren Täfelchen mit ihren Geschichten, und unter dem Altar ruhen in einem wunderschönen Grabmal die Körper von vier dieser Heiligen mit weiteren bedeutenden Reliquien der Stadt. In die Mitte ist ein Sakramentstabernakel sehr gut eingefügt, so daß es sowohl mit der einen als auch der anderen Altarseite korrespondiert. Es ist mit Szenen aus dem Alten und dem Neuen Testament geschmückt, die alle auf dieses Mysterium [des Sakraments] Bezug nehmen, wie teilweise schon an anderer Stelle erörtert wurde.[255]

Ich habe außerdem vergessen zu erwähnen, daß ich im Jahr zuvor, als ich das erste Mal die Füße [des Papstes] küssen ging, die Straße über Perugia nahm, um dort drei große Tafeln an ihren Aufstellungsort zu bringen, die ich für die in dieser Stadt ansässigen schwarzen Mönche von San Pietro und ihr Refektorium geschaffen hatte. In der einen, mittleren ist die Hochzeit zu Kanaa in Galiläa gezeigt, bei der Christus das Wunder vollbringt, Wasser in Wein zu verwandeln. In der zweiten, rechterhand angebrachten, ist der Prophet Elischa zu sehen, der durch die Zugabe von Mehl einen Topf mit den bittersten Speisen versüßt, die durch Bittergurken ungenießbar geworden waren und deshalb von seinen Propheten nicht gegessen werden konnten. In der dritten [Tafel] befindet sich der Heilige Benedikt, dem ein Laienbruder zur Zeit einer großen Hungersnot, in der seine Mönche nicht genug zum Leben hatten, die Ankunft einiger mit Mehl beladener Kamele am Stadttor ankündigt und der sieht, wie die Engel Gottes ihm auf wunderbare Weise eine große Menge Mehl herbeibringen.[256] Für Frau Gentilina,[257] die Mutter von Herrn Chiappino[258] und Herrn Paolo Vitelli,[259] malte ich in Florenz ein großes Tafelbild, das ich von dort nach Città di Castello schickte. Darin ist die Marienkrönung und in der Höhe ein Engelsreigen dargestellt, mit vielen überlebensgroßen Figuren im unteren Teil. Diese

Tafel wurde in San Francesco in besagter Stadt aufgestellt.[260] Für die Kirche von Poggio a Caiano, dem Landsitz des Herzogs, schuf ich in einer Tafel den toten Christus im Schoß der Mutter mit den Heiligen Cosmas und Damian, die ihn sinnend betrachten, und einem Engel in der Luft, der weinend die Werkzeuge der Passion unseres Erlösers vorzeigt.[261] Fast zur selben Zeit wurde in der Florentiner Carmine-Kirche in der Kapelle meiner lieben Freunde Matteo und Simone Botti[262] eine Tafel von mir aufgestellt, die einen gekreuzigten Christus, die Madonna und die weinenden Johannes und Maria Magdalena zeigt.[263] Danach schuf ich für Jacopo Capponi[264] zwei große Bilder, die nach Frankreich geschickt werden sollten: In dem einen ist der Frühling und in dem anderen der Herbst mit großen Figuren und neuartigen Einfällen dargestellt;[265] und noch ein weiteres größeres Bild mit einem toten Christus, der von zwei Engeln gestützt wird, darüber der Heilige Vater.[266] Den Nonnen von Santa Maria Novella in Arezzo schickte ich ebenfalls dieser Tage oder ein wenig früher eine Tafel mit der Verkündigung des Engels an Maria und zwei Heiligen an den Seiten.[267] Für die Nonnen des Kamaldulenserordens von Luco im Mugello schuf ich eine weitere Tafel, die im Inneren ihres Chors aufgestellt wurde und einen gekreuzigten Christus mit der Madonna, dem Heiligen Johannes und Maria Magdalena zeigt.[268]

Für Luca Torrigiani,[269] einen sehr lieben Vertrauten von mir, der neben den vielen Kunstwerken in seinem Besitz auch ein Gemälde von meiner Hand haben wollte, schuf ich in einem großen Bild die nackte Venus, umringt von den drei Grazien: Eine von ihnen frisiert sie, die andere hält ihr den Spiegel und die nächste gießt Wasser in eine Schale, um sie zu waschen. Ich bemühte mich, dieses Bild mit der mir größtmöglichen Erfahrung und Sorgfalt auszuführen, um meinen Geist nicht weniger zufriedenzustellen als den eines so teuren und lieben Freundes [siehe rechts].[270] Auch schuf ich für den mir sehr gewogenen Hauptschatzmeister Seiner Exzellenz Antonio de' Nobili[271] neben seinem Porträt, zu dessen Ausführung man mich entgegen meiner Neigung nötigte, das Haupt Jesu Christi gemäß den Worten, mit denen Lentulus sein Aussehen beschreibt.[272] Die eine wie die andere Tafel wurde mit

Die Toilette der Venus. Stuttgart, Staatsgalerie

Sorgfalt ausgeführt und in gleicher Weise noch eine etwas größere, der [zuvor] genannten aber sehr ähnliche für den Herrn
Mandragone, die sich heute im Besitz von Don Francesco de' Medici, dem Fürsten von Florenz und Siena, befindet und die ich
Seiner Herrschaft zum Geschenk machte, weil er den Talenten
und unseren Künsten sehr zugetan ist und damit er sich bei ihrem
Anblick meiner Liebe und Freundschaft erinnert.[273] Noch in

Arbeit habe ich ein großes, sehr ausgefallenes Bild, das ich bald fertigzustellen hoffe. Es ist für den Herrn von Sassetta, Antonio Montalvo,[274] bestimmt, der verdientermaßen erster Kammerherr und engster Vertrauter unseres Herzogs ist, mir sehr wohl gesonnen und ein lieber, vertrauter Freund, um nicht Ranghöherer zu sagen. Und wenn die Hand meinem Wunsch gehorchen wird, ihm ein Unterpfand meiner Zuneigung zu geben, wird man daraus erkennen, wie sehr ich ihn verehre und wieviel mir daran liegt, die Erinnerung an einen so würdigen und treuen Herrn bei den Nachfahren lebendig zu halten, da jener sich willig um all die schönen Talente dieses Metiers und jene, die Freude am *disegno* haben, bemüht und sie begünstigt.[275] Für Fürst Francesco habe ich in letzter Zeit zwei Bilder gemalt, die er nach Toledo in Spanien an eine Schwester seiner Mutter, der Frau Herzogin Eleonora, geschickt hat, und für ihn selbst ein kleines, miniaturartiges Bild mit vierzig größeren und kleineren Figuren nach einem sehr schönen Einfall von ihm.[276] Für Filippo Salviati[277] habe ich vor kurzem eine Tafel fertiggestellt, die nach Prato zu den Nonnen von San Vincenzo geht. Darin ist die gekrönte Madonna bei ihrer Aufnahme in den Himmel gezeigt und im unteren Teil die um das Grab versammelten Apostel.[278] Für die Schwarzen Mönche der Florentiner Badia male ich ebenfalls eine Tafel, die bald fertig sein wird, mit einer Himmelfahrt der Madonna und überlebensgroßen Apostelfiguren sowie weiteren Figuren an den Seiten und ringsum Szenen und Verzierungen, die in neuartiger Weise angeordnet sind.[279]

Da der Herzog wirklich in allem ausgezeichnet ist, hat er nicht nur Gefallen am Bau von Palästen, Städten, Festungen, Häfen, Loggien, Plätzen, Gärten, Brunnen, Villen und ähnlich schönen, herrlichen und für das Wohlergehen seines Volks nützlichen Dingen, sondern ist als ein katholischer Fürst nach dem Vorbild des großen Königs Salomon auch besonders auf das Erneuern, Verschönern und bessere Gestalten der Tempel und heiligen Gotteshäuser bedacht. So ließ er mich kürzlich den Lettner in der Kirche Santa Maria Novella entfernen, der ihr die ganze Schönheit raubte, und einen neuen, reich ausgestatteten Chor hinter dem Hauptaltar bauen, um dadurch jenen in der Mitte gelegenen zu beseitigen, der den größten Teil der Kirche einnahm: Dies läßt sie wie eine ganz neue, wunderschöne Kirche erscheinen, und so ist es ja auch tatsächlich. Und weil Dinge, die in sich keine Ordnung und Proportion besitzen, auch nicht vollkommen schön sein können, hat er angeordnet, in den Seitenschiffen kostbare und in ihrer Form neuartige, reichverzierte Ornamente aus Stein zu schaffen, die zwischen Säule und Säule mit der Mitte der Bögen korrespondieren und mit ihren Altären im Zentrum als Kapellen dienen sollen, die alle in einer [einzigen] oder zwei Stilrichtungen zu gestalten wären. Anschließend wies er an, daß in den sieben Ellen hohen und fünf Ellen breiten Tafeln, die in besagten Ornamenten Platz finden würden, Gemälde nach dem Willen und Geschmack der Besitzer dieser Kapellen auszuführen wären.[280] So schuf ich in einem jener nach meinem Entwurf gestalteten Steinornamente für den ehrwürdigen Monsignore Alessandro Strozzi,[281] Bischof von Volterra und ein alter, sehr liebenswürdiger Auftraggeber von mir, in Anlehnung an die Vision des Heiligen Anselm einen gekreuzigten Christus, sprich mit den sieben Tugenden, ohne die wir die sieben Stufen zu Jesus Christus nicht hinaufsteigen können, und noch weitere Anschauungen jenes Heiligen [siehe Seite 87].[282] In derselben Kirche habe ich für den ausgezeichneten Meister Andrea Pasquali,[283] den Leibarzt des Herzogs, in einem besagter Ornamente die Auferstehung Jesu Christi in jener Weise dargestellt, die Gott mir eingegeben hat, um jenem Meister Andrea, meinem guten Freund, gefällig zu sein.[284]

Das gleiche [wie in Santa Maria Novella] wollte dieser große Herzog in der mächtigen Kirche von Santa Croce in Florenz durchführen lassen: Das hieß also den Lettner zu entfernen, einen Chor hinter dem Hauptaltar zu erbauen, diesen Altar etwas nach vorne zu verlagern und auf ihm ein neues, reichgestaltetes Tabernakel für das allerheiligste Sakrament aufzustellen, das ganz aus Gold mit Szenen und Figuren verziert sein sollte. Außerdem sollten in der gleichen Weise, wie für Santa Maria Novella beschrieben, vierzehn Kapellen entlang der Seitenwände gebaut werden, allerdings mit höheren Ausgaben und reicherer

Berufung der Söhne Zebedäus', Altar der Familie Vasari.
Arezzo, Badia di SS. Flora e Lucilla

Ausstattung als bei den obengenannten, da diese Kirche viel größer ist als die andere. In den [Altar-]Tafeln sollen in Ergänzung zu
den beiden von Salviati und Bronzino die wichtigsten Mysterien

Kreuzigung gemäß dem Heiligen Anselm. Florenz, Santa Maria Novella, Sakristei

des Erlösers dargestellt werden, vom Beginn seiner Leidensgeschichte bis zu der Stelle, wo er den Heiligen Geist über die Apostel aussendet.[285] Nachdem ich nun den Entwurf für die Kapellen und Steinornamente fertig habe, arbeite ich an dieser Tafel von der Aussendung des Heiligen Geistes für Messer Angelo Biffoli,[286] den Generalschatzmeister dieser Herren und einen besonderen Freund von mir.[287] Vor nicht langer Zeit habe ich zwei Bilder vollendet, die nun im Verwaltungsgebäude der Neun Konservatoren neben San Piero Scheraggio sind: das eine ein Haupt Christi, das andere eine Madonna.[288] Es würde jedoch viel zu langwierig sein, hier von den vielen anderen Bildern, zahllosen Entwürfen, Modellen und Maskenzügen, die ich gestaltet habe, berichten zu wollen, und daher ist es hiermit nun genug. Mehr noch, ich werde nichts weiter von mir sagen, als daß es mir nie gelungen ist, so groß und bedeutend die Dinge auch gewesen sein mögen, die ich Herzog Cosimo immer wieder unterbreitete, an die Größe seines Geistes heranzureichen, geschweige denn sie zu übertreffen. Deutlich erkennen wird man dies an der dritten Sakristei, die er neben San Lorenzo errichten lassen möchte. In Größe und Gestalt jener Michelangelos ähnlich, soll diese aber ganz mit verschiedenfarbigem Marmor und Mosaik ausgestattet werden und mit ehrwürdigen Grabmälern, die seiner Macht und Größe angemessen sind, in denen die Gebeine seiner toten Söhne, die des Vaters und der Mutter, die der großmütigen Herzogin Eleonora, seiner Gemahlin, und seine eigenen verwahrt werden sollen. Dafür habe ich nach seinem Geschmack bereits ein Modell angefertigt, das er bei mir bestellt hat, und sobald es verwirklicht ist, wird es ein prächtiges und wirklich königliches neues Mausoleum darstellen.[289]

Hier soll es nun genug sein, von mir zu reden, der ich nach vielen Mühen das Alter von fünfundfünfzig Jahren erreicht habe. Ich werde so lange leben, wie es Gott gefällt, ihm zu Ehren, stets im Dienst der Freunde und, soweit meine Kräfte reichen, zum Nutzen und zur Verbesserung dieser höchst edlen Künste.

Ende der Lebensbeschreibung von Giorgio Vasari, Maler und Architekt aus Arezzo.

ANMERKUNGEN

[1]   Der Begriff der ›Aufrichtigkeit‹ (*sincerità*) hat, wie John Martin überzeugend darlegte, im 16. Jahrhundert einen entscheidenden Bedeutungs-
wandel erfahren. Im Unterschied zum Mittelalter, wo man schlicht Rein-
heit oder Unverfälschtheit mit ihm assoziierte, wurde er unter dem Einfluß der frühen protestantischen Reformer zunehmend zu einer mora-
lischen Kategorie, bei der eine Übereinstimmung zwischen den nach
außen abgegebenen Bekenntnissen und den inneren Überzeugungen
gefordert war. Diese Tugend stand besonders zu Beginn des 16. Jahrhunderts im krassen Gegensatz zum Ideal der *prudentia* (Klugheit), wie sie
beispielsweise in Machiavellis *Il principe* oder in Castigliones *Il libro del
cortegiano* zum Ausdruck kommt. Von allen ethischen Prinzipien los-
gelöst, verstand man Klugheit als Verstellung, bei der die innere Gesin-
nung zum eigenen Vorteil versteckt und sowohl Verhalten als auch Sprache den äußeren Gegebenheiten mit dem Ziel angepaßt wurden, den
größtmöglichen Vorteil daraus zu ziehen. Bezeichnenderweise verwendet Vasari in der 1550er-Edition der *Vite* nur dreimal den Begriff *sincerità*, während er ihn mit dem entsprechenden Adjektiv *sincero* in der
zweiten Ausgabe von 1568 insgesamt zwölf Mal einsetzt, darunter auch
in der Charakterisierung seines Verwandten Luca Signorelli, den er als
eine »[…] Person von besten Umgangsformen, aufrichtig und liebevoll
gegenüber Freunden und im Gespräch zu jedermann liebenswürdig
und freundlich […]« (Bettarini/Barocchi, *Vite*, Bd. III, S. 640) beschreibt.
Dieser Umstand deutet darauf hin, daß der Aufrichtigkeit gerade im
gegenreformatorischen Klima ein besonders hoher Stellenwert einge-
räumt wurde. Indem Vasari an dieser Stelle vorgibt, bislang mit seinen
Ausführungen aufrichtig gewesen zu sein, suggeriert er gleichermaßen,
dies auch im folgenden zu sein. Mit dieser vermeintlichen Offenheit er-
kauft sich Vasari gleich zu Beginn seiner Autobiographie die Gunst des
Lesers und entkräftet so von vornherein mögliche Kritik.
    Bibl.: Martin 1997.
[2]   Indem Vasari gleich zu Beginn seiner Autobiographie behauptet, daß
er die Ausführung seiner Werke der göttlichen Güte verdanke, gibt er
sich nicht nur im gegenreformatorischen Klima dieser Zeit als gläubiger

Christ aus, sondern stellt sich von vornherein auch als bescheiden hin. Als besonders aufschlußreich in dieser Hinsicht erweist sich eine Bemerkung Vasaris zu einem Epitaph, der an seinem der göttlichen Güte geweihten Familienaltar in Arezzo angebracht wurde und die Inschrift »CONCUL-CABIS LEONEM ET DRAGONEM« trägt. In einem Brief an Herzog Cosimo I. vom 18. April 1564, in dem der Künstler seinem fürstlichen Mäzen ausführlich den von ihm entworfenen Altar mit dem auf der Rückseite angebrachten Gemälde des Heiligen Georg beschreibt, sagt Vasari in bezug auf das genannte Epitaph, daß derjenige, der auf Gott vertraut, den Hochmut und alles Gift besiegen und dies zum Ausdruck bringen würde: »A sopra un epitaffio con lettere, che mostrano, che chi confida in Dio, vince la superbia e i veleni di tutti; […].« (Frey, Bd. II., S. 72.)

3   In der 1550er-Version von Andrea del Sartos Vita hatte sich Vasari als Gefährte oder Partner (*compagno*) del Sartos bezeichnet. Von den eigenen Werken wolle er hier nicht sprechen, doch seien sie, in ganz Italien verstreut, sehr bekannt: »[…] li fu compagno Giorgio Vasari aretino, ancor ch'egli vi stessi poco: l'opere del quale, per esserne sparse per tutta Italia, non accade qui raccontarle, essendo molto note.« (Bettarini/Barocchi, *Vite*, Bd. IV, S. 395.) Bei dem vermeintlichen Geständnis Vasaris, seine Werke würden nicht die von ihm angestrebte Perfektion aufweisen, handelt es sich um das rhetorische Mittel der *captatio benevolentiae*, dem Werben um die Gunst des Lesers. Viele Autoren der Frühen Neuzeit, darunter auch Shakespeare (*Heinrich* V; 5,2), bedienten sich dieses Kunstgriffs, indem sie sich beim Leser für ihre Unzulänglichkeit hinsichtlich des Stils entschuldigten.

4   Diese einleitenden Sätze zur Autobiographie Vasaris, mit denen sich der Autor sowohl für seine Werke als auch für die Niederschrift seines Lebens vor der Öffentlichkeit rechtfertigt, sind typisch für fast alle autobiographischen Schriften des Cinquecento. Zwar war das Herausstellen der eigenen Leistung und die Erlangung von Ruhm durch Hervorbringung eines eigenen literarischen Werks ein zentrales Anliegen des Renaissancehumanismus, doch kollidierte dieses Verlangen in hohem Maß mit dem christlichen Demuts- und Bescheidenheitsideal, so daß der Verfasser einer Autobiographie sich selbst im 16. Jahrhundert noch unwillkürlich dem Vorwurf des Narzißmus aussetzte. Um dem Verdacht der Eitelkeit und des Hochmuts zu entgehen, gehörten entsprechende Bescheidenheitstopoi wie das Bekennen der eigenen Unzulänglichkeit, aber auch indirektes Selbstlob zu den am häufigsten eingesetzten rhetorischen Mitteln.

Bibl.: Zimmerman 1971; Rubin 1995, Kapitel I: Il molto magnifico Messer Giorgio Vasari: The Invention of Identity, S. 21–59.

⁵ Giorgio Vasari (*30.7.1511 Arezzo – †24.6.1574 Florenz) war der älteste Sohn des Gemischtwarenhändlers Antonio Vasari (? – †1527 Arezzo) und seiner Frau Maddalena Tacci. Sein Urgroßvater soll Töpfer gewesen sein (ital. *vasaio*), wovon angeblich der Name Vasari herrührt.

⁶ Luca Signorelli (*um 1450 Cortona – †1523 ebenda), ein Cousin von Vasaris Vater, kam um 1520 nach Arezzo, um bei der Compagnia di San Girolamo ein Altarbild abzuliefern, für das er im September 1519 den Auftrag erhalten hatte (heute in Arezzo, Museo d'Arte Medievale e Moderna). Laut Vasari war er zu dieser Zeit Gast im Hause von Vasaris Vater Antonio und gab diesem den Rat, seinen Sohn Giorgio im Zeichnen unterrichten zu lassen. Die Vita Signorellis nimmt in der überarbeiteten Edition der *Vite* von 1568 eine besondere Stellung ein: Im Unterschied zur ersten Ausgabe läßt Vasari mit ihr den zweiten Teil der *Vite* enden und auf diese Weise seinen Verwandten Signorelli als letzten Vertreter der *maniera vecchia* erscheinen, der der nachfolgenden Generation von Künstlern, einschließlich Vasari selbst, den Weg »all' ultima perfezzione dell'arte« wies (Bettarini/Barocchi, *Vite*, Bd. III, S. 640).

⁷ Francesco de' Rossi, genannt Francesco bzw. Cecchino Salviati (*1510 Florenz – †1563 Rom)

⁸ Guillaume de Marcillat (* um 1470 La Châtre – † 1529 Arezzo)

⁹ Silvio di Rosado Passerini (*1469 Cortona – †1529 Città di Castello), seit seiner Jugend mit Giovanni de' Medici, dem späteren Papst Leo X. befreundet – wurde von diesem im Jahr 1517 zum Kardinal von San Lorenzo in Lucina und 1521 zum Bischof von Cortona ernannt. Von Oktober 1519 bis Januar 1522 war er in Abwesenheit von Kardinal Giulio de' Medici (späterer Papst Clemens VII.) dessen Stellvertreter in Florenz. Nach dem Sturz der Florentiner Republik im Jahr 1524 schickte Clemens VII. Passerini mit den beiden minderjährigen Vertretern der Familie Medici, Alessandro und Ippolito, nach Florenz, wo er die Stadt bis zu ihrer Volljährigkeit regieren sollte. Passerini war zudem der Auftraggeber des französischen Malers Guillaume de Marcillat, der um 1520 nach Arezzo gekommen war und in dessen Werkstatt Vasari seine ersten künstlerischen Unterweisungen erhielt.

¹⁰ Michelangelo Buonarroti (*1475 Caprese – †1564 Rom)

¹¹ Andrea del Sarto (*1486 Florenz – †1530 ebenda)

¹² Vasaris Behauptung, er hätte bei Michelangelo zeichnen gelernt, darf angesichts des Umstands, daß Michelangelo zu diesem Zeitpunkt schon nach Rom gegangen war, als eine bewußte Verfälschung der Tatsachen bewertet werden, die der Selbstinszenierung des Autors dient. Wie schon erwähnt fehlt in seiner hier dargestellten künstlerischen Genealogie der Name Bandinellis, der Mitte der 1520er Jahre Vasaris Lehrer

in Florenz war, in den 50er Jahren des Cinquecento jedoch zu seinem Konkurrenten am Hof von Cosimo I. wurde.

Bibl.: Rubin 1995, Kapitel I: Il molto magnifico Messer Giorgio Vasari: The Invention of Identity, S. 21–59, besonders S. 32.

[13] Alessandro de' Medici (*1510 Florenz – †1537 ebenda) galt offiziell als Sohn von Lorenzo II. de' Medici, war aber ein illegitimer Sprößling von Papst Clemens VII. (Giulio de' Medici). Nach dem Sturz der Florentiner Republik im Jahr 1524 war er zusammen mit Ippolito de' Medici Regent von Florenz. Nach der erneuten Vertreibung der Medici (1527) kehrte er 1530 mit päpstlicher und kaiserlicher Hilfe wieder nach Florenz zurück, wo er seit 1532 den Titel ›Herzog der Toskana‹ trug. 1536 wurde Alessandro mit der illegitimen Tochter Kaiser Karls V., Margarethe von Österreich, verheiratet und 1537 auf Anstiftung seines Verwandten Lorenzino ermordet.

Ippolito de' Medici (*1511 Urbino – †1535 Itri), illegitimer Sohn von Giuliano de' Medici, dem Herzog von Nemours. Von den Medici-Päpsten Leo X. und Clemens VII. als mögliches zukünftiges Familienoberhaupt in Betracht gezogen, ließ man ihn in jungen Jahren zusammen mit Alessandro de' Medici von Silvio Passerini erziehen. Nachdem er 1529 zum Kardinal ernannt worden war, reiste er 1532 als päpstlicher Legat zu Kaiser Karl V. nach Ungarn, der zu dieser Zeit mit den Türken Krieg führte. Als Alessandro 1532 Herzog der Toskana wurde und sich hinsichtlich der Familiennachfolge ungerecht behandelt fühlte, machte er sich 1535 auf dem Weg zu Karl V. nach Nordafrika, in der Absicht, diesen für seinen Fall zu gewinnen und dessen Hilfe bei der Verdrängung Alessandros zu erbitten. Auf dieser Reise kam er in Süditalien ums Leben.

[14] Vasaris Vater starb am 24. August 1527 (Florentiner Zeitrechnung) an der Pest. Vasari nennt dieses Datum in seinen *Ricordanze*, die er gemäß kaufmännischer Tradition als ältester Sohn der Familie führte (der erste Eintrag stammt vom Oktober 1527) und in denen er in erster Linie alle ökonomischen Belange erfaßte.

Bibl.: Frey, Bd. II, S. 847–884; Jacks 1992.

[15] Nicht erhalten oder nicht identifiziert

[16] Nicht erhalten

[17] Giovanni Battista di Jacopo di Guaspare, genannt Rosso Fiorentino (*1494 Florenz – †1540 Fontainebleau). 1527/28 hielt er sich für eine Weile in Arezzo auf, wo er im Auftrag einer Flagellantenbruderschaft die Kartons zur Ausstattung ihres ehemaligen Oratoriums der Madonna delle Lacrime zeichnete.

Bibl.: Vasari, *Rosso Fiorentino*.

[18] Nicht erhalten

[19] Ob Vasari tatsächlich den Beruf des Goldschmieds ausübte, läßt sich aus Mangel an Zeugnissen nicht verifizieren. Als *arte del disegno* billigt Vasari der Goldschmiedekunst, da sie vornehmlich der Anfertigung von Gebrauchs- und Schmuckgegenständen dient, nur einen beschränkten künstlerischen Rang zu. Ungeachtet dessen sichert die Tätigkeit des Goldschmieds, der mit wertvollen Materialien arbeitet und luxuriöse Gegenstände herstellt, dem Betreffenden eine gesellschaftliche Position und ist für einen aufstrebenden Künstler wie Vasari insofern von Nutzen, als sie ihm über die Beziehung zur kulturellen und sozialen Elite die Türen zu allen anderen Aufträgen öffnen kann.

Vasaris älteste Schwester Rosa (*1510 Arezzo – †1574 ?) heiratete später Gregorio Pecori. Lucrezia (*1517), die sechs Jahre jüngere Schwester Giorgio Vasaris, wurde später die Ehefrau von Gaspero Punini, während die jüngste, Francesca (*1518), um 1535 in den Orden der Klarissinen von Santa Chiara Novella in Arezzo eintrat. Vasaris Bruder Francesco (*1519) starb 1530 wahrscheinlich an der Pest. Sein jüngster Bruder Pietro (*1526 Arezzo – †1595 ?), der beim Tod des Vaters erst ein Jahr alt war, studierte später Recht und wurde danach Notar. Aus einer seiner zwei Ehen ging Giorgio Vasari der Jüngere (*1562 – †1625) hervor, der sich nach dem Tod seines Onkels um dessen Hinterlassenschaften kümmerte und unter anderem 1588 dessen *Ragionamenti* herausgab.

[20] Nachdem Florenz infolge des ›Sacco di Roma‹ 1527 und nach der erneuten Vertreibung der Medici aus der Stadt wieder republikanisch geworden war, kam es auf Betreiben von Papst Clemens VII., der sich mittlerweile mit seinem ehemaligen Feind Kaiser Karl V. verbündet hatte, zur Belagerung der Arnometropole durch imperiale Truppen. Der Widerstand der Verteidiger von Florenz wurde dann allerdings im August 1530 durch Waffengewalt beendet und Alessandro de' Medici von Kaiser Karl V. als Stadtregent eingesetzt.

[21] Manno (Alamanno) di Bastiano Sbarri (*1536 Florenz – †1576 ebenda) war ein Schüler Benvenuto Cellinis in Rom, der diesem in seiner Autobiographie ein Denkmal setzte. Angeblich mußte Manno an der Seite Vasaris schlafen, als dieser in Rom bei Cellini Unterkunft nahm. Wegen einer Hautkrankheit habe er sich ständig kratzen müssen, so daß er Manno, im Glauben, sich selbst zu kratzen, ein Bein dabei zerschunden habe, woraufhin er Vasari totschlagen wollte. Doch Cellini beteuert, er hätte beide wieder miteinander versöhnen können (Cellini, *La vita*, I, 86). Vasari erwähnt Manno auch in der Vita seines Freundes Francesco Salviati, wo er von diesem sagt: »Einer seiner engsten Freunde war der in Rom lebende Goldschmied Manno aus Florenz, der in seinem

Beruf einzigartig war und sich als Mensch durch beste Umgangsformen und Güte auswies.« (Vasari, *Salviati und Gherardi*, S. 59.)

22 Obwohl der Olivetaner Don Miniato Pitti (†1566) zu den ältesten Freunden und Auftraggebern Vasaris zählt, ist bislang nur wenig über seine Person bekannt. Die zwar nicht vollständig erhaltene, aber dennoch in ihrer Fülle beeindruckende Korrespondenz zwischen den beiden Männern, die, wie Frey vermutet, wohl gleichaltrig waren, zeugt von ihrer ungeheuren Vertrautheit (Frey, Bd. I, S. 20–21). Der erste überlieferte Brief Pittis an Vasari stammt aus dem Jahr 1533, als dieser Abt des Olivetanerkonvents San Benedetto in Pistoia war, jedoch geht daraus nicht hervor, wann sich beide kennenlernten. Außer in Vasaris Autobiographie taucht der Name Pittis nur in der Vita Michelangelos auf, wo Vasari über ihn sagt, daß er ein fundierter Kenner der Kosmographie, vieler Wissenschaften und insbesondere der Malerei sei (Vasari, *Michelangelo*, S. 56). Darüber hinaus ist diese Passage insofern noch von Interesse, als Luigi Guicciardini, den Vasari hier als zweiten Auftraggeber nennt, als guter Freund Fra Miniato Pittis bezeichnet wird und der von diesem ein Relieftondo Michelangelos geschenkt bekam.

23 Luigi Guicciardini (*1478 – †1551), Bruder des berühmten Historikers Francesco Guicciardini (*Storia d'Italia*) und ein Freund Vasaris, den er später auch porträtierte. Von 1527 bis 1530, zur Zeit der Florentiner Republik, bekleidete Luigi Guicciardini das Amt des Gonfaloniere und fertigte nach Wiedereinnahme der Arnometropole durch Papst Clemens VII. ein Gutachten an, in dem er darlegte, wie wünschenswert eine Rückkehr der Medici zum Wohle von Florenz sei. In den Jahren 1530–31 und nochmals 1539–40 war er von den Medicifürsten Alessandro und Cosimo I. als politischer Verwalter nach Pisa entsandt worden. Neben Giovanni Corsi, Palla Rucellai und Alessandro Corsini gehörte er darüber hinaus zu jenem Komitee, das anläßlich des Besuchs von Kaiser Karl V. in Florenz 1536 einen Festapparat im Auftrag von Herzog Alessandro de' Medici erstellen sollte (vgl. Vasari, *Tribolo und Pierino da Vinci*, S. 24 und Frey, Bd. I, S. 49).
     Bibl.: Ihlefeld 1992.

24 Albenga: nicht näher bekannter Olivetanermönch

25 Beide nicht erhalten

26 Reste dieser um 1531 ausgeführten Fresken waren 1911 noch sichtbar, sind heute jedoch nicht mehr erhalten.

27 In einem Brief an Niccolo Vespucci, den Frey in das Jahr 1532 datiert, spricht Vasari von seinem Wunsch, unter denjenigen sein zu wollen, »die dank ihrer höchst verdienstvollen Werke Gehälter, das Amt des päpstlichen Siegelverwahrers und andere Belohnungen für diese Kunst

erhalten haben«, und bringt damit klar zum Ausdruck, daß es ihm weniger um Ruhm und Ehre als vielmehr um reiche Pfründe und Einkünfte geht. Kurz vor Vasaris Eintreffen in Rom hatte Sebastiano del Piombo das lukrative Amt des Siegelverwahrers von Papst Clemens VII. übertragen bekommen (1531) und möglicherweise hatte die Nachricht von dieser Auszeichnung den jungen Vasari tief beeindruckt (Frey, Bd. I, S. 1–6).

28 Raffaello Sanzio (*1483 Urbino – †1520 Rom)

29 Polidoro da Caravaggio, eigentlich Polidoro Caldara (*um 1499 Caravaggio bei Bergamo – † um 1543 Messina)

30 Baldassarre Peruzzi (*1481 Siena – †1536 Rom)

31 Daß Vasari an dieser Stelle den am Feuer arbeitenden Schmied als Vorstellung heraufbeschwört, darf zweifellos als wohl durchdachte literarische Strategie gedeutet werden. Wie sich nämlich anhand von Schriftquellen und Zeugnissen der bildenden Kunst zeigen läßt, wurde das Bild des Schmiedes, insbesondere das des Schmiedegottes Vulkan in den 1560er Jahren nach Gründung der Accademia del Disegno häufig als Metapher für die manuelle Kunstfertigkeit, die ungeheure körperliche und geistige Herausforderung bei der Gestaltung und Ausformung eines Werks sowie als Gleichnis für die meisterhafte Kenntnis der eigenen Profession verstanden. Mit dem Verweis auf die theoretisch-praktische Seite der Bildgenese, auf die manuelle Verwirklichung seines geistigen Entwurfs, stilisiert sich Vasari zum perfekten Künstler, der sich von den theoretischen Grundlagen seines Faches über die praktischen Übungen im Zeichnen und der Farbgebung stufenweise das notwendige Wissen angeeignet und am Ende dieses mühevollen und entbehrungsreichen Weges die absolute Meisterschaft erlangt hat.
Bibl.: Feser 2010 mit einer detaillierten Analyse dieser Passage.

32 Nicht identifiziert oder nicht erhalten. In einem Brief an Niccolo Vespucci, den Frey in das Jahr 1532 datiert, beschreibt Vasari dieses Gemälde der Venus mit den drei Grazien sehr ausführlich, was dafür spricht, wie stolz er auf seine *invenzione* war (Frey, Bd. I, S. 2). Im Gegensatz zu der detaillierten und überschwenglichen Beschreibung des Bildes in besagtem Brief fällt die Erwähnung des Gemäldes an dieser Stelle eher knapp und nüchtern aus. Offensichtlich ging es Vasari nicht darum, das Gemälde mit Hilfe literarischer Mittel vor dem geistigen Auge des Lesers zu reproduzieren. Sein Interesse konzentriert sich vielmehr auf die Komposition als Ganzes, die Nennung des Sujets mit einigen wenigen Details. Vasari erhebt das Bild der Venus mit den drei Grazien retrospektiv in den Rang eines Erstlingswerks und begründet damit auf subtile Weise seine spätere Karriere als Hofkünstler in den

Diensten der Medici. Doch damit nicht genug: Das Motiv und der Symbolgehalt des Bildes werden in dieser Passage ganz gezielt zur Selbstinszenierung als perfekter Maler und idealer Hofkünstler eingesetzt (vgl. hierzu: Feser 2010).

[33] Heute verloren. Vasari erwähnt diese Gemälde in einem auf 1532 datierten Brief an Niccolo Vespucci (Frey, Bd. I, S. 2).

[34] Papst Clemens VII. (Pontifikat von 1523 bis 1534), eigentlich Giulio de' Medici (* 1478 Florenz – †1534 Rom)

[35] Ippolito de' Medici verließ im Auftrag von Papst Clemens VII. im Juli 1532 mit einem Heer die Tibermetropole, um sich angesichts des drohenden Türkeneinfalls mit Kaiser Karl V. in Ungarn zu treffen. Entgegen dem hier geschilderten Sachverhalt spricht Vasari in einem von Frey auf 1532 datierten Brief an Ottaviano de' Medici davon, daß Ippolito ihn in der Obhut seines Maiordomus Domenico Canigiani in Rom zurückgelassen habe, damit er weiterhin seinen Studien nachgehen und die Aufträge seines Herrn vollenden könne (Frey, Bd. I, S. 7–10).

[36] Ottaviano de' Medici (* 1494 Florenz – †1546 ebenda) gehörte zu einem jüngeren Zweig der Medici, der dem regierenden Familienpart in der Funktion eines Beraters und künstlerischen Administrators zur Seite stand. Als Mitglied der Florentiner Regierung und Vormund der beiden Medici-Knaben Ippolito und Alessandro wurde er zum vertrauten Ratgeber von Cosimo I. nach dessen Aufstieg zum Herzog von Florenz im Jahr 1537. Von vielen Künstlern und Literaten (beispielsweise Pietro Aretino) gleichermaßen aufgrund seiner generösen Unterstützungen geschätzt, war auch Vasari ihm aus diesem Grund zutiefst verbunden, wurden doch dessen Studien und dessen erste Romreise durch Ottaviano de' Medici finanziert. Auch andere Künstler wie Tizian und Sebastiano del Piombo standen in seiner Gunst; mit Michelangelo verband ihn ein freundschaftliches Verhältnis. Seine hervorragende Rolle als Kunstkenner und Hüter von mediceischem Eigentum zeigt sich besonders deutlich in der Tatsache, daß er, als Federico I. Gonzaga Anspruch auf das von Raffael ausgeführte Porträt von Papst Leo X. mit den Kardinälen Giulio de' Medici und Luigi de' Rossi erhob, eine Kopie des Bildes anfertigen ließ, die er anstelle des Originals nach Mantua schickte. Für seine eigene Sammlung von Medici-Porträts, darunter Pontormos Gemälde von *Cosimo il Vecchio*, ließ er später eine weitere Kopie des Raffaelgemäldes durch Vasari anfertigen.
Bibl.: Bracciante 1984; Cox-Rearick 1984.

[37] Als Michelangelo im September 1534 Florenz endgültig verließ, waren die Skulpturen für die Medici-Grabmäler der Neuen Sakristei noch nicht vollendet und lagen auf dem Boden. Die Kapelle wurde erst 1545

eingeweiht, nachdem Tribolo und Raffaello da Montelupo die Skulpturen vollendet und an ihren Platz gestellt hatten. Wenn Vasari hier behauptet, nur durch die Gunst von Ottaviano de' Medici Einlaß in die
Kapelle bekommen zu haben, so ähnelt diese Schilderung einer Passage
in der Vita Raffaels, wo Vasari erzählt, daß Raffael durch seinen Verwandten Bramante in Rom die Möglichkeit hatte, während der Abwesenheit Michelangelos die Fresken in der Sixtinischen Kapelle zu studieren (Vasari, *Raffael*, S. 41). Darüber hinaus konnte Vasari auch durch
die Zeichnungen anderer Künstler die Werke Michelangelos in der Sakristei von San Lorenzo studieren. So gibt er beispielsweise in der Vita
Tribolos an, daß der Prior von San Lorenzo, Monsignore Giovan Battista Figiovanni, zum Dank dafür, daß er Tribolo in die Sakristei gelassen hatte, eine Zeichnung von diesem mit der *Nacht* Michelangelos erhalten hätte. Diese hätte er dann Herzog Alessandro geschenkt, der sie
seinerseits an Vasari weitergegeben habe, da ihm dessen Leidenschaft
für solche Studien bekannt gewesen sei (Vasari, *Tribolo und Pierino da
Vinci*, S. 23–24).

[38] Die *Grablegung Christi* (Öl auf Holz, 144 x 113 cm, um 1532, Arezzo,
Casa Vasari) läßt stilistisch den großen Einfluß Rossos auf die frühen
Werke Vasaris erkennen, von denen das genannte Gemälde das erste
noch erhaltene ist. Indem Vasari besagtes Werk unmittelbar im
Anschluß an sein Studium der Skulpturen Michelangelos in der Neuen
Sakristei von San Lorenzo in Florenz erwähnt, erweckt er den
Eindruck, als hätte er die dort vorhandenen Figuren als künstlerische
Vorbilder benutzt. Tatsächlich aber ist die Pose des Leichnams Christi
ein Zitat der *Pietà* Michelangelos im Petersdom, von der sich Vasari besonders durch die naturgetreue Darstellung des toten Körpers beeindruckt zeigte (Vasari, *Michelangelo*, S. 49–52). In einem von Frey in das
Jahr 1532 datierten Brief an Ippolito de' Medici in Rom, für den die Tafel
ursprünglich bestimmt war, gibt Vasari eine sehr detaillierte
Beschreibung des Werks (Frey, Bd. I, S. 15–17), das dann in den Besitz
von Herzog Alessandro de' Medici gelangte. Das 1553 erstellte Inventar
der fürstlichen Sammlung im Palazzo Vecchio scheint Vasaris Aussage
insofern zu bestätigen, als darin in der Kammer des Herzogs »un qua-
dro della deposizione della croce con ornamento di noce intagliato« erwähnt wird, allerdings ohne Angabe des Künstlers.
Bibl.: Cecchi, in: Kat. Arezzo 1981, S. 74; Carlucci 1995.

[39] Cosimo I. de' Medici (*1519 Florenz – †1574 Castello), Sohn von
Giovanni delle Bande Nere und Maria Salviati, seit 1537 Herzog und ab
1569 Großherzog der Toskana

[40] Francesco I. de' Medici (*1541 Florenz – †1587 Poggio a Caiano), er-

ster Sohn Herzog Cosimos, zu dessen Gunsten der Vater 1564 als Regent zurücktrat.

⁴¹ Giovanni da Udine bzw. Giovanni dei Ricamatori oder Giovanni Nanni (*1487 Udine – †1564 Rom)

⁴² Diese Szenen im Palazzo Medici-Riccardi sind heute zerstört. Aus einem 1536 datierten Brief Vasaris an Pietro Aretino geht hervor, daß Vasari, dem Wunsch seines Landsmanns in Venedig nachkommend, etwas von seiner Hand zu sehen, Aretino einen der vier Kartons zukommen lassen wollte, mit der Bitte, ihm sein Urteil wie auch das von Jacopo Sansovino und Tizian darüber mitzuteilen. Dabei handelte es sich um die erstgenannte Szene, die Vasari ebenso wie die restlichen Szenen sehr ausführlich und voller Stolz auf seine Bildfindungen beschreibt (Frey, Bd. I, S. 46–49). Wie aus einem weiteren Brief Vasaris hervorgeht, gelangte die letzte Szene in der Sala Terrena des Palazzo Medici nicht ganz zur Ausführung, weil Vasari mittlerweile anderen, dringenderen Aufträgen seitens Herzog Alessandros anläßlich des Einzugs von Karl V. in Florenz 1536 nachzukommen hatte (Frey, Bd. I, S. 49–52). Da aber der Kaiser während seines Aufenthalts in Florenz in besagter Sala Quartier nehmen sollte, wurde anstelle des noch ausstehenden Freskos der vierte Karton Vasaris dort provisorisch angebracht.

⁴³ Vasari war zu diesem Zeitpunkt schon zweiundzwanzig oder dreiundzwanzig Jahre alt und nicht erst achtzehn, wie er an dieser Stelle behauptet, womit er seine eigene Genialität hervorheben will.

⁴⁴ Niccolò di Raffaello de' Pericoli, genannt ›Tribolo‹ (*1497 Florenz – †1550 ebenda)

⁴⁵ Baccio Bandinelli, eigentlich Bartolomeo Brandini (*1493 Florenz – †1560 ebenda)

⁴⁶ Jacopo da Pontormo, eigentlich Jacopo Carucci (*1494 Pontormo bei Empoli – †1556 Florenz)

⁴⁷ Das auf 1534 datierte, ganzfigurige *Porträt von Herzog Alessandro de' Medici* (Öl auf Holz, 157 x 114 cm, Florenz, Depot der Uffizien) zeigt starke Anleihen an die von Michelangelo in der Neuen Sakristei von San Lorenzo gestaltete Skulptur Giuliano de' Medicis. In einem auf 1534 datierten Brief an Ottaviano de' Medici gibt Vasari eine detaillierte Beschreibung der Tafel und erklärt darüber hinaus ihre komplexe Symbolik (Frey, Bd. I, S. 27–29). Danach soll die schimmernde Rüstung des Fürsten einem Spiegel gleichen, durch den die Taten und Tugenden des Trägers auf seine Untertanen reflektiert würden. Pontormo, der Vasari angeblich bei der Gestaltung der Rüstung mit Ratschlägen unterstützte, kannte das Problem der naturgetreuen Darstellung eines solchen Gegenstands durch seine Erfahrungen mit den Fresken in der Certosa del Gal-

luzzo (1523–25). Dort hatte er in der Szene, wo Christus vor Pilatus geführt wird, Soldaten in schimmernder Rüstung dargestellt (Vasari, *Pontormo*, S. 37–38). Die realistische Wiedergabe glänzender Harnische galt im Kontext der *paragone*-Debatte des 16. Jahrhunderts als Zeugnis für die besondere Befähigung eines Malers, der wie das antike Vorbild Apelles das Nichtdarstellbare abbilden konnte. In seinem *Libro del Cortegiano* nennt Baldassare Castiglione unter den Dingen, die nur von einem Maler, nicht aber von einem Bildhauer dargestellt werden könnten, explizit den schimmernden Glanz einer Rüstung (Castiglione, *Libro del cortegiano*, I, 51).

Bibl.: Kliemann, in: Kat. Arezzo 1981, S. 78–79; Campbell 1985, S. 339–361; Cheney 2002a, S. 107–130.

[48] Vasaris *Porträt der Katherina de' Medici* ist nicht erhalten, doch gibt ein Brief des Künstlers, den er 1533 an Carlo Guasconi sandte, einen engen Vertrauten des Kardinals Ippolito, sowie einige Einträge in seinem Buch der *Ricordanze* Auskunft darüber (Frey, Bd. I, S. 21–25 sowie Bd. II, S. 851 u. 852, Ricordo 53 u. 62). Offensichtlich hatte Herzog Alessandro bei Vasari ein Bildnis seiner Schwester in Lebensgröße bestellt, das an ihren Verlobten in Frankreich, Herzog Henry de Valois, geschickt werden sollte. Zugleich sollte Vasari eine Kopie davon für die Sammlung Ottaviano de' Medicis anfertigen, von der wiederum besagter Guasconi eine Kopie des Kopfes wünschte. Keines dieser Bilder ist überliefert.

[49] Vasari malte das *Porträt von Lorenzo de' Medici* (Öl auf Holz, 90 x 72 cm, Florenz, Uffizien) ungefähr zur gleichen Zeit wie jenes von Herzog Alessandro im Jahr 1534. Laut seinen *Ricordanze* war Ottaviano de' Medici in beiden Fällen sein Auftraggeber (Frey, Bd. II, S. 853), während man an dieser Stelle der Autobiographie den Eindruck gewinnt, der Herzog selbst hätte ihn damit beauftragt. Eine Vorstudie zu diesem Werk, das möglicherweise als Pendant zu jenem Herzog Alessandros diente, befindet sich ebenfalls in den Uffizien (Gabinetto dei Disegni e delle Stampe, Inv.-Nr. 1182). In einem an den Fürsten adressierten Brief geht Vasari sehr ausführlich auf die Darstellung ein und erwähnt unter anderem, daß er zur Wiedergabe der Gesichtszüge eine nicht näher bezeichnete Vorlage verwendet habe (Frey, Bd. I, S. 17–20). Wie Davitt Asmus in ihrer umfassenden ikonographischen Studie darlegte, korrespondieren die zahlreichen Anspielungen in diesem Werk hervorragend mit den von Paolo Giovio verfaßten Huldigungen auf Lorenzo de' Medici, die in Giovios Schrift *Vita di Leone X* enthalten sind.

Bibl.: Davitt Asmus 1977, S. 41–113; Kliemann, in: Kat. Arezzo 1981, S. 77–78; Cheney 2010.

⁵⁰ Keines der genannten Gemälde ist überliefert, doch spricht Vasari in einem 1533 an Carlo Guasconi adressierten Brief von dem für Ottaviano de' Medici zur Ausführung gelangten Bild *Christus am Ölberg* (Frey, Bd. I, S. 21–25). Ein weiterer Brief Vasaris von 1533, der an Antonio de' Medici, den Bruder Ottavianos, gerichtet ist, erwähnt die *Opferung Isaaks* (Frey, Bd. I, S. 25–26), von der Vasari behauptet, daß sie das beste Werk sei, das er bis dahin geschaffen habe. Ursprünglich sollte Vasari das Bild nach Andrea del Sartos Gemälde gleichen Sujets malen, das nach dem Tod Andreas in den Besitz von Filippo Strozzi gelangt war und von diesem dem Markgrafen von Guasto, Alfonso d'Avalos, als Geschenk vermacht wurde (Vasari, *Andrea del Sarto*, S. 62–64). Da del Sartos Bild zu dem Zeitpunkt, als Vasari den Auftrag dafür erhielt, bereits nach Ischia transportiert worden war, mußte sich Vasari um eine eigene *invenzione* bemühen.

⁵¹ In einem auf 1535 datierten Brief Vasaris an Pietro Aretino in Venedig schildert Vasari die Feierlichkeiten zur Einweihung der Florentiner Festung, die Herzog Alessandro zwischen 1534 und 1535 errichten ließ (Frey, Bd. I, S. 40–46). Von einer Beschäftigung Vasaris mit der Baukunst im Zusammenhang mit diesem architektonischen Werk ist in diesem Brief allerdings nicht die Rede.

⁵² Karl V. (*1500 Gent – †1558 San Gerónimo de Yuste), seit 1516 König von Spanien (Carlos I.) und von 1519 bis 1556 römisch-deutscher Kaiser. Als Sohn von Philipp dem Schönen und Johanna der Wahnsinnigen wuchs er in den Niederlanden (Gent) auf. Bei der Kaiserwahl 1519 setzte er sich gegen Franz I. von Frankreich durch, unter anderem dank riesiger Bestechungssummen an deutsche Kurfürsten, die von Jakob Fugger (*1459 Augsburg – †1525 ebenda) vorgelegt wurden. 1530 erwirkte er seine Krönung durch Papst Clemens VII. in Bologna. Nachdem er im Juli 1535 die Türken bei Tunis besiegt hatte, wurden ihm auf seinem Rückmarsch überall in Italien große Empfänge bereitet, bei denen er in Anlehnung an den Sieg der Römer über die Karthager als neuer Scipio Africanus gefeiert wurde. Am 29. April 1536 traf Karl V. in Florenz ein und hielt sich insgesamt fünf Tage dort auf. Da Florenz für einen imperialen Triumphzug nicht mit antiken Monumenten aufwarten konnte wie sie Rom zu bieten hatte, richtete man statt dessen unter erheblichem finanziellem Aufwand den wohl opulentesten Empfang in ganz Italien aus. Ein Komitee, dessen Mitglieder aus den ältesten Florentiner Familien stammten – darunter Luigi Guicciardini, Giovanni Corsi, Palla Rucellai und Alessandro Corsini – war für die Planung verantwortlich und vergab entsprechende Aufträge für Denkmäler und Vorführungen an die Künstler ihrer Wahl. Das Resultat konnte sich sehen las-

sen: Nicht weniger als zwei Triumphbögen, eine dekorierte Fassade und dreizehn Statuen wurden errichtet, zudem zahlreiche Huldigungsinschriften nicht nur an eigens errichteten Konstruktionen, sondern auch an vielen vorhandenen Bauten angebracht. In einem außergewöhnlich langen Brief an Aretino beschreibt Vasari den Festapparat in allen Einzelheiten (Frey, Bd. I, S. 52–62).

Bibl.: Cazzato, in: Kat. Arezzo 1981, S. 179–204; Satkowski 1993, S. 100–102; Plaisance 2005.

[53] Mindestens ein Brief Vasaris ist überliefert, in dem er um dringende Unterstützung in dieser Angelegenheit bittet. In diesem an Raffaello dal Borgo Sansepolcro gerichteten Schreiben aus dem Jahr 1536 verleiht er nicht ohne ein gehöriges Maß an Selbstbewußtsein seiner Überzeugung Ausdruck, daß er die gesamte Festdekoration allein bewerkstelligen könnte, wenn er nur genügend Hände hätte: »[…] che s' io avessi tanti mane, […], credo che farei da me tutta questa festa.« (Frey, Bd. I, S. 50.)

[54] Bertoldo Corsini (*1500 – †1555) entstammte einer Kaufmannsfamilie, die um die Mitte des 13. Jahrhunderts aus dem Umland nach Florenz übergesiedelt war und dort Reichtum und hohes politisches Ansehen erworben hatte. Seit 1290 hatten die männlichen Vertreter der Corsini das führende politische Amt der Florentiner Republik, des Gonfaloniere della Giustizia, achtmal innegehabt. Im Gegensatz zu dem einen Zweig der Familie, der sich mit den Medici-Herrschern arrangierte, leistete Bertoldo Corsini später Widerstand gegen Herzog Cosimo I., der ihn 1555 das Leben kostete. Die Tatsache, daß Vasari an dieser Stelle ein sehr negatives Bild von Bertoldo Corsini zeichnet, ist in diesem Zusammenhang nur verständlich und birgt darüber hinaus kein Risiko für den Autor, da sein vermeintlicher Kontrahent schon tot war, als Vasari seine Autobiographie niederschrieb.

Bibl.: Caffiero 1992.

[55] Gemeint sind die Nonnen von Santa Chiara Novella in Arezzo, genannt ›delle Murate‹, deren Kirche und Konventsgebäude 1929 zerstört wurden.

[56] Nicht erhalten. Entgegen der hier geschilderten Umstände, die zum Eintritt von Vasaris jüngster Schwester Francesca (*1518) bei den Klarissen von Arezzo führten, geht aus einem Brief Vasaris hervor, daß er dem Kloster anstelle der sonst für den Eintritt erforderlichen Summe ein Altarbild malen wollte. Die Schwestern hatten dem Angebot Vasaris zugestimmt, der dann auf Wunsch ihres Bevollmächtigten Messer Antonio Turini eine Zeichnung anfertigte. Nachdem die Nonnen mit dem Entwurf zufrieden waren, wurde der Vertrag zur Ausführung des Gemäldes geschlossen, dessen Wert

Vasari in seinen *Ricordanze* mit 16 Scudi bezifferte (Frey, Bd. I, S. 29–33 und Bd. II, S. 853, Ricordo 77).

57 Die von der Compagnia del Corpo di Cristo im November 1535 in Auftrag gegebene *Kreuzabnahme* für San Domenico in Arezzo (Öl auf Holz, 327 x 197 cm, Arezzo, Santissima Annunziata) wurde von Vasari erst zwischen 1536 und 1537 ausgeführt (Frey, Bd. II, S. 853 u. S. 855, Ricordo 76 u. 89). Vasari verschweigt an dieser Stelle, daß ihm der Auftrag wahrscheinlich nur durch die Vermittlung Herzog Alessandro de' Medicis erteilt wurde. Dieser hatte im Oktober 1535 einen Brief an Giovanni Dell'Antella, den damaligen *commissario* von Arezzo, geschrieben, in dem er die Rückkehr Vasaris in seine Heimatstadt ankündigte und Dell'Antella bat, sich für die Interessen seines Schützlings einzusetzen, einem für sein Alter sehr eleganten und tüchtigen Maler aus jener Stadt (»Giorgio di li dipintore nella età sua molto elegante et virtuoso«). Wie aus diesem Brief weiter hervorgeht, bestand zu dieser Zeit schon die Absicht, für den Hochaltar von San Domenico eine Tafel malen zu lassen, um deren Gestaltung Vasari sich bemühen wollte. In der Vita von Giovanni Antonio Lappoli spricht Vasari von einem entsprechenden Wettbewerb, bei dem er eine Kompositionsstudie eingereicht habe, durch die er dann den Auftrag bekam, weil sie unter den vielen dafür angefertigten Zeichnungen die beste gewesen sei (»essendo il suo disegno, fra molti che ne furono fatti, più di tutti gli altri piacciuto« (Bettarini/Barocchi, *Vite*, Bd. V, S. 185). Auch in der Vita von Niccolo Soggi kommt Vasari auf besagten Auftrag zu sprechen und erwähnt in diesem Zusammenhang, daß Soggi selbst die Tafel auszuführen wünschte: »Da Niccolò sie auszuführen wünschte und ebenso der seinerzeit noch junge Giorgio Vasari, benahm sich Niccolò in einer Weise, wie dies heutzutage nicht von vielen unserer Kunst blindlings getan würde, und dies war folgende: Da er eines der Mitglieder besagter Bruderschaft war und er erkannte, daß viele Giorgio den Auftrag erteilen wollten, um ihn vorwärtszubringen, und daß Giorgio selbst in höchstem Maße danach strebte, beschloß er angesichts des Eifers jenes jungen Mannes, und nachdem er sein Interesse und den eigenen Wunsch zurückgestellt hatte, dahingehend zu wirken, daß seine Gefährten die Tafel bei Giorgio in Auftrag geben würden, indem er den Erfolg, den jener junge Mann durch dieses Werk empfangen könnte, höher als den eigenen Nutzen und das eigene Interesse bewertete. Und genau so, wie er es beabsichtigte, handelten die Männer besagter Bruderschaft.« (Bettarini/Barocchi, *Vite*, Bd. V, S. 194). In einem Brief Vasaris von 1537, adressiert an den Arzt Bartolomeo Rontini in Florenz, erwähnt Vasari, daß er gerade an besagter Tafel arbeite, die er im folgenden sehr detailliert beschreibt

(Frey, Bd. I, S. 79–80). Interessant in diesem Zusammenhang ist die Bemerkung Vasaris, er hätte während ihrer Ausführung und seiner Beschäftigung mit dem Thema des Todes höchste Zufriedenheit der Seele erfahren, nachdem er wegen der Ermordung seines Mäzens Herzog Alessandro de' Medici ganz melancholisch gewesen sei (»Io andrò passando il tormento di mie vani pensieri in cosi fatta maniera, fino che io consumi quest'opera«).

Bibl.: Carlucci 1995.

⁵⁸ Sogenannte *Pala di San Rocco*, die in der Mitte die thronende Jungfrau mit Kind umgeben von den Heiligen Anna, Joseph, Donatus, Rochus, Sebastian und Stephan und oben einen Gottvater in den Wolken zeigt, der eine Hand voller Pestpfeile zur Erde schleudert (Öl auf Holz, 212 x 354 cm, Arezzo, Museo Statale d'Arte Medievale e Moderna). In einem auf 1536 datierten Brief an Francesco Rucellai beschreibt Vasari dieses Gemälde in allen Einzelheiten (Frey, Bd. I, S. 62–64), ohne die zugehörige Predella mit drei kleinen Szenen aus dem Buch der Könige (Öl auf Holz, jeweils 35 x 75 cm, Arezzo, Museo Diocesano) zu erwähnen.

Bibl.: Boeckl 2001.

⁵⁹ Nach der Ermordung Herzog Alessandros 1537 schrieb Vasari einen längeren Brief an seinen Onkel Don Antonio Vasari in Arezzo, aus dem seine tiefe Erschütterung über den Verlust seines fürstlichen Mäzens herauszulesen ist. Mehr noch: Der Tod Herzog Alessandros erscheint dort im Lichte einer Strafe Gottes für den sozialen Aufstieg des Künstlers (Frey, Bd. I, S. 75–77). Vasari bekennt darin, daß er wegen der Gunst jener Medici-Fürsten viel zu hochmütig geworden sei (»che la superbia mia era salita tant'alto per il favore«) und daß er nun erkannt habe, wie sehr er sein Inneres beschämt, welchen Schaden er ihm zugefügt und wie sehr er es ins Unglück gestürzt habe, obwohl er rein äußerlich Ansehen, Ruhm und Wohlstand erworben hätte (»se bene acquistavo onore, fama e ricchezza per il corpo, facevo vergogna, danno et infelice l'anima mia«). Deshalb sei er zu dem Entschluß gekommen, sich eine Zeitlang von allen Höfen – seien es nun kirchliche oder weltliche – fernzuhalten, um zum besseren Leben zurückzukehren (»dividendomi dalla corte per ritornare à miglior vita«). Ob Ottaviano de' Medici ihm dazu geraten hatte, bleibt dahingestellt. Aus einem Brief Don Miniato Pittis von 1537, adressiert an Vasari in Arezzo, geht jedenfalls hervor, daß dieser ihn dazu aufforderte, nicht länger dem Laster zu folgen, sondern nur seinen Tugenden, respektive seiner Kunst, voller Eifer nachzugehen: »Et pero le [tue virtù] seguirai con ogni sollecitudine, lassando il vitio, si come sempre fatto hai in sino à qui.« (Frey, Bd. I, S. 82.) Tatsächlich hatte Vasari jedoch die Hoffnung gehegt, daß der neue Fürst in Florenz ihm Stellung

und Bezüge, die er unter seinem Vorgänger genossen hatte, bestätigen würde. Diese Hoffnung erfüllte sich trotz mehrerer Versuche Vasaris, die Gunst Cosimos I. zu gewinnen, zu diesem Zeitpunkt jedoch nicht.

Bei dem hier angesprochenen Konflikt zwischen weltlicher und geistlicher Lebensführung, zwischen den trügerischen, vergänglichen Freuden des diesseitigen Lebens und einem an christlich-asketischen Maßstäben ausgerichteten Lebenswandel handelt es sich um einen literarischen Topos, der in den humanistischen Kreisen des 16. Jahrhunderts vor allem durch die Schriften Petrarcas (*De vita solitaria, De otio religiosorum, De secreto conflictu curarum mearum*) weite Verbreitung fand.

Bibl.: Zapperi 1999.

⁶⁰ Eigentlich Giovanni Lappoli, genannt ›Pollastrino‹ bzw. ›Pollastra‹ (*1465 Arezzo – †1540 ebenda), Onkel des Malers Giovanni Antonio Lappoli und Domherr von Arezzo. 1501 erhielt er erstmals den unter Aretinern hoch angesehenen Posten des Lateinlehrers an der kommunalen Grammatikschule, wo später auch Vasari zu seinen Schülern zählte. Zwischen 1502 und 1512 hielt er sich aus politischen Gründen in Siena auf, wo er zahlreiche Schriften verfaßte. Als 1512 die Medici nach Florenz zurückkehrten, widmete Pollastrino in der Hoffnung, sein Exil in Siena bald beenden zu können, drei seiner Werke Kardinal Giovanni de' Medici, dem späteren Papst Leo X. Ende des Jahres 1514 wieder als Lehrer an der Grammatikschule in Arezzo tätig, erwies er ein Jahr später beim Besuch Leos X. mit einer in Latein gehaltenen Rede an den Papst sowie durch die Aufführung seiner in italienisch verfaßten Komödie *Parthenia* den Medici seine Referenz.

Bibl.: Black 1987, besonders S. 220–223.

⁶¹ Der Orden der Kamaldulenser (Ordo Sancti Benedicti Eremitarum Camaldulensium) wurde um 1000/1012 von dem Mönch Romuald (†1027), dem Sohn des Herzogs von Ravenna, als Reformzweig des Benediktinerordens auf dem Campo Maldoli (Camaldoli) im Apennin als Eremitenkolonie gegründet. Das Stammkloster Camaldoli entstand aus dem Verbund dieser Einsiedelei (S. Eremo) mit dem kurz danach gegründeten Kloster Fontebuono. In der zweiten Hälfte des 15. Jahrhunderts war das Kloster von Camaldoli in der Nähe von Arezzo der Ort, an dem sich der humanistische Zirkel um Lorenzo de' Medici traf und philosophische Fragen erörterte.

Bibl.: Maetzke 1981; Corsi Miraglia, in: Kat. Arezzo 1981.

⁶² In einem Brief, den Vasari 1537 aus Camaldoli an seinen alten Lehrer Giovanni Pollastra in Arezzo schrieb, geht er auf seine depressive Stimmung nach dem Tod des Herzogs ein und berichtet, wie er sich aus lauter Unbehagen über die Händel der Welt in einem Zimmer eingeschlossen

habe. Sich nur der Arbeit widmend, habe er sich schrecklichen Gedanken hingegeben und dabei in einer Weise den Geist verpestet, daß es fast ein schlimmes Ende mit ihm genommen hätte. Glücklicherweise habe er jedoch nach ein paar Tagen unter all den Heiligen Einsiedlern (»santi religiosi«) in Camaldoli seinen törichten Wahnsinn (»la mia folle pazzia«) erkannt (Frey, Bd. I, S. 89–90).

[63] Vasaris Ausführungen über seine Arbeit in Camaldoli widersprechen zum Teil den Angaben, die er diesbezüglich in einem 1537 an Giovanni Pollastra adressierten Brief und in seinen *Ricordanze* macht (Frey, Bd. I, S. 89–91 und Bd. II, S. 855, Ricordo 90). Danach scheint seitens der Ordensbrüder von Anfang an die Absicht bestanden zu haben, Vasari das Gemälde für den Hauptaltar, die Fresken im Chor und zwei weitere Bilder ausführen zu lassen. Am 1. August 1537 traf dann Vasari mit den Kamaldulensern die Vereinbarung, ein Ölbild mit Maria, dem Täufer und dem Heiligen Hieronymus für den Preis von 30 Dukaten zu malen. In seiner Autobiographie gibt er sich jedoch betont generös und will keinen Preis für seine Arbeit festgesetzt haben.

Bibl.: Alotto 2009.

[64] *Madonna mit dem Kind, Johannes dem Täufer und dem Heiligen Hieronymus* (Öl auf Holz, 207 x 150 cm, Camaldoli, Klosterkirche SS. Donato e Ilariano).

Bibl.: Maetzke, in: Kat. Arezzo, S. 331–332.

[65] Abgesehen davon, daß Vasari bei den Mönchen von Camaldoli, die der Regel des Heiligen Romuald folgten und außer zur Messe weitestgehend einem Schweigegelübde unterworfen waren, aus erster Hand wirkliche Askese erfuhr, spricht er hier einen literarischen Topos an. Schon Quintilian hatte in seinem rhetorischen Lehrbuch *Institutionis oratoriae* die Begünstigung geistiger Arbeit durch eine asketische Lebensführung in Abgeschiedenheit hervorgehoben (*Inst. Or.* X,3,22–26) und auch Petrarca fand laut seiner autobiographischen Schrift *De studiorum suorum successibus ad posteritatem epistola* in der Idylle von Vaucluse Muße zur inneren Einkehr. Daß Vasari gerade im Zusammenhang mit Camaldoli auf die Widersprüchlichkeit von *vita activa* und *vita contemplativa* zu sprechen kommt, ist sicherlich kein Zufall, denn das Kloster von Camaldoli war in Cristoforo Landinos philosophischer Schrift *Disputationes camaldolenses* der fiktive Schauplatz, an dem Lorenzo il Magnifico, Leon Battista Alberti und andere berühmte Persönlichkeiten des Quattrocento sich in aller Abgeschiedenheit zu Gesprächen über diese unterschiedlichen Lebensauffassungen versammelten. Darin tritt Alberti als Hauptvertreter des kontemplativen Lebens auf, dem zufolge die Erkenntnis

Gottes das höchste Gut überhaupt darstellt und der außerdem der Ansicht ist, daß derjenige größeren Lobes würdig sei, der erkennt, und nicht der, der wegen seines Ruhmes erkannt wird (Landino, *Camaldolensische Gespräche*, S. 96).

⁶⁶ Nur wenige Fragmente haben sich davon erhalten, darunter die Figur des *Heiligen Rochus* (abgenommenes Fresko, 184 x 70 cm, Arezzo, Museo Statale d'Arte Medievale e Moderna) und vier Prophetenfiguren (Monte Sansavino, Santa Chiara). Vasari beschreibt die gesamte Ausschmückung in einem auf 1537 datierten Brief an Niccolo Serguidi in Florenz (Frey, Bd. I, S. 86–87).

⁶⁷ Das von Raffael 1517–18 gemalte *Porträt Leos X. mit den Kardinälen Giulio de' Medici und Luigi de' Rossi* (Florenz, Uffizien) war am 1. September 1518 nach Florenz geschickt worden, um bei den Festlichkeiten anläßlich des Einzugs von Lorenzo de' Medici, dem Herzog von Urbino, und seiner frisch angetrauten Gattin Maddalena de la Tour d'Auvergne, einer Verwandten des französischen Königs Franz I., die drei höchsten Würdenträger der Familie des Bräutigams *in effigie* zu repräsentieren. Vasari kannte die Tafel genau, denn er hatte sie nicht nur häufig bei den Medici in Florenz gesehen, sondern war als Schüler von Andrea del Sarto auch dabei, als dieser sie 1524 im Auftrag der Familie kopierte, nachdem der Herzog von Mantua, Federico II. Gonzaga, sie von Giulio de' Medici als Geschenk erbeten hatte. Das Original blieb in Florenz, und die Fälschung Andrea del Sartos, von der Vasari behauptet, daß sie so qualitätsvoll gewesen sei, daß selbst der von ihm bewunderte Giulio Romano sie nicht als eine Kopie entlarvte (Vasari, *Andrea del Sarto*, S. 52-54), wurde an den Mantuaner Hof geschickt (Neapel, Museo e Gallerie Nazionali di Capodimonte). Offenbar reklamierte Herzog Alessandro de' Medici Raffaels Tafel, die sich zu diesem Zeitpunkt im Besitz von Ottaviano de' Medici befunden haben muß, kurz vor seiner Ermordung für sich, so daß Ottaviano bereits am 4. Dezember 1536 bei Vasari eine Kopie danach bestellte (Frey, Bd. II, S. 855, Ricordo 86). Diese wurde wohl erst später ausgeführt, denn in einem Brief Vasaris an Ottaviano de' Medici, datiert nach dem 20. Dezember 1537, spricht Vasari davon, nach Florenz zu kommen und besagten Auftrag endlich zu erfüllen, da Herzog Cosimo nun das Original für sich beanspruche (Frey, Bd. I, S. 92). Die von ihm gemalte Replik wird üblicherweise mit dem in Holkham Hall konservierten Exemplar identifiziert (Öl auf Holz, 157,5 x 117 cm, The Earl of Leicester and the Trustees of Holkham Estate).

Bibl.: Chiarini 1984; Nesselrath, in: Kat. Bonn 1998, S. 441–443 (Kat.-Nr. 22).

⁶⁸ Giovan Battista Puccini (*1463 – †um 1530) entstammte einer Familie von Waffenschmieden (*armaioli*), die im Florentiner Stadtviertel San Giovanni ansässig waren. 1499 schrieb er sich in die Seidenweberzunft (*arte della seta*) ein und übernahm in den folgenden Jahren mehrmals verschiedene politische Ämter.
Bibl.: Cecchi 1986, besonders S. 51.
⁶⁹ Giovanbattista Cungi (bezeugt 1539 bis 1546), Bruder des bekannteren Malers Leonardo Cungi
⁷⁰ Unter ›Grotten‹ verstand man in erster Linie die gegen Ende des 15. Jahrhunderts im Zuge des wachsenden archäologischen Interesses unter der Erde entdeckten Innenräume der von Kaiser Nero auf dem Esquilin erbauten Domus Aurea in Rom. Ihre bis dahin unbekannte Wand- und Deckendekoration mit phantasievollen Ornamenten, die sich aus einer Fülle unterschiedlicher Motive zusammensetzen und mit mythologischen oder allegorischen Szenen kombiniert sind, bewertete man als den bedeutendsten Befund antiker Wandmalerei. Viele Künstler studierten und kopierten große Teile dieses als Groteske bekannten Dekorationssystems, das im 16. Jahrhundert nicht selten zum Vorbild bei der Ausstattung zahlreicher Paläste und Villen wurde und sich überaus großer Beliebtheit erfreute.
⁷¹ *Himmelfahrt Mariens mit den Heiligen Augustinus und Romuald* (Öl auf Holz, 397 x 231 cm, Monte Sansavino, Sant'Agostino); zwei kleine Tafeln mit der *Taufe des Heiligen Augustinus* und dem *Martyrium des Heiligen Bartholomäus* werden mit den von Vasari genannten Bildern der Predella identifiziert (Öl auf Holz, jeweils 29 x 77 cm, Monte Sansavino, San Giovanni).
Bibl.: Maetzke, in: Kat. Arezzo 1981, S. 333.
⁷² *Geburt Christi* (Öl auf Holz, 207 x 150 cm, 1538, Camaldoli, Kirche SS. Donato e Ilariano); signiert und datiert GEOR.VASARIUS/ARRET. FACIE./MDXXXVIII.
⁷³ Fausto Sabeo (*um 1475 Chiari – †1559 Rom), der aus der Nähe von Brescia stammte und von Leo X. zum Kustoden der vatikanischen Bibliothek ernannt worden war, tat sich nicht weniger als Autor von Versen und anderen literarischen Werken in lateinischer Sprache wie der *Picta poesis ovidiana* (Rom 1580) hervor.
⁷⁴ Die Fresken mit Szenen aus dem Leben des Heiligen Romuald - wurden 1776 beim Abriß des Lettners zerstört. Lediglich zwei Zeichnungen Vasaris sind erhalten: Die *Vision des Heiligen Romuald* und *Ansicht der Einsiedelei von Camaldoli* (beide Paris, Musée du Louvre, Cabinet des Dessins, Inv.-Nr. 2217 und 2213).
⁷⁵ Don Filippo Serragli (Lebensdaten unbekannt) war von 1538 bis An-

fang 1540 Abt des Klosters San Michele in Bosco und danach General-vikar der Olivetaner-Kongregation.

[76] Der Orden der Olivetaner wurde 1319 von Bernardo Tolomei, Am-brogio Piccolomini und Patrizio Patrizi auf dem Monte Oliveto nahe Siena als Einsiedelei gegründet. Wegen ihres weißen Habits nannten sich die Ordensbrüder, die nach der Benediktinerregel in Keuschheit, Gehorsam und Armut lebten, ›i Bianchi‹. Stammkloster der Olivetaner ist Monteoliveto Maggiore. Das Kloster San Michele in Bosco vor den Toren Bolognas (heute Istituto Ortopedico Rizzoli) wurde 1364 eben-falls von Olivetanern gegründet, seine Bauten wurden zwischen 1398 und 1523 mehrmals erweitert. 1540 war das Refektorium nach den Plänen Cristoforo Tibaldis fertiggestellt. Den Auftrag zur Ausstattung des Refektoriums erhielt Vasari laut seinen *Ricordanze* 1539 (Frey, Bd. II, S. 856, Ricordo 98), doch erst im Frühjahr des Jahres 1541 begannen er und seine Mitarbeiter Stefano Veltroni, Giambattista Cungi und Cristofano Gherardi mit der Ausführung.

Bibl.: Cheney 1993.

[77] Unter anderem studierte Vasari dort Werke von Parmigianino und Raffaels *Heilige Cäcilie* (Bologna, früher San Giovanni in Monte Oliveto, heute Pinacoteca Nazionale), wonach er eine Zeichnung mit einem ste-henden Mann machte (Florenz, Uffizien, Gabinetto dei Disegni e delle Stampe).

[78] Heute verloren. Lediglich eine zeichnerische Vorstudie hat sich in den Uffizien erhalten (Gabinetto dei Disegni e delle Stampe, Inv.-Nr. 1192E) sowie eine endgültige Version in Lille (Musée Wicar, Inv.-Nr. 547).

Bibl.: Davis, in: Kat. Arezzo 1981, S. 56; Cheney 1993.

[79] *Christus im Hause von Martha* (Öl auf Holz, 404 x 252 cm, Bologna, Pinacoteca Nazionale); eine Vorstudie mit zahlreichen Varianten befin-det sich in Paris (Musée du Louvre, Cabinet des Dessins, R. F. 92).

Bibl.: Davis, in: Kat. Arezzo 1981, S. 56; Cheney 1993; Marzia Faietti und Chiara Albonico, in: Kat. Bologna 2002, S. 211–220.

[80] *Gastmahl des Heiligen Gregor* (Öl auf Holz, 402 x 255 cm, signiert und datiert 1540, Bologna, Pinacoteca Nazionale)

Bibl.: Davis, in: Kat. Arezzo 1981, S. 56; Cheney 1993; Zapperi 1999.

[81] Andrea Alciati (*1492 Mailand oder Alzate bei Como – †1550 Pavia), Humanist und Jurist von hoher Bildung, der zunächst in Avignon, später in Brügge und ab 1533 bis zu seinem Tod an der Universität von Pavia rö-misches Recht lehrte. Er stand mit den bedeutendsten Humanisten seiner Zeit wie Thomas Moore, Konrad Peutinger und Erasmus von Rotterdam in Kontakt, wurde aber vor allem durch sein 1531 erstmals publiziertes

Werk *Emblemata* bekannt, das in der Folgezeit rund 150 Mal neu aufgelegt wurde.

[82] Beide Werke, die Vasari auch in seinen *Ricordanze* erwähnt (Frey, Bd. II, S. 856, Ricordo 99), sind verloren. Ihr Auftraggeber Don Miniato Pitti war zu jener Zeit Abt des in Barbiano gelegenen Olivetaner-Konvents.

[83] Girolamo [Pennachi] da Treviso der Jüngere (*um 1498 Treviso – †1544 Boulogne-sur-Mer)

[84] Biagio Pupini, genannt Biagio dalle Lame (*in Bologna; bezeugt zwischen 1511 und 1551)
Bibl.: Fioravanti Baraldi 1986.

[85] Diese Kopie des von Tizian gemalten Porträts Ippolito de' Medicis in ungarischer Tracht (Frey, Bd. II, S. 857, Ricordo 103; vgl. hierzu: Vasari, *Tizian*, S. 32 und Anm. 95) ist nicht erhalten.

[86] Zu der 1539 in Auftrag gegebenen und für den Hauptaltar von Camaldoli bestimmten *Kreuzabnahme* (Öl auf Holz, 210 x 311 cm, Camaldoli, Kirche SS. Donato e Ilariano) gehörte neben den beiden Tafeln mit den Heiligen Donatus und Hilarius sowie Benedikt und Romuald (Öl auf Holz, jeweils ca. 66 x 179 cm) eine Predella, die sich ursprünglich aus 13 Tafeln zusammensetzte (Frey, Bd. II, S. 857, Ricordo 105). Nur zehn davon sind noch erhalten, darunter die *Mannalese*, von der Vasari eine zeichnerische Vorstudie an Pietro Aretino sandte. In seinem Antwortschreiben lobt dieser Vasaris Komposition über alle Maßen (Frey, Bd. I, S. 107–108).

[87] Besagtes Gemälde mit Johannes dem Täufer, das Vasari auch in seinen *Ricordanze* erwähnt (Frey, Bd. II, S. 857, Ricordo 101), ist nicht erhalten.

[88] Bindo Altoviti (*1491 Rom – †1557 ebenda), Sohn des Florentiner Bankiers und Edelmanns Antonio Altoviti, erbte im Alter von 16 Jahren das Bankunternehmen seiner Familie mit Sitz in Rom. Nach Schließung des 1528 durch Agostino Chigi in Rom gegründeten konkurrierenden Unternehmens wurde er dort der mächtigste Finanzier der Kurie und darüber hinaus wahrscheinlich auch Kardinal Giovanni Salviatis Bankier. Er war Konsul der Florentiner Gemeinde in Rom, die sich aus Gegnern des Medici-Regimes in Florenz zusammensetzte. Sein heute zerstörter Palast in der Nähe des Ponte Sant'Angelo war nicht nur Treffpunkt für viele ins Exil gegangene Florentiner, sondern beherbergte zudem eine umfangreiche Sammlung von Antiken aus der Villa Hadrians und zahlreichen Werken, die er privat in Auftrag gegeben hatte. Neben Raffael, Jacopo Sansovino und anderen zählte auch Benvenuto Cellini, der ihm um 1550 eine von Michelangelo vielbewun-

derte Büste mit seinen Zügen schuf (Boston, Isabella Stewart Gardner Museum), zu den von ihm verpflichteten Künstlern. Eine besondere Neigung hatte er zu Giorgio Vasari, den er stets förderte und bei dem er viele Werke in Auftrag gab. Altoviti und Vasari hatten sich im Sommer 1540 in Camaldoli kennengelernt, als der Bankier sich dort wegen der Holzlieferungen für den Neubau von St. Peter aufhielt. Altoviti wurde in seiner Familienkapelle in Santa Trinità dei Monti in Rom beigesetzt.

Bibl.: Robertson, in: Turner 2000, Bd. I, S. 38-93; Chong/Pegazzano/Zikos 2003.

[89] *Allegorie der unbefleckten Empfängnis* (Öl auf Holz, 345 x 237 cm, 1540–1541, Florenz, Santi Apostoli); zahlreiche eigenhändige Repliken in höchst unterschiedlichen Formaten zeugen von dem großen Erfolg, den Vasari mit seiner wahrscheinlich durch Rosso angeregten Komposition hatte. Unter seinen ikonographischen Beratern für dieses Gemälde dürfte wohl sein ehemaliger Grammatiklehrer Giovanni Pollastra gewesen sein, der auch schon auf Rossos Lünettenfresko im Atrium von SS. Annunziata in Arezzo mit der Darstellung Mariens als zweite Eva Einfluß nahm (vgl. hierzu: Vasari, *Rosso Fiorentino*, S. 21). Unter dem 4. September 1541 bemerkt Vasari in seinen *Ricordanze*, daß besagte Tafel von Jacopo da Pontormo, Giovanni Antonio Sogliani und Ridolfo Ghirlandaio auf 300 Scudi geschätzt wurde (Frey, Bd. II, S. 875, Ricordo 107) – ein Preis, der bis dato kaum für ein einzelnes Bild erzielt wurde. Die detaillierte Beschreibung, die Vasari an dieser Stelle von dem Altarbild gibt, stimmt nicht in allen Einzelheiten mit der Ausführung der Tafel überein. Mindestens drei eigenhändige Zeichnungen Vasaris haben sich erhalten (Florenz, Uffizien, Inv.-Nr. 1183 E sowie Paris, Musée du Louvre, Inv.-Nr. 2082 und 2083), die abgesehen von ihrer Funktion als Vorstudie zur Altartafel oder einer ihrer Repliken auch als Beweis für Vasaris Virtuosität und als Geschenk für Freunde angefertigt worden sein könnten.

Bibl.: Kliemann, in: Kat. Arezzo 1981, S. 103–108; Ciatti 2001; Härb, in: Chong/Pegazzano/Zikos 2003, S. 406–411 (Kat.-Nr. 21); Lora 2009.

[90] Diese von Vasari eigenhändig ausgeführte und 1544 für sein *scrittoio* im römischen Palast an Altoviti übergebene kleinere Tafel mit der *Allegorie der unbefleckten Empfängnis* wird üblicherweise mit einem Exemplar in den Florentiner Uffizien (Öl auf Holz, 58 x 39 cm) identifiziert. Es handelt sich dabei jedoch um keine exakte Kopie des großformatigen Altarbildes in Santi Apostoli, da zum einen der Text der Schriftrollen von jenem des Altarbildes abweicht und zum anderen eine größere Zahl von Engeln die Madonna umschweben.

Bibl.: Härb, in: Chong/Pegazzano/Zikos 2003, S. 411–413 (Kat.-Nr. 22).

[91] Früher wurden die beiden Gemälde Vasaris, die *Venus* und die *Leda* nach den heute verlorenen Kartons von Michelangelo, mit den in der Galleria Colonna in Rom konservierten Bildern gleichen Sujets identifiziert. Gegenwärtig schreibt man sie jedoch Ridolfo Ghirlandaio zu (Safarik 1981, Nr. 115, 116 und 117). Wie Vasari in der Vita Pontormos berichtet (vgl. hierzu: Vasari, *Pontormo*, S. 51), gestaltete Michelangelo um 1532 für seinen Freund, den Bankier Bartolomeo Bettini, einen Karton mit Venus und Cupido, den Pontormo dann kurze Zeit später als Gemälde ausführte (Öl auf Holz, 127 x 191 cm, Florenz, Gallerie dell'Accademia). Nach diesem Karton will Vasari dann 1541 für Ottaviano de' Medici das Bild der Venus gemalt haben, während das der Leda mit dem Schwan angeblich auf einen Karton Michelangelos zurückgeht, den dieser zusammen mit dem entsprechenden Gemälde zwischen November 1529 und Oktober 1530 in Florenz ausführte. Beide, Karton und Gemälde der Leda, übergab Michelangelo 1531 seinem Schüler Antonio Mini, der beides nach Frankreich schickte, um es König Franz I. zu verkaufen. Während das Gemälde 1536 nach Fontainebleau gelangte, wurde der Karton nach Florenz zurückgeschickt, wo Vasari zwischen 1540 und 1541 das Gemälde für Ottaviano de' Medici schuf. In der 1568er-Edition der Michelangelo-Vita berichtet Vasari, daß besagter Karton seinerzeit im Besitz von Bernardo Vecchietti gewesen sei (Vasari, *Michelangelo*, S. 113–114).

Bibl.: Härb, in: Chong/Pegazzano/Zikos 2003, S. 415–416 (Kat.-Nr. 24).

[92] Von dem genannten *Büßenden Heiligen Hieronymus* existieren vier, auch in den Dimensionen sehr ähnliche Versionen Vasaris: eine Tafel in Florenz (Öl auf Holz, 169 x 123 cm, 1541, Palazzo Pitti, Galleria Palatina), eine in Vincigliata bei Florenz (Öl auf Holz, 165 x 117 cm, Sammlung Graetz), eine weitere in Leeds (Öl auf Holz, 168,3 x 119,4 cm, City Art Gallery) sowie eine in Chicago (Öl auf Holz, 166 x 126,6 cm, Art Institute). Welche davon der Prototyp für Ottaviano de' Medici war, läßt sich heute nicht mehr feststellen. Letztere Version dürfte allerdings dafür nicht in Frage kommen, da sie in einigen Bereichen nur grob skizziert ist. Die Person des Heiligen Hieronymus, seine Versuchungen und sein Leben waren im Florenz dieser Zeit sehr populär. 1542 erschienen bei Giunti die Briefe des Heiligen Hieronymus in Volkssprache. Die Ausgabe war Francesco Zeffi gewidmet, der bis 1537 Sekretär von Lorenzino de' Medici war und in der Badia Fiorentina die Aufgabe hatte, die *Oratione* des Gregor von Nazianz und die Tuskulaner Gespräche Ciceros zu kommentieren.

Möglicherweise spielt Vasari bei der Erwähnung der Schriften des Heiligen Hieronymus auf diese Edition an.

Bibl.: Bracciante, in: Kat. Arezzo 1981, S. 79–80; Clark 1986.

[93] Besagtes Werk, das 1541 ausgeführt und laut Vasaris *Ricordanze* die Taufe Christi in Anwesenheit vieler Menschen in *chiaroscuro* darstellte (Frey, Bd. II, S. 858, Ricordo 115), ist verloren. Das British Museum in London besitzt eine Entwurfsskizze der gesamten Komposition, während sich im Stockholmer Nationalmuseum eine Studie zum unteren Bereich des Gemäldes befindet. Bei diesem Werk, das eines von Vasaris ersten bedeutenden Aufträgen in Florenz nach dem Tod Herzog Alessandro de' Medicis war, paraphrasierte Vasari einige der Figuren Andrea del Sartos aus dessen Fresko im Chiostro dello Scalzo, das die Taufe der Massen durch Johannes darstellt. In der Vita Tribolos berichtet Vasari ausführlich, unter welchen widrigen Umständen und aller Erwartungen zum Trotz er damals den Auftrag von Herzog Cosimo I. erhielt und wie sehr sein Werk zur Pracht jener Feierlichkeit beitrug (Vasari, *Tribolo und Pierino da Vinci*, S. 57). Vasaris Gemälde wurde auch für spätere Taufzeremonien der Medici im Florentiner Baptisterium verwendet, darunter 1577 für jene des Prinzen Filippo, erstgeborener Sohn von Francesco I. de' Medici und Johanna von Österreich.

Bibl.: Barocchi 1964b, S. 125, Nr. 13; Conforti 1980; Härb 1998.

[94] Um 1517 nach Rom gekommen, verkehrte Pietro Aretino, eigentlich Pietro del Tura (*1492 Arezzo – †um 1556 Venedig), im Kreis um den Sieneser Bankier Agostino Chigi, dessen legendärer Reichtum sich dem päpstlichen Alaun-Monopol verdankte. Dort lernte er Raffael, Sansovino, Sebastiano del Piombo und Giulio Romano kennen. Als Schriftsteller, Chronist und Pamphletist berühmt und berüchtigt, verließ er die Tibermetropole 1522, nach der Ernennung Adrians von Utrecht zum Papst (Hadrian VI.). 1527 ließ er sich endgültig in Venedig nieder, wo er einen Palast am Canale Grande bewohnte. Seine literarische Karriere als Dichter, Dramatiker und Prosa-Schriftsteller vorantreibend, bemühte er sich gleichermaßen als Kunstagent um die Gunst der europäischen Fürsten, doch blieb sein mehr als zwei Jahrzehnte andauernder Versuch, den französischen König als Mäzen für sich zu gewinnen, ohne Erfolg. In Venedig führte er ein offenes Haus und war mit Künstlern wie Tizian und Sansovino befreundet, der sich nach dem ›Sacco di Roma‹ ebenfalls in Venedig niedergelassen hatte. Salviati, Rosso und Vasari, die nur für kurze Zeit in der Lagunenstadt verweilten, fanden während dieser Zeit bei Aretino Unterkunft.

Obwohl Vasari und Aretino aus derselben Stadt stammten, sind die ersten Kontakte zwischen beiden nur über ihre Korrespondenz nachzuweisen. In einem Brief vom 7. Juni 1536, der zwei Jahre später im ersten Band der *Lettere di M. Pietro Aretino* im Druck erschien, erklärte Aretino, daß Vasari ein »historico, poeta, philosopho e pittore« sei (Aretino, *Lettere sull'arte*, Bd. I, 1957, S. 25–29), was einem jungen, aufstrebenden Künstler wie Vasari sicherlich von großem Nutzen war. Als Vasari jedoch für die erste Ausgabe seiner *Vite* 1550 ein paar Verse von ihm erbat, lehnte dieser mit der Begründung ab, die Publikation des vierten Bandes seiner Briefe würde ihn zu sehr in Anspruch nehmen (Aretino, *Lettere sull'arte*, Bd. II, 1957, S. 296).

Bibl.: Adhémar 1954; Shoemaker 1981, S. 150–152; McTavish, in: Kat. Arezzo 1981, S. 108–111; Land 1994; Cox-Rearick 1995, S. 88–95.

95 Correggio (*um 1489 Correggio – †1534 ebenda), eigentlich Antonio Allegri, wurde nach seinem Geburtsort Correggio (zwischen Parma und Modena) benannt. In Modena und Parma konnte Vasari folgende Werke Correggios besichtigen: Die *Mystische Vermählung der Heiligen Katharina* (früher Modena; heute Paris, Musée du Louvre), die Fresken in der Kuppel des Doms von Parma, jene in der Kuppel von San Giovanni Evangelista sowie seine Werke in der dort vorhandenen Cappella del Bono: Die *Beweinung Christi* und das *Martyrium der Heiligen Placidus, Flavia, Eutichius und Victorinus* (heute beide Galleria Nazionale di Parma); zudem die sogenannte *Madonna della Scala* (früher über der Porta San Michele, heute in der Galleria Nazionale di Parma) und die unter dem Titel *Der Tag* bekannte *Madonna di San Girolamo* (früher Sant'Antonio, heute Galleria Nazionale di Parma).

Bibl.: Nova/Feser/Lorini, 2001, S. 128–144.

96 Giulio Romano, eigentlich Giulio Pippi (*1492 oder 1499 Rom – †1546 Mantua). Als bedeutendster Schüler Raffaels wurde Giulio 1524 von Federigo II. als Hofmaler nach Mantua gerufen, wo er 22 Jahre als Maler und Architekt tätig war. Auf seinem Weg nach Venedig verbrachte Vasari vier Tage am Mantuaner Hof, wo ihm Giulio die dort versammelten Kunstschätze, darunter zwei Werke Correggios (*Leda mit dem Schwan*, heute Berlin, Staatliche Museen Preußischer Kulturbesitz, Gemäldegalerie, sowie *Danae*, heute Rom, Galleria Borghese) einschließlich seiner eigenen Werke, zeigte (Vasari, *Giulio Romano*, S. 46–47).

97 Don Diego Hurtado di Mendoza (*um 1506 – †1575) durchlief eine lange diplomatische Karriere im Dienst von Kaiser Karl V., die ihn 1537 nach England, 1539–46 nach Venedig und 1547 an den päpstlichen Hof brachte. Als Gouverneur von Siena (1548–52) fiel er jedoch bei Karl V. in Ungnade, da er sich nicht in der Lage zeigte, die Stadt im Machtbereich des Kaisers zu halten, und kehrte daraufhin nach Spanien zu-

rück, wo er sich der Literatur widmete. Tizian malte 1541 ein ganzfigu-
riges Porträt des kaiserlichen Gesandten, das vermutlich verloren ist
(vgl. hierzu: Vasari, *Tizian*, S. 34 und Anm. 126).

Bibl.: Wethey 1969, Bd. I, S. 199–200.

[98]   Den Eintragungen in Vasaris *Ricordanze* zufolge hatte der Künstler
die beiden schon oben erwähnten Gemälde, eine *Venus* und eine *Leda*,
über Bologna nach Venedig an den Florentiner Bankier Francesco Leoni
gesandt, in dessen Haus er unter anderem während seines Aufenthalts
in der Lagunenstadt logierte. Nach seiner Ankunft in Venedig habe er
sie dann an den kaiserlichen Gesandten für 100 Goldscudi verkauft
(Frey, Bd. II, S. 858, Ricordo 116).

[99]   Cristofano Gherardi (*1508 Borgo Sansepolcro – †1556 Florenz)

[100] Sebastiano Fiori (*?Arezzo – †1575 ebenda), Maler und Stukkateur, der
erstmals 1541 dokumentiert ist und in Venedig, Rom und Terni tätig war.

Bibl.: Andrew John Martin: »Fiori«, in: *AKL*, Bd. XL, München
2004, S. 232.

[101] Für Aretinos Komödie *La Talanta*, die 1534 als Auftragsarbeit für die
Compagnia della Calza entstand und zum Karneval 1542 in Venedig
erstmals aufgeführt werden sollte, wurde Vasari von der venezianischen
Calza-Bruderschaft, genannt *Sempiterni*, zur Gestaltung des Bühnen-
bilds und zur Ausschmückung des Theatersaals engagiert. In einem Brief
an Ottaviano de' Medici vom Februar 1542 beschreibt Vasari ausführlich den von ihm gestalteten Bühnenprospekt sowie die von ihm an die
Decke und Wände gemalten allegorischen Sujets (Frey, Bd. I, S. 11–119),
von denen außer ein paar Zeichnungen nichts mehr erhalten ist (Frey,
Bd. II, S. 859, Ricordo 120).

Bibl.: Schulz 1961; McTavish, in: Kat. Arezzo 1981; Härb, in: Güse/
Perrig 1997, S. 256–257; Pallen 1999, S. 35–37; Romanelli 1999, S. 48–
53; Cheney 2002b; Cheney 2003a; Pierguidi 2005; Fenech Kroke
2010.

[102] Giovanni Cornaro oder Corner (*? – †1551 Venedig) stammte aus
einer Familie, die zu den zwölf ›apostolischen‹ Gründungsfamilien und
den mächtigsten Sippen der Lagunenstadt zählten. Er gehörte zu jenem
Zweig, der sich nach ihrem bedeutendsten Mitglied, der seit 1468 mit
König Jakob II. verheirateten Caterina Cornaro (*1453 – †1510), Köni-
gin von Zypern, ›della Regina‹ nannte. Giovanni Cornaro war – wie
Vasari in der Vita Michele Sanmichelis behauptet – mit dem aus
Verona stammenden Architekten gut befreundet und ließ seinen bei
San Benedetto ad Albore gelegenen Palast von ihm erneuern. In der
Vita Giorgiones wird Giovanni als Eigentümer eines von der Hand Gior-
giones stammenden Porträts der Caterina Cornaro genannt. Darüber

hinaus war er zeitweise venezianischer Gesandter am Hof Kaiser Maximilians I., der ihn auch zum Pfalzgrafen ernannte.

[103] Im Jahr 1542 führte Vasari für die durch Michele Sanmicheli neu gestaltete Holzdecke des Palazzo Corner (heute Palazzo Corner-Spinelli) insgesamt neun Ölgemälde aus: eine *Caritas* (verloren), eine *Spes* (Öl auf Holz, 79,5 x 178 cm, London, Sammlung Lord Weidenfeld), eine *Fides* (Öl auf Holz, 77,5 x 173 cm, Zürich, Sammlung H. Trainé), eine *Patientia* und eine *Justitia* (beide Venedig, Gallerie dell'Accademia, 77 x 182 cm und 77 x 184 cm) sowie vier Putten mit Schriftbändern (davon zwei ebenfalls in Venedig, Gallerie dell'Accademia, einer in einer venezianischen Privatsammlung, der vierte ist verschollen), die jeweils für die Ecken vorgesehen waren. Laut Vasaris Eintrag in seinen *Ricordanze* erhielt er für dieses Werk 120 Goldscudi (Frey, Bd. II, S. 859, Ricordo 124).
Bibl.: Schulz 1961; McTavish, in: Kat. Arezzo 1981; Härb, in: Güse/Perrig 1997, S. 256–257; Pallen 1999, S. 35–37; Romanelli 1999, S. 48–53; Cheney 2002b; Cheney 2003a.

[104] Sogenannte Sala della Fama e delle Arti (Arezzo, Casa Vasari), die als Empfangsraum fungierte und mit deren Ausmalung Vasari im August 1542 begann. Im Zentrum der Decke freskierte Vasari eine Personifikation des Ruhmes; in den vier Zwickeln die Personifikationen der Poesie, Malerei, Bildhauerei und Architektur. Die zunächst freigelassenen Ovale wurden wahrscheinlich erst nach 1568 von Vasaris Schülern mit den Künstlerbildnissen von Bartolomeo della Gatta, Michelangelo, Andrea del Sarto, Lazzaro Vasari, Luca Signorelli und Spinello Aretino sowie einem Bildnis Vasaris selbst ausgemalt. Dafür spricht vor allem die Ähnlichkeit dieser Fresken mit den Holzschnitten in der 1568er-Ausgabe der *Vite*.
Bibl.: Albrecht 1985; Paolucci 1988; Schwarz 1990; Corti 1992; Cecchi 1998.

[105] Die Komposition des heute zerstörten und ehemals für die Nonnen von S. Margherita in Arezzo ausgeführten Freskos mit der *Geburt Christi* ist durch eine Schwarz-Weiß-Photographie überliefert. Daneben existieren zwei Entwurfszeichnungen: eine in Florenz (Uffizien, Gabinetto dei Disegni e delle Stampe, Inv.-Nr. 1274F), die andere befand sich bis 1988 in der Sammlung Michel Gaud. Ihr derzeitiger Aufbewahrungsort ist unbekannt.

[106] Dieses 1542 ausgeführte und lange verloren geglaubte Werk wird mit einer Tafel in Zürich (Öl auf Holz, 192 x 136 cm, Galerie Bruno Bischofberger) identifiziert. Wie Vasari weiter unten ausführt, hätte es Michelangelo, dessen marmorne *Pietà* Vasari hier offensichtlich paraphrasierte, nicht schlecht gefallen. Der Leichnam Christi scheint sich jedoch eher an das von Sebstiano del Piombo 1516 ausgeführte Gemälde in Viterbo

(Museo Civico) anzulehnen, für das Michelangelo den Karton gestaltete. Die zeichnerische Vorstudie Vasaris (Paris, Musée du Louvre, Cabinet des Dessins, Inv.-Nr. 2096) zeigt einige Abweichungen zum später ausgeführten Werk, für das Vasari laut den *Ricordanze* von seinem Auftraggeber Bindo Altoviti 50 Goldscudi erhalten haben will (Frey, Bd. II, S. 860, Ricordo 129).

Bibl.: Calì 1995; Corti 1996; Härb, in: Chong/Pegazzano/Zikos 2003, S. 413–414 (Kat.-Nr. 23).

[107] Gemeint ist Michelangelo.

[108] Kardinal Alessandro Farnese (* 1520 Valentano bei Viterbo – † 1589 ebenda), Sohn von Pierluigi Farnese und Enkel Papst Pauls III., wurde von Clemens VII. 1534 zum Kardinal erhoben und stand dem Bistum Parma sowie den Erzbistümern Avignon und Monréale auf Sizilien vor. Unter Papst Paul III. war er Legat in Frankreich, Deutschland und den Niederlanden und nahm an Verhandlungen mit Karl V. und Franz I. von Frankreich teil. Alessandro Farnese war während und nach dem Pontifikat Pauls III. einer der bedeutendsten römischen Auftraggeber. Sein Reichtum erlaubte es ihm, großangelegte Projekte in Auftrag zu geben, wie die Villa Farnese in Caprarola oder die Jesuitenkirche Il Gesù in Rom. Der Kardinal hegte außerdem eine Leidenschaft für die Goldschmiedekunst und die Buchillumination. Der Miniaturist Giulio Clovio führte für ihn einige seiner wichtigsten Werke aus. Von dem Steinschneider Giovanni Bernardi da Castel Bolognese stammten verschiedene gravierte Kristalle in der Sammlung Farneses.

Bibl.: Robertson 1992; Andretta 1995.

[109] Paolo Giovio (*1486 Como – †1552 Florenz) entstammte einer der ältesten und berühmtesten Familien Comos, den Zanobi. Zwischen 1498 und 1507 studierte er Medizin an den Universitäten von Pavia und Padua, wo er mit Marcantonio della Torre in Kontakt kam. Dieser arbeitete damals gerade mit Leonardo da Vinci an einem mit Illustrationen versehenen Buch über die menschliche Anatomie, das nur fragmentarisch erhalten ist. Um 1512 nach Rom gehend, war Giovio dort zunächst als Arzt von Papst Julius II., später auch von Clemens VII. und Paul III. tätig, wofür er unter anderem mit dem Bistum von Nocera belohnt wurde. Im kulturellen und politischen Zentrum Roms, am päpstlichen Hof, begann er dann auch, sich der Geschichtsschreibung zu widmen. Sein zweibändiges Werk *Historiarum sui temporis* erschien 1551–52 in Florenz. Darüber hinaus verfaßte er medizinische Schriften, einen bedeutenden Dialog über Impresen (Rom 1555) und vor allem Biographien, darunter erstmals welche über Michelangelo, Raffael und Leonardo da Vinci, die auch Vasari beim Abfassen seiner *Vite* als Quelle dienten.

Bibl.: Zimmermann 1995; Völkel 1999; Linda S. Klinger, in: Turner 2000, Bd. I, S. 702–704.

[110] *Allegorie der Gerechtigkeit* oder sogenannte *Giustizia Farnese* (Öl auf Holz, 353 x 252 cm, 1543, Neapel, Museo e Gallerie Nazionali di Capodimonte), zu der Vasari 1543 von Kardinal Alessandro Farnese den Auftrag erhielt. Laut den *Ricordanze* war die Tafel für die Sala des Palazzo della Cancelleria bestimmt (Frey, Bd. II, S. 860, Ricordo 130). Die Beschreibung des Gemäldes in Vasaris Autobiographie stimmt in manchen Details nicht mit dem gemalten Werk überein, was möglicherweise darauf zurückzuführen ist, daß Vasari sich beim Abfassen seiner Vita vorwiegend auf schriftliche Notizen und Zeichnungen stützte, da ihm das Bild in allen Einzelheiten nicht mehr in Erinnerung war. In einem 1543 datierten Brief an Kardinal Alessandro Farnese erklärt Vasari seine Bildfindung, deren Idee auf die *Hieroglyphica* des Horapoll bzw. auf die durch Piero Valeriano kommentierte Ausgabe zurückgeht, in allen Einzelheiten, doch mit einigen Abweichungen zur Entwurfszeichnung und zum ausgeführten Werk. Besagter Brief ist darüber hinaus auch in bezug auf Vasaris Ambitionen von Interesse, bringt er doch darin seine Hoffnung zum Ausdruck, im Schatten jenes Kardinals Unsterblichkeit zu erlangen: »[…] ch'io spero, di farmi immortalissimo sotto l'ombra vostra, […].« (Frey, Bd. I, S. 121).
Bibl.: Kliemann, in: Kat. Arezzo 1981, S. 89-90; Hochmann 1994; Cheney 2003b; Grasso 2003; Fenech Kroke 2009; Pierguidi 2009.

[111] Bei diesem von Biagio Mei in Auftrag gegebenen Gemälde für dessen Familienkapelle in San Piero in Cigoli in Lucca (Öl auf Holz, 302 x 200 cm, Lucca, Museo di Villa Guinigi) handelt es sich um eine der vielen Repliken Vasaris seiner erstmals für Bindo Altoviti realisierten *Allegorie der unbefleckten Empfängnis* (vgl. auch Frey, Bd. II, S. 860–861, Ricordo 135). Das Gemälde in Lucca wird von zwei Tafeln flankiert, die die Heiligen Eustachius und Blasius, beides Schutzpatrone des Auftraggebers, darstellen und möglicherweise Giulio Mazzoni zuzuschreiben sind. Aus einem Schreiben Don Miniato Pittis an Vasari im November 1543 geht hervor, daß Vasaris Gemälde wohl von verschiedener Seite stark kritisiert, vom Auftraggeber jedoch sehr geschätzt wurde (Frey, Bd. I, S.128–129).
Bibl.: Maetzke, in: Kat. Arezzo 1981, S. 336–337.

[112] In der Vita Soglianis und Perino del Vagas kommt Vasari ausführlicher auf diesen Auftrag im Pisaner Dom zu sprechen: Der neu ernannte Domvorsteher Sebastiano della Seta wollte für die Sakristei des Doms hinter dem Hauptaltar vier weitere Bilder malen lassen. Da ihm Sogliani, der schon 1530 im Auftrag von Setas Vorgänger zwei Bilder ausführen

sollte (*Kains Opfer*, in situ; *Abels Opfer*, verloren), angeblich wegen seiner Langsamkeit nicht zusagte, erhielt Domenico Beccafumi den Auftrag. Beccafumi malte jedoch nur eines der gewünschten Bilder, so daß schließlich Vasari mit der Ausführung von zwei weiteren Tafeln betraut wurde. Laut seinen *Ricordanze* erhielt Vasari im Oktober 1532, nachdem er dem Domvorsteher eine Zeichnung vorgelegt hatte, den Auftrag, eine Madonna mit Kind und diversen Heiligen zu malen (vgl. Frey, Bd. II, S. 860, Ricordo 134). Diese Tafel, die bei einem Brand 1595 vernichtet wurde und nur durch die Kopie einer verlorenen Zeichnung bekannt ist, vollendete Vasari nach eigenen Angaben jedoch erst elf Jahre später, im Juli 1543.

Bibl.: Zur Sakristei des Pisaner Doms: Ciardi 1995.

[113] Dieses Werk ging 1595 durch einen Brand verloren. Vasari erwähnt es am 4. Mai 1547 in seinen *Ricordanze* (Frey, Bd. II, S. 866, Ricordo 171), also vier Jahre nach dem zuvor genannten Gemälde, das er im Auftrag von Messer Sebastiano della Seta für den Dom von Pisa schuf. Aus der Autobiographie gewinnt man jedoch den Eindruck, als hätte Vasari es direkt im Anschluß daran gemalt bzw. während er noch mit ersterem beschäftigt war. Zwei diesbezügliche Zeichnungen Vasaris befinden sich im Louvre (Cabinet des Dessins, Inv.-Nr. 2102 und 2103), eine Entwurfszeichnung liegt in Florenz (Uffizien, Gabinetto dei Disegni e delle Stampe, Inv.-Nr. 6439F). Darüber hinaus schuf Enea Vico nach Vasaris Komposition einen Kupferstich (Spike 1985, S. 19, Nr. 9).

Bibl.: Monbeig-Goguel 1972, S. 216–217; Davis, in: Kat. Arezzo 1981, S. 58–59.

[114] Wie Vasari in der Vita Pontormos berichtet (Vasari, *Pontormo*, S. 51), gestaltete Michelangelo um 1532 für seinen Freund, den Bankier Bartolomeo Bettini, einen Karton mit Venus und Cupido, den Pontormo dann kurze Zeit später als Gemälde ausführte (Öl auf Holz, 127 x 191 cm, Florenz, Gallerie dell'Accademia). Zahlreiche Kopien belegen, daß sich dieses Werk im 16. Jahrhundert einer außerordentlichen Beliebtheit erfreute. So schuf auch Vasari 1543/44 nach dem Karton Michelangelos eine in Farbe ausgeführte Version für Bindo Altoviti, die mit einer Tafel in London identifiziert wird (Öl auf Holz, 128,6 x 193 cm, Kensington Palace).

Bibl.: Härb, in: Chong/Pegazzano/Zikos 2003, S. 415–416 (Kat.-Nr. 24).

[115] Besagte *Kreuzabnahme* (Öl auf Holz, 297 x 188 cm, Rom, Galleria Doria Pamphilj) versprach Vasari im Mai 1543 innerhalb eines Jahres fertigzustellen, wofür er 100 Goldscudi erhalten sollte (Frey, Bd. II, S. 861, Ricordo 137). Eine Kreidezeichnung in Weimar (Kunstsammlungen, Inv.-Nr. KK 5239) wird als erster Entwurf für das Altargemälde gedeutet.

Bibl.: Härb, in: Güse/Perrig 1997, S. 258–259.

[116] Tiberio Crispi (*1497 – †1566); zwischen 1542 und 1545 Kastellan der Engelsburg und danach päpstlicher Gesandter in Perugia

[117] Bernardo Salviati (*1508 – †1568), zweiter Sohn von Jacopo Salviati (*1462 – †1533) und Lucrezia de' Medici, der Tochter von Lorenzo Il Magnifico. 1561 verlieh ihm Papst Pius IV. (Giovanni Angelo de' Medici) die Kardinalswürde. Nach dem Tod seines älteren Bruders, Kardinal Giovanni Salviati (*1490 – †1553), ging dessen römischer Palast in der Via della Lungara in seinen Besitz über. Vasari wohnte dort 1544, als er sich in der Tibermetropole aufhielt. Allerdings gehörte der Palast zu dieser Zeit Giulia Savelli, die mit den Farnese verwandt war.

Bibl.: Frommel 1973, Bd. II, S. 305–314; Hurtubise 1992.

[118] Luca Martini (†1561), Danteforscher, Burleskendichter und ein Freund vieler Künstler wie Bronzino, Tribolo, Pierino da Vinci und Benvenuto Cellini, der ihm in seiner Autobiographie das Kapitel über »Das Lob des Kerkers« widmete (Cellini, *La vita*, I,128). Zwischen Dezember 1540 und Januar 1541 trat Martini in die Accademia Fiorentina ein, wo sich Humanisten und Literaten zu Gesprächen über die toskanische Sprache trafen. Bis 1547 blieb er Mitglied dieser Institution, der auch Benedetto Varchi, ein weiterer Freund Martinis, angehörte. Seit 1547 hatte er, in den Diensten von Herzog Cosimo I. stehend, das bedeutende Amt des ›provveditore del Ufficio dei Fossi‹ in Pisa inne, eine Schlüsselposition im toskanischen Staat, die ihm auch Autorität über die Festungen auf Elba gab. Mehrere Porträts Luca Martinis sind bekannt, darunter ein Gemälde Bronzinos, das wahrscheinlich zwischen 1552 und 1555 ausgeführt wurde (Öl auf Holz, 101 x 79 cm, Florenz, Palazzo Pitti, Galleria Palatina). Auch Vasari stellte Martini gemäß seiner bedeutenden Stellung am Hof von Cosimo I. in zwei freskierten Tondi in der Sala di Cosimo im Palazzo Vecchio dar: *Cosimo I. besichtigt die Festungen auf Elba* und *Herzog Cosimo I. inmitten seiner Hofkünstler*.

Bibl.: Heikamp 1995; Nelson 1995.

[119] Tatsächlich scheint besagtes Gemälde (Öl auf Holz, 130 x 130 cm, Minneapolis, Institute of Art) neben den genannten Dante, Petrarca, Boccaccio und Guido Cavalcanti, Marsilio Ficino und Cristoforo Landino darzustellen, wie sie Ghirlandaio in seinem Fresko *Verkündigung an Zacharias* in der Cappella Tournabuoni von Santa Maria Novella porträtierte. Einer These Kliemanns zufolge könnten die vom Originalgemälde abweichenden Äußerungen Vasaris in seiner Autobiographie und seinen *Ricordanze* (Frey, Bd. II, S. 861, Ricordo 144) auf eine Kopie zurückzuführen sein, die Vasari für Paolo Giovio schuf (Frey, Bd. I, S. 175, Brief

Giovios an Vasari vom 27. November 1546). Zahlreiche Kopien des Gemäldes sind bekannt (vgl. hierzu: Corti 1989, S. 49).

Bibl.: Bowron 1971–73; Kliemann, in: Kat. Arezzo 1981, S. 123; Nelson 1995.

[120] Don Gian Matteo aus Antwerpen: nicht näher bekannter Olivetanermönch

[121] Eigentlich Alfons V. (*1396 Medina del Campo ? – †1458 Neapel), seit 1416 König von Aragon und ab 1435 auch König Alfons I. von Neapel und Sizilien

[122] Die Kirche des 1408 von Guarello Origlia, einem Gefolgsmann von König Ladislaus, gestifteten Klosters der Olivetaner wurde 1581 von Santa Maria dei Monte-Oliveto in Sant'Anna dei Lombardi umbenannt. Das frühere, von Vasari ausgestattete Refektorium dient heute als Sakristei.

[123] Am 22. November 1545, nachdem er bereits für den Hauptaltar der Kirche die Tafel mit der *Darbringung Christi im Tempel* gemalt hatte, erhielt Vasari den Auftrag, die Gewölbedecke des Refektoriums mit 27 figürlichen Darstellungen zu freskieren (Frey, Bd. II, S. 862, Ricordo 146). Vasari unterteilte die Decke in drei Kompartimente zu je neun Feldern mit folgender Anordnung: Das Zentrum bildet jeweils ein oktogonales Feld, in dem die Personifikationen des Glaubens, der Religion und der Ewigkeit dargestellt sind. Darum gruppieren sich jeweils vier rechteckige und vier ovale Felder mit weiteren Personifikationen von Tugenden *(in situ)*. Von den genannten sechs Tafeln, die als zwei Triptychen die Stirnwände des Refektoriums mit der Darstellung der *Mannalese* und dem *Gastmahl im Hause Simeons* zierten, kennt man heute nur den Verbleib der vier Seitentafeln: jene der Gastmahlszene (Öl auf Holz, jeweils 350 x 150 cm, Neapel, Museo e Gallerie Nazionali di Capodimonte) sowie die beiden Tafeln der *Mannalese* (Öl auf Holz, jeweils 348 x 152 cm, Palermo, Museo Arcivescovile). Die Komposition der verlorenen Mitteltafel zur Gastmahlszene ist durch eine Zeichnung in Amsterdam (Rijksprentenkabinet, Inv.-Nr. 1951) überliefert. Desgleichen befindet sich eine Entwurfszeichnung zur anderen vermißten Mitteltafel in Paris (Bibliothèque de l'École Nationale Supérieure des Beaux-Arts, Inv.-Nr. 1629).

Bibl.: De Castris 1981; Monbeig-Goguel 1982, besonders S. 70; Cheney 1993; De Castris 1996.

[124] Laut Vertrag vom 7. November 1544 (Frey, Bd. II, S. 861–862, Ricordo 145) hatte Vasari zunächst das Bild für den Hauptaltar mit der *Darbringung Christi im Tempel* (Öl auf Holz, 394 x 276 cm, Neapel, Museo e Gallerie Nazionali di Capodimonte) zu malen, das eine frühere Tafel gleichen Sujets von der Hand Leonardo da Pistoias ersetzen sollte (ebenfalls Neapel, Museo e Gallerie Nazionali di Capodimonte) und das Va-

sari bis zum 2. Februar 1545, dem Festtag der Reinigung Mariens, vollendete (Brief Don Ippolitos an Vasari vom 7. Februar 1545; vgl. Frey, Bd.1, S. 144). Diverse Entwurfszeichnungen im Louvre (Cabinet des Dessins, Inv. Nr. 2080) sowie in Dijon (Musée de Dijon, Inv.-Nr. T42) sind hierzu bekannt.

Bibl.: De Castris 1996.

[125] Giotto di Bondone (*1267–75 Vespignano bei Florenz? – †1337 Florenz)

[126] Perugino, eigentlich Pietro di Cristoforo Vannucci (*um 1450 Città della Pieve – †1523 Fontignano) malte um 1510 im Auftrag von Kardinal Oliviero Carafa für dessen Familienkapelle im Dom von Neapel eine *Himmelfahrt Mariens* (Tempera auf Holz, 500 x 330 cm, *in situ*). (Vasari, *Perugino und Pinturicchio*, S. 34.)

[127] Raffaello Sanzio (*1483 Urbino – †1520 Rom). Eine Kopie von Raffaels *Verklärung Christi*, die dessen Schüler Giovanfrancesco Penni nach dem Tod Raffaels im Auftrag von Papst Clemens VII. malte und wohl auf Ischia vollendete, gelangte später in die Kirche des Ospedale degli Incurabili in Neapel (heute Madrid, Museo del Prado), wo Vasari sie möglicherweise während seines Neapelaufenthalts gesehen hat. Tommaso Cambi, den Vasari weiter unten als einen seiner Auftraggeber in Neapel erwähnt, war in den späten 1520er Jahren auch ein Gönner Pennis.

[128] Es ist bezeichnend für Vasaris Selbstverständnis, daß er sich in Analogie zu Giotto, dem »ersten Licht« nach einer langen Zeit der Dunkelheit, als Begründer einer neuen Kunst in Neapel sieht. Nicht zufällig erwähnt er hier, daß die in das Königreich gelangten Werke Peruginos und Raffaels – beides Künstler, die nicht aus der Toskana stammen – keinen Einfluß auf die lokale Kunstlandschaft gehabt hätten. Was Vasari an dieser Stelle jedoch verschweigt, ist, daß einige Jahre vor ihm bereits ein anderer toskanischer Maler, Leonardo Grazia aus Pistoia, in Neapel tätig gewesen war und dort für verschiedene Auftraggeber zahlreiche Werke geschaffen hatte, unter anderem auch die Tafel für den Hauptaltar in Monteoliveto Maggiore. Vasari sieht in diesem Kollegen jedoch keinen ernst zu nehmenden Konkurrenten. In der Vita von Giovan Francesco Penni kommt er im Zusammenhang mit seinen Schülern auch auf Leonardo da Pistoia zu sprechen, von dem er behauptet, daß er zwar mit Farben umzugehen wüßte, es ihm aber an *disegno* mangele: »[...] und gestaltete in Neapel in der Kapelle des heutigen Kardinals Diomede Carafa, damals Bischof von Ariano, in San Domenico eine Tafel mit der Steinigung des Heiligen Stephanus. Eine weitere schuf er in Monte Oliveto, die dort über dem Hauptaltar angebracht wurde und später durch eine Tafel desselben Themas von der Hand Giorgio Vasaris ersetzt wurde. Leonardo ver-

diente bei seinen neapolitanischen Auftraggebern viel Geld, schlug aber nur wenig Kapital daraus, weil er es im gleichen Maß wieder verspielte. Er starb schließlich in Neapel und hinterließ den Ruf, ein guter Kolorist aber kein besonders begabter Zeichner gewesen zu sein.« (Vasari, *Raffaelwerkstatt*, S. 53). Daß Vasari seine Fähigkeiten in dieser Hinsicht weitaus höher einschätzte, ist offensichtlich.

Bibl.: Loconte 2008.

[129] Dieses Gewölbefresko, von dem Vasari auch in seinen *Ricordanze* (Frey, Bd. II, S. 863, Ricordo 152) spricht, ist nicht mehr erhalten. Ein Brief Don Miniato Pittis an Vasari vom 8. Mai 1545 gibt die diesbezüglichen Vorstellungen des Ordensgenerals mit dem Hinweis wieder, daß besagte Decke so zu bemalen sei, daß sie ganz als helles Gefilde erscheine (»tutto ad aria di smalto chiaro«), so wie jene der Sala dei Giganti im Palazzo del Te in Mantua (Frey, Bd. I, S. 150).

Bibl.: De Castris 1996.

[130] *Christus wandelt auf dem Meer* (Öl auf Holz, Dijon, Musée des Beaux-Arts); der Ordensgeneral der Olivetaner ließ den Auftrag zu diesem Bild durch Don Miniato Pitti an Vasari übermitteln. In seinem Brief vom 15. August 1545 teilt jener dem Künstler mit, daß Don Gian Matteo aus Antwerpen einen der Wandteppiche Raffaels für die Sixtinische Kapelle gesehen habe und ihn dabei der Widerschein der Farben von den Gewändern im Wasser sehr beeindruckt hätte. Deshalb würde ihm von der Hand Vasaris ein ähnlicher Einfall gefallen (Frey, Bd. I, S. 159).

Bibl.: Guillaume 1980, S. 88; De Castris 1996, S. 95–133.

[131] Laut De Castris handelt es sich um Girolamo Capece, über den nichts Näheres bekannt ist.

Bibl.: De Castris 1996, S. 95–133.

[132] *Auferstehung* (Öl auf Holz, 117 x 73 cm, Neapel, Museo e Gallerie Nazionali di Capodimonte); Vasari erwähnt dieses Gemälde unter dem 6. August 1545 in seinen *Ricordanze* (Frey, Bd. II, S. 863, Ricordo 153).

Bibl.: De Castris 1996, S. 95–133.

[133] Don Pedro Alvarez de Toledo (†1553), Markgraf von Villafranca und von 1532 bis 1553 Vizekönig von Neapel. Er war der Vater von Eleonora di Toledo und somit der Schwiegervater von Herzog Cosimo I. de' Medici.

[134] Nicht erhalten. Die Eintragungen in Vasaris *Ricordanze* vom 14. April 1545 erwähnen lediglich eine kleine Loggia, die Vasari durch Vermittlung Ottaviano de' Medicis für den Vizekönig von Neapel mit Fresken und Stuck verzieren sollte und die er bis zum Juli desselben Jahres vollendet hatte. Doch statt der 250 Scudi, die er dafür erhalten sollte, wurden ihm offensichtlich nur 80 ausgezahlt (Frey, Bd. I, S. 862, Ricordo 148).

[135] Der Zyklus von 18 (und nicht 24) Gemälden, zu dem Vasari laut seinen *Ricordanze* am 18. September 1545 den Auftrag erhielt (Frey, Bd. II, S. 864, Ricordo 158) und den er unter Mithilfe von Cristofano Gherardi 1546 in Rom ausführte und dann nach Neapel sandte, ist nur teilweise erhalten. Über den Verbleib eines der Bilder, die Darstellung Johannes' des Täufers vor Pilatus, ist überhaupt nichts bekannt. Die anderen Tafeln verteilen sich auf verschiedene Museen: Während sich die Szene mit dem *Letzten Abendmahl* in Troyes (Öl auf Holz, 93 x 151 cm, Musée des Beaux-Arts et d'Archéologie) befindet, wird die Darstellung von *Abraham mit Melchisedek* in Avignon (Öl auf Holz, 90 x 152 cm, Musée Calvet) verwahrt. Der überwiegende Teil der Tafeln befindet sich noch in Neapel und ist dort auf das Museo della Certosa di San Martino und das Museo e Gallerie Nazionali di Capodimonte verteilt.

Bibl.: De Castris 1996, S. 95–133.

[136] Girolamo Seripando (* 1493 Neapel – † 1563 ?) war seit 1539 Ordensgeneral der Augustiner-Eremiten und 1546 Legat beim Konzil von Trient. Papst Pius IV. ernannte ihn 1561 zum Kardinal.

Bibl.: Pastor 1925–33, Bd. V, 1925, S. 353–356.

[137] *Christus am Kreuz* (Öl auf Holz, Neapel, San Giovanni a Carbonara, Cappella Seripando); zu diesem Gemälde hatte Vasari laut Eintragung in seinen *Ricordanze* am 30. Mai 1545 den Auftrag erhalten (Frey, Bd. I, S. 863, Ricordo 150).

Bibl.: De Castris 1996, S. 95–133; Naldi 2009; Maietta 2010.

[138] Besagtes Werk, das Vasari unter dem 28. August 1545 in seinen *Ricordanze* erwähnt (Frey, Bd. II, S. 863, Ricordo 155), gilt als verloren.

[139] Tommaso Cambi (†1549), ein wohlhabender Florentiner Kaufmann und Bankier, der aus geschäftlichen Gründen in Neapel residierte. Er war mit Paolo Giovio befreundet und zudem ein Gönner Pietro Aretinos, der ihm in Bewunderung seines Palasts und seiner Sammlungen 1546 und 1548 zwei Briefe schrieb (Aretino, *Lettere sull'arte*, Nr. 297 und 458). Auch Annibale Caro zählte zum Kreis seiner Günstlinge. Ein auf 1540 datierter Brief Paolo Giovios an Tommaso Cambi belegt, daß Giovio seinem Freund vorschlug, die Fassade seines Palasts mit Szenen aus dem Leben Cäsars und mit verschiedenen Porträtköpfen im Relief dekorieren zu lassen.

Bibl.: Davis, in: Kat. Arezzo 1981, S. 63; Kliemann 1983.

[140] Diese Fresken für Tommaso Cambi sind nicht mehr erhalten. Vasari erwähnt sie unter dem 10. August 1545 in seinen *Ricordanze*, wo er von der Darstellung vier lebensgroßer Figuren in Nischen spricht, die Vertumnus, Pomona, Ceres und Proserpina figurieren (Frey, Bd. II, S.

863, Ricordo 154). Ein Hinweis auf die Darstellung von Traum und Schlaf fehlt jedoch in seinen *Ricordanze.*

Bibl.: De Castris 1996, S. 95–133.

[141] Ferdinando oder Ferrante Orsini (†1549), fünfter Herzog von Gravina und Sohn des 1503 durch Cesare Borgia ermordeten Francesco Orsini. Die Linie der Herzöge von Gravina geht auf Francesco di Giovanni Orsini (†1456) zurück, der als Graf von Tagliacozzo 1417 vom König von Neapel mit der Grafschaft Gravina bei Bari (ab 1436 Herzogtum) belehnt worden war.

[142] Nicht erhalten oder nicht identifiziert; unter dem 20. April 1545 in Vasaris *Ricordanze* verzeichnet (Frey, Bd. II, S. 863, Ricordo 149).

[143] Verloren oder nicht identifiziert; in seinen *Ricordanze* sagt Vasari, daß besagtes Gemälde für die Familienkapelle Orsancas bestimmt war (Frey, Bd. II, S. 863, Ricordo 156).

[144] Ranuccio Farnese (*1530 Rom – †1565 Parma), Sohn von Pierluigi Farnese, der wie sein älterer Bruder Kardinal Alessandro Farnese bereits in jungen Jahren die kirchliche Laufbahn einschlug. Bevor er 1545 zum Kardinal von Sant'Angelo ernannt wurde, war er zunächst Prior der Ritter von Malta und dann Erzbischof von Neapel.

Bibl.: Arcangeli 1995.

[145] Den Auftrag für die vier Flügel zur Verkleidung der Orgel im Dom von Neapel (Öl auf Leinwand, Neapel, Dom) erhielt Vasari laut seinen *Ricordanze* am 10. September 1545 durch die Vermittlung von Messer Bernardino da Pescia, dem Agenten Ranuccio Farneses (Frey, Bd. II, S. 863–864, Ricordo 157). Gemäß der Übereinkunft zeigt eine der Tafeln im geöffneten Zustand die *Geburt Christi,* die andere *König David mit der Harfe.* Auf den Außenseiten der Flügel sind im Gewand sieben Schutzheilige Neapels, darunter San Gennaro, einige Mitglieder der Familie Farnese wie Ranuccio, Pierluigi und Alessandro Ottavio Farnese, aber auch Kardinal Guido Ascanio Sforza, Tiberio Crispi und Marcello Cervini porträtiert. Eine kurze Notiz Vasaris in seinen *Ricordanze* verdient besondere Aufmerksamkeit: Tizian soll diese Gemälde bewundert haben (Frey, Bd. II, S. 864, Ricordo 157), wahrscheinlich anläßlich seines Besuchs in Rom (vgl. hierzu: Vasari, *Tizian,* S. 35).

Bibl.: De Castris 1996, S. 95–133.

[146] Raffaello Acciaiuoli (*Anfang 16. Jh. ? Florenz – 1554 dokumentiert), Florentiner Kaufmann und Bankier, der seine Geschäfte zusammen mit einem weiteren Florentiner, Giuliano del Tovaglia, vorwiegend in Neapel tätigte und dort 1546 das königliche Eisenmonopol zur Pacht erhielt.

Bibl.: F. Nicolini, in: DBI, Bd. I, 1960, S. 90.

[147] Besagte Bilder sind entweder verloren oder nicht identifiziert.

Lediglich eine Tafel in Tokio (Öl auf Holz, 157,5 x 150 cm, National Museum of Western Art) mit der Darstellung *Christi am Ölberg* wird mit diesen fünf Gemälden für Raffaello Acciaiuoli in Zusammenhang gebracht. Vasari erwähnt ein solches Gemälde in seinen *Ricordanze* unter dem Datum des 22. September 1545 (Frey, Bd. II, S. 864, Ricordo 159).

Bibl.: Barocchi 1964a, S. 30 und S. 131.

[148] Sogenannte Sala dei Cento Giorni in der ersten Etage des Palazzo della Cancelleria in Rom, die Vasari mit einem großen Stab von Mitarbeitern im Sommer 1546 innerhalb von nur 100 Tagen vollständig mit Fresken ausstattete. Laut Eintrag in seinen *Ricordanze* hatte Vasari den Auftrag am 29. März 1546 erhalten, nachdem er dem Kardinal einen Entwurf vorgelegt und diesem zugesagt hatte, besagten Saal in der vorgegebenen Zeit zu vollenden (Frey, Bd. II, S. 864–865, Ricordo 164). Für das umfangreiche Werk wurde Vasari mit der beachtlichen und bis dahin höchsten Summe seiner Karriere, nämlich mit 880 Scudi vergütet. Mittelsmann und ikonographischer Berater bei der Auswahl der Sujets war Paolo Giovio. Auffällig ist, daß die hier gegebene Beschreibung der Fresken in manchen Details sowohl von den Eintragungen in seinen *Ricordanze* als auch von den Fresken selbst abweicht. Dies trifft vor allem bei der Benennung der dargestellten Personifikationen und den abgebildeten Porträtköpfen zu. So tituliert Vasari beispielsweise die im Fresko als *Benignitas* ausgewiesene Personifikation in einer Nische links von der Szene *Belohnung der Verdienstvollen* in seinen *Ricordanze* als *Premio*, in der Autobiographie aber als *Grazia*.

Bibl.: Robertson 1992, S. 55–68; Kliemann 1993, S. 37–51; Kliemann 1994; Cheney 1995; Reinhardt 1996; Kliemann 2001; Grasso 2004; Jong 2007.

[149] Die Maßeinheit Spanne (*palmo*) als Längenangabe entspricht etwa 0,25 m (Cognasso 1965, Bd. II, S. 772).

[150] Raffaello Riario (*1461 Savona – †1521 Neapel), Neffe von Papst Sixtus IV. (*1471 – †1484), der ihn 1477 zum Kardinal ernannte und ihm San Lorenzo in Damaso als Titularkirche übertrug. Um 1490 ließ Kardinal Riario die aus dem 4. Jahrhundert stammende Kirche vollständig abreißen, wieder aufbauen und erweitern. Ebenso verfuhr er mit dem bestehenden Kardinalspalast aus dem 15. Jahrhundert, wobei er 1491 zwei angrenzende Häuser kaufte, um den neuen Palast nach dem Vorbild des Palazzo Venezia in größeren Dimensionen errichten zu lassen. In die Ostfassade des zwischen 1489 und 1514 errichteten Palastes ist die Titularkirche integriert. Im Jahr 1516 mußte Kardinal Riario seinen Palast wegen der Beteiligung an einem Mordkomplott gegen Leo X. an

den Papst abtreten. Er ist seitdem Sitz der päpstlichen Magistratur und wird als Kanzlei genutzt.

Bibl.: Frommel 1989.

[151] Wie einem Brief Caros vom 10. Mai 1548 zu entnehmen ist, wurde Vasari für die Schnelligkeit seiner Ausführungen heftig kritisiert: »Es ist wohl wahr, daß die Welt der Ansicht ist, ihr würdet besser arbeiten, wenn ihr eure Werke weniger schnell zur Ausführung brächtet.« (Frey, Bd. I, S. 220). Mit einem bemerkenswerten Hinweis auf den schöpferischen Furor, wie er Dichtern zu eigen sei, verteidigt Caro jedoch die schnelle Arbeitsweise Vasaris, indem er behauptet, diese sei notwendig, um ein Werk nicht schwerfällig (*stentata*) aussehen zu lassen.

[152] Gaspar Becerra (*1520 Baeza – †1568 Madrid), spanischer Bildhauer, Architekt und Maler, der nach Rom ging, wo er 1544 in die Accademia di San Lucca aufgenommen wurde. Neben seiner Assistenz Vasaris bei den Fresken in der Sala dei Cento Giorni schuf er zur gleichen Zeit in der Kirche SS. Trinità dei Monti in Zusammenarbeit mit Daniele da Volterra das Fresko mit der *Geburt Mariens*. 1556 kehrte er nach Spanien zurück.

Bibl.: A. Pérez Sánchez: »Becerra, Gaspar«, in: *AKL*, Bd. VIII, 1994, S. 106.

[153] Pedro de Rubiales (*1511 ? Badajoz/Estremadura – †1582 ? Rom) ist 1543 erstmals in Rom bezeugt, wo er 1545 die auf eine Zeichnung Francesco Salviatis zurückgehende Tafel mit der *Bekehrung des Paulus* (Rom, Santo Spirito in Sassia) schuf. Nach einem kurzen Aufenthalt im neapolitanischen Raum, wahrscheinlich durch den Wunsch des Vizekönigs Pedro de Toledo bedingt, kehrte Rubiales 1556 nach Rom zurück.

Bibl.: De Castris 1988.

[154] Giovanni Battista Ramenghi (*1521 Bologna – †1601 ?), Sohn des Malers Bartolomeo Ramenghi (*1484 Bagnacavallo – †1542 Bologna), genannt Bagnacavallo

[155] Giovanni Paolo dal Borgo: nicht näher bekannter Maler aus Borgo Sansepolcro und Mitarbeiter Vasaris bei den Cancelleria-Fresken

[156] Fra Salvadore Foschi: nicht näher bekannter Maler aus Arezzo und Mitarbeiter Vasaris bei den Cancelleria-Fresken

[157] Francesco Maria Molza (*1489 Modena – †1544 ebenda), Dichter, Humanist und Mitglied der Florentiner Akademie, gehörte seit 1529 dem Hof des Kardinals Ippolito de' Medici an und stand zudem in engem Kontakt zu Alessandro Farnese. Mit Sebastiano del Piombo war er eng befreundet (vgl. hierzu: Vasari, *Sebastiano del Piombo*, S. 31).

[158] Annibale Caro (*1507 Civitanova Marche – †1566 Rom), Humanist und Sekretär mehrerer Päpste, der unter anderem die *Aeneis* Vergils ins Italienische übersetzte. Caro verfaßte darüber hinaus zahlreiche Impre-

sen (unter anderem 1551 ein Motto für Vasaris Personifikation der *Patien-zia* im Auftrag Bischof Minerbettis) und zeigte großes Interesse an der Ikonographie antiker Münzen. Bekannt ist vor allem sein ikonographisches Programm zur Ausstattung des Schlafzimmers in der Villa Farnese in Caprarola, das Vasari in der Vita Taddeo Zuccaros in wörtlicher Rede wiedergibt (Vasari, *Daniele da Volterra und Taddeo Zuccaro*, S. 95–106).

Bibl.: Davis 1981; C. Mutini, in: DBI, Bd. XX, 1977, S. 497–508.

[159] Gandolfo Porrini (*? Modena – †1552 Rom), Humanist, Dichter und enger Freund Sebastiano del Piombos (vgl. hierzu: Vasari, *Sebastiano del Piombo*, S. 31), stand eine Zeitlang als Sekretär in den Diensten Giulia Gonzagas

[160] Claudio Tolomei (*1492 Siena – †1556 Rom), Humanist, Jurist und Dozent für Zivilrecht in Siena (1516 bis 1518), der sich darüber hinaus als Schriftsteller und Sprachwissenschaftler hervortat: 1530 gründete er mit Gleichgesinnten, darunter Paolo Giovio und Gabriello Cesano aus Pisa, die Accademia della Virtù und verfaßte den *Trattato della lingua toscana*. Zudem war er 1551 als Botschafter Sienas in Frankreich tätig.

[161] Romolo Quirino Amaseo (*1489 Udine – †1552 Rom), Humanist und Dozent an der Universität von Padua (1520) und Bologna (1524), ab 1544 Professor am Kolleg der Sapienza in Rom. Er übersetzte Pausanias ins Lateinische und war zudem Vormund des Kardinals Alessandro Farnese.

[162] Giovios berühmte Villa in Borgovico bei Como, die Anfang des 17. Jahrhunderts zerstört wurde, war auf den antiken Resten einer ehemals Plinius gehörenden Villa und überwiegend nach deren Vorbild erbaut worden. Bekannt war sie vor allem als Ort der von Giovio zusammengetragenen Porträtsammlung berühmter Männer.

Bibl.: Paolo Giovio: »Musaei ioviani descriptio«, in: Barocchi, *Scritti*, Bd. III, 1977, S. 2904–2918; De Vecchi 1977; Della Torre 1985.

[163] Im Gegensatz zum kunstvoll gelehrten Dialog, wie ihn Paolo Pino als literarische Form für seine 1548 in Venedig erschienene Schrift *Dialogo di pittura* gewählt hatte, spricht Vasari hier von einer wissenschaftlichen Abhandlung, einem Traktat, den angeblich Giovio anfangs über berühmte Künstler hatte schreiben wollen. Wie ein Brief Annibale Caros an Vasari vom 15. Dezember 1547 belegt, hatte der Literat zu jenem Zeitpunkt einen Teil des von Vasari verfaßten Manuskripts gelesen und daraufhin seinem Freund nahegelegt, elegant-geschliffene Formulierungen, die ihn stören würden, aus dem Text zu eliminieren. Seiner Ansicht nach müsse man in einer solchen Schrift eine Sprache verwenden, die genau wie das gesprochene Wort sei: »In un'opera simile vorrei la scrittura apunto come il parlare.« (Frey, Bd. I, S. 210.) Darüber hinaus geht deutlich aus dem Brief hervor,

daß der ursprüngliche Titel der Viten – wohl in Anlehnung an Ghibertis Schrift (siehe Einleitung S. 9) – *Commentario degli artefici del disegno* lauten sollte (Frey, Bd. I, S. 209).

[164] Gemeint ist die von Plinius dem Älteren (*23/24 n. Chr. Como – †79 Castellammare di Stabia) verfaßte *Naturalis historiae*, eine insgesamt 37 Bücher umfassende Enzyklopädie über die Natur, die 1469 in Venedig erstmals im Druck erschien und nicht nur bei Humanisten große Beachtung fand. Die Bücher 33 bis 36 gelten als sogenannte ›Kunstbücher‹, da sie neben einem Katalog antiker Künstler auch die Geschichte der Bronze- und Marmorplastik, die Geschichte der Malerei sowie die Geschichte der Erden, Farben und Steine abhandeln.

Bibl.: Cheney 1989.

[165] Daß sich die hier geschilderte Episode um die Entstehung der *Vite* so nicht zugetragen haben kann, ist hinlänglich bekannt, insbesondere weil einige der von Vasari als Anwesende genannte Personen zu diesem Zeitpunkt (1546) nicht in Rom weilten oder, wie Molza, bereits verstorben waren. Auch der von Vasari vorgegebene zeitliche Rahmen zur Abfassung der *Vite* ist offensichtlich viel zu knapp bemessen. Vielmehr entwirft Vasari ein ideelles Umfeld von Humanisten, Literaten und Künstlern am Hof von Kardinal Farnese, in das er den Ursprung seiner literarischen Ambitionen verlegt. Indem Vasari behauptet, man sei an ihn mit dem Ansinnen herangetreten, ein solches Buch zu verfassen, gibt er gleichsam einen Teil der Verantwortung für die Qualität des vorgelegten Werks, aber auch für die Anmaßung überhaupt, sich als Literat hervorzutun, an die Adressaten seiner Schrift ab. Darüber hinaus gibt sich Vasari bescheiden, indem er sich hinter den anderen zurücknimmt. Tatsächlich scheint er jedoch bereits viele Jahre zuvor die Intention gehabt zu haben, ein solches Buch zu schreiben, sammelte er doch nach eigenen Angaben seit seiner Jugend Informationen zu Künstlern und Kunstwerken. Dabei spielten Zeichnungen, die er selbst nach Originalen oder nach anderen Zeichnungen anfertigte, insofern eine große Rolle, als sie der Dokumentation von Kunstwerken aus verschiedenen Epochen dienten. Ob er allerdings von Anfang an die Absicht hatte, das Material zu veröffentlichen, bleibt fraglich. Ungeklärt ist auch, ob er wie Alberti zunächst nur die traditionell zusammengehörenden Künste Malerei und Skulptur behandelt wollte oder ob Varchi, der dies 1547 in seinen *Due lezzioni* behauptet hatte, in dieser Hinsicht bloß einem Irrtum unterlag: »Wir könnten noch unendlich viele weitere Beispiele aus vielen anderen Städten und vor allem aus Florenz hinzufügen, wo die bereits erloschene Malerei wiedergeboren wurde und es viele, ganz vortreffliche Meister und hochehrwürdige Bürger gegeben hat. Ich werde nicht

über sie berichten, einmal der Kürze halber und dann weil mein lieber Freund Messer Giorgio Vasari aus Arezzo nach dem Vorbild vieler Maler aus der Antike und vor allem nach dem des Plinius ausführlich und mit großer Sorgfalt darüber geschrieben hat und der zum unsterblichen Nutzen die Namen vieler höchst vortrefflicher Bildhauer und Maler vor dem Zahn der Zeit bewahrt, sie lebendig gehalten und mit Ruhm bedacht hat, über deren Werke, geschweige denn das man sie finden würde, sonst nichts bekannt wäre.« (Varchi, *Due lezzioni*, S. 36–37). Aus einem Brief Giovios vom 8. Juli 1547 an Vasari geht jedenfalls hervor, daß die handschriftliche Fassung der *Vite* zu diesem Zeitpunkt abgeschlossen war: »Botti hat mir Euren Brief gezeigt und mir kurzerhand gratuliert, daß Ihr das Buch [der Lebensbeschreibungen] zu Ende gebracht habt [...].« (Frey, Bd. I, S. 199–200).

Bibl.: Roggenkamp 1995, S. 18–23; Kliemann 2010.

[166] Die großformatige Tafel mit dem *Letzten Abendmahl* (Öl auf Holz, ca. 260 x 600 cm, 1546–47, Florenz, früher Museo dell'Opera di Santa Croce), die seit der großen Überschwemmung 1966 in Florenz in sehr schlechtem Erhaltungszustand ist, wurde von der Äbtissin des Klosters Faustina di Vitello Vitelli am 13. November 1546 in Auftrag gegeben (Frey, Bd. II, S. 865, Ricordo 167). Die Tafel wird zur Zeit in den Restaurierungswerkstätten des Opificio delle Pietre Dure in Florenz restauriert und soll nach Abschluß der Arbeiten zum 50-jährigen Jubiläum der *alluvione*, also ab 2016, wieder öffentlich zu sehen sein.

Bibl.: Viviani della Robbia 1952; Cheney 1993.

[167] Besagtes Werk ist verloren. Vasari erwähnt es unter dem 3. April 1567 in seinen *Ricordanze* (Frey, Bd. II, S. 865, Ricordo 169).

[168] Giovan Girolamo de' Rossi (*1505 San Secondo – †1564 Prato), Graf zu San Secondo und seit 1530 Bischof von Pavia. Unter Paul III. war er 1538 ein Mitgefangener Cellinis in der Engelsburg (Cellini, *La vita*, I,126).

[169] Vasari erwähnt diese beiden Gemälde für Giovan Girolamo de' Rossi auch in seinen *Ricordanze* (Frey, Bd. II, S. 865–866, Ricordo 170). Doch während der *Heilige Hieronymus* verloren zu sein scheint, könnte es sich bei der genannten *Pietà* möglicherweise um die im Museo Civico von Novara vorhandene Tafel handeln. Die Zuschreibung an Vasari ist allerdings umstritten.

[170] Nicht erhalten

[171] Der Florentiner Edelmann Simone di Baccio Corsi (Lebensdaten unbekannt) wird außer an dieser Stelle auch in der Vita Masaccios und der Vita Salviatis als Sammler und Auftraggeber von Kunstwerken genannt. Das 1547 in seinem Auftrag entstandene Bild einer Madonna mit den

Heiligen Joseph, Johannes und Anna (Frey, Bd. II, S. 865, Ricordo 168) konnte bisher nicht identifiziert werden.

[172] Giovan Matteo Faitani (*1505/06 Rimini – †1567/68 bei Urbino) trat 1527 in den Orden der Olivetaner ein und betrieb nach seinem einjährigen Noviziat im Konvent von San Giorgio in Ferrara von 1528 bis 1530 im Mutterkloster von Monteoliveto Maggiore eine Fülle von Studien. In den folgenden Jahren stieg er die einzelnen Stufen innerhalb der monastischen Hierarchie schnell nach oben, bis er 1544 zum Abt des Olivetanerkonvents von Santa Maria di Scolca bei Rimini ernannt wurde. Dieses Amt hatte er mit einer kurzen Unterbrechung zwischen 1555 und 1556 für mehr als dreizehn Jahre (bis 1558) inne. Faitanis literarische Interessen sind neben seiner Betätigung als Dichter in lateinischer und italienischer Sprache (darunter ein Sonett zu Ehren Papst Julius' III.) vor allem durch seine enge Beziehung zu Vasari und besonders durch seine Rolle im Zusammenhang mit der Publikation der ersten Edition der *Vite* bekannt. Wann sich Faitani und Vasari kennenlernten, entzieht sich unserer Kenntnis. Doch scheint ihre Bekanntschaft viel länger zurückzureichen, als Vasari an dieser Stelle seiner Autobiographie zu erkennen gibt, wo die Begegnung beider eher etwas Zufälliges hat. Dies deutet zumindest ein an Vasari adressierter Brief Don Miniato Pittis vom 22. Juni 1545 an, in dem er von »il nostro Riminese« spricht (Frey, Bd. I, S. 154). Möglicherweise verdankte Vasari sogar seinem frühen Gönner und Förderer Pitti, ebenfalls Olivetanermönch, den Kontakt zu Faitani. Noch nicht ausreichend geklärt ist die Beteiligung Faitanis an der ersten Ausgabe der *Vite*, die sich vielleicht nicht nur auf die Korrektur des Manuskripts beschränkte, sondern auch darin bestanden haben könnte, Vasari mit Informationen über die Künstler der Romagna zu versorgen oder einzelne Epigramme zu verfassen.

Bibl.: M. S. Campannini, in: DBI, Bd. XLIV, 1994, S. 225–228.

[173] Dante, *Divina Commedia*, Paradiso XXXIII, 4–6 (Dante, *Divina Commedia*, S. 458)

[174] Lediglich die Mitteltafel mit der *Anbetung der Könige* (Öl auf Holz, 340 x 250 cm, 1547–48, Rimini, San Fortunato) ist von der einstigen, 1547/48 realisierten Kapellenausstattung (vgl. auch Frey, Bd. II, S. 866, Ricordo 173 und 174) noch erhalten. Die Seitentafeln wurden 1726 Francesco Marino Caracciolo, dem Fürsten von Avellino, geschenkt; seitdem haben sich ihre Spuren verloren.

Bibl.: Liuzzi / Pasini 1998.

[175] Girolamo Capodiferro (*1502/04 Rom – †1559 ebenda) verkehrte bereits als junger Mann am Hof von Kardinal Alessandro Farnese, wo er mit den bekanntesten Literaten und Künstlern seiner Zeit in Kontakt

kam und wahrscheinlich jenes Interesse an der Kunst entwickelte, das seinen höchsten Ausdruck in der Erbauung des Palazzo Spada (1550 fertiggestellt) fand und ihn zu einem Bewunderer und Förderer Michelangelos werden ließ. Unter Paul III. (Alessandro Farnese, Papst von 1534 bis 1549) war er mehrere Male in diplomatischer Mission als Nuntius in Portugal und Frankreich tätig und wurde 1539 von diesem zum Generalschatzmeister der Apostolischen Kammer ernannt. Mit Beginn des Konzils von Trient 1545 hatte er das Amt des Legaten der Romagna inne, das ihm von den Nachfolgern Pauls III., Papst Julius III. und Marcello II. erneut bestätigt wurde. 1548 hielt sich Capodiferro wegen des Konzils, das seit 1547 in Bologna tagte, öfter in der Romagna auf und sah dort möglicherweise bei einem Besuch in Rimini Vasaris Altarbild in San Francesco. Auch wenn kein Briefwechsel zwischen Capodiferro und Vasari dokumentiert ist, kann eine persönliche Bekanntschaft schon deshalb nicht bezweifelt werden, weil Capodiferro unter Julius III. (Giovanni Maria del Monte, Papst von 1550 bis 1555) zu den engsten Beratern des Papstes und zu jener Gruppe von Kardinälen gehörte, die den Pontifex auf seinen Ausflügen und Spaziergängen zur Magliana und zur Vigna Giulia begleiteten. Nach der Wahl von Gianpietro Carafa zum Papst (Paul IV.) 1555 erging es Capodiferro weniger gut: Sein Legatenamt wurde ihm mit sofortiger Wirkung entzogen und 1557 war er wegen des verschärften Kampfes des Papstes gegen Häresie und schlechte Sitten gezwungen, Rom zu verlassen.

Bibl.: G. Fragnito, in: DBI, Bd. XVIII, 1975, S. 626–629.

[176] Laut seinen *Ricordanze* (Frey, Bd. II, S. 866, Ricordo 175) erhielt Vasari durch Vermittlung von Don Giovan Matteo Faitani am 4. Januar 1548 von Niccolò Marcheselli, einem Edelmann aus Rimini, den Auftrag für die *Stigmatisierung des Heiligen Franziskus* (Öl auf Holz, 470 x 330 cm, Rimini, Tempio Malatestiano).

[177] *Kreuzabnahme* (Öl auf Holz, 296 x 222 cm, Ravenna, Galleria dell'Accademia delle Belle Arti), signiert: GIORGIO VASARI/ARETINO FACEVA (vgl. auch Frey, Bd. II, S. 866, Ricordo 176). Wahrscheinlich war Vasaris Tafel für die dem Heiligen Romuald geweihte Kirche des Camaldoli-Konvents in Ravenna bestimmt, mit deren Bau 1517 begonnen wurde. Die Kamaldulenser hatten sich erst 1515 innerhalb der Stadtmauern Ravennas angesiedelt. 1536 begann man mit der Errichtung des neuen Konvents, der 1564, als Kardinal Carlo Borromeo die Abtei besuchte, wohl weitestgehend fertiggestellt war.

Bibl.: Fontana 1994.

[178] Wie Florian Härb darlegte, profitierte in erster Linie Vasaris Freund und Assistent Prospero Fontana von den Zeichnungen Vasaris.

Bibl.: Härb 2001.

[179] In seiner Einführung zu den drei Künsten widmet Vasari unter der Überschrift *Della pittura* der Tempera-Malerei ein eigenes Kapitel (Kapitel XX: *Über das Malen mit Tempera- beziehungsweise Eifarben auf Tafeln oder Leinwänden und über ihre Verwendung auf der trockenen Wand*). Darin erklärt er, daß diese Technik ihre Glanzzeit vor allem in der byzantinischen Kunst, also vor der Erfindung der Ölmalerei erlebte, dann aber von dieser weitestgehend abgelöst wurde. Aufgrund der Haltbarkeit und Frische der Farben ist Vasari jedoch darum bemüht, diese ältere Technik wieder aufleben zu lassen. So bemerkt er in besagtem Kapitel über die Malerei folgendes: »Sogar von unseren alten Meistern hat man Werke in Tempera gesehen, die sich über Hunderte von Jahren in großer Schönheit und Frische erhalten haben. Selbstverständlich sind noch einige Werke Giottos zu sehen und sogar die ein oder andere Tafel überdauert nun schon seit zweihundert Jahren in einem sehr guten Erhaltungszustand.« (Vasari, *Einführung in die Künste*, S. 114).

[180] Obwohl Vasari die sogenannte Camera di Abramo hier an zweiter Stelle nennt, war die Dekoration dieses Raums wahrscheinlich schon 1548 und damit früher vollendet als die der Sala del Trionfo della Virtù. Die von Vasari als *Segnung der Nachkommenschaft Abrahams* beschriebene Thematik der Deckenausstattung weist dem Raum die Funktion des ehelichen Schlafgemachs zu. Bemerkenswert ist, daß Vasari, nachdem er kurz zuvor die Manuskripte für die erste Edition seiner *Vite* fertiggestellt hatte, dort neben den Personifikationen von Frieden, Eintracht und Tugend auch die Personifikation der Bescheidenheit in unübersehbarer programmatischer Absicht darstellte. Die sitzende weibliche Gestalt mit gesenktem Haupt hat ein aufgeschlagenes Buch in der Hand, in dem die einem Brief des Apostel Paulus an die Philipper (4,5) entnommene lateinische Inschrift zu lesen ist: »Modestia vestra nota sit omnibus hominibus« (»Eure Bescheidenheit soll allen Menschen zur Kenntnis gelangen«). Die Hauptbedeutung kommt jedoch der großen Sala del Trionfo della Virtù zu, die nicht nur an der Decke, sondern auch an allen vier Wänden mit einem einheitlichen und komplexen ikonographischen Programm ausgeschmückt ist. Besonders stolz zeigt sich Vasari auf seine *invenzione* für das zentrale Oktogon an der Decke, das dem Raum seinen Namen gab.

Bibl.: Albrecht 1985; Cheney 1987; Paolucci 1988; Corti 1992; Cecchi 1998; Lepri/Palesati 2003, S. 23–26; Campagna 2007.

[181] Der Orden der Benediktiner von Montecassino wurde 1404 von Ludovico Barbo ins Leben gerufen, der seine literarische Betätigung als junger Mann zugunsten eines religiösen Lebens aufgab und Abt des Klo-

sters Santa Giustina in Padua wurde. Obwohl er für eine Reform des Klosterlebens und der Mönchsregeln eintrat, waren seine Beziehungen zum Adel für die Ausbreitung des Ordens von größter Wichtigkeit. Die ungeheure Popularität der von Barbo begonnenen Reformen läßt sich an der Zahl der Klöster bemessen, die sich der Kongregation in den folgenden Jahren anschlossen: Als die Abtei von Sante Flora und Lucilla in Arezzo sich 1474 dem Orden anschloß, waren bereits 33 weitere Konvente, darunter das einflußreiche Kloster von San Paolo fuori le mura in Rom, angegliedert worden. Der wohl bedeutendste Zuwachs war jedoch mit dem Anschluß der alten Abtei von Montecassino durch Papst Julius II. im Jahr 1504 gegeben, was nicht zuletzt Einfluß auf die Namensgebung des Ordens hatte. Dank Barbos Engagement, der aktiv Aristokraten für den Orden rekrutierte, war die Kongregation mit materiellen Gütern gesegnet, und selbst im 16. Jahrhundert, als andere ihren Besitz aufgeben mußten, konnten Santa Giustina und weitere Konvente ihren Reichtum vornehmlich durch Landerwerb mehren. Der Wohlstand der Badia in Arezzo läßt sich vor allem in den baulichen Veränderungen des Klosters ablesen, die nach Plänen Vasaris und Borghinis, der ebenfalls dieser Kongregation angehörte, ab 1565 vorgenommen wurden. Vasari selbst verliert in seiner Autobiographie kein Wort über diese Pläne, was zum Teil daran liegen mag, daß er als Meister der *invenzione* die Idee dazu nicht für sich allein reklamieren konnte. Ein weiterer möglicher Grund könnte im Baustil der Badia zu suchen sein, der im Vergleich zu zeitgenössischen Beispielen wie Palladios Entwurf für San Giorgio Maggiore in Venedig als eher altmodisch empfunden werden mußte, obwohl er sicherlich als bewußter Rückgriff auf ältere Traditionen zu werten ist.

Bibl.: Satkowski 1979, S. 45–75.

[182] Zu dieser sehr großformatigen Tafel mit der *Hochzeit von Ester und Ahasverus* (Öl auf Holz, 289 x 745 cm, Arezzo, Museo Statale di Arte Medievale e Moderna) erhielt Vasari am 14. Juli 1548 den Auftrag. Einige zu dieser Tafel gehörende Entwurfszeichnungen in Florenz (Uffizien, Gabinetto dei Disegni e delle Stampe, Inv.-Nr. 719E, 647F und 649F) sowie eine in Frankfurt (Städelsches Kunstinstitut, Inv.-Nr. 428) sind bekannt. In seinen *Ricordanze* bemerkt Vasari dazu, daß dies ein hartes Stück Arbeit und ein nicht leicht auszuführendes Werk gewesen sei, weil eine Vielzahl unterschiedlicher Figuren darin dargestellt seien (Frey, Bd. II, S. 867, Ricordo 182). Tatsächlich läßt die Pracht der dargestellten Personen und Gegenstände eher an eine höfische Auftragsarbeit als an ein religiöses Werk denken. Die Wirkung des Bildes auf den Betrachter wird in einem an Vasari adressierten Brief Vincenzo Borghinis vom 10.

September 1549 auf höchst eindrucksvolle Weise geschildert: Borghini, der ebenfalls der Kongregation der Benediktiner von Montecassino angehörte und dessen Bildnis Vasari wahrscheinlich in dem Gemälde verewigte, berichtet darin, wie er anläßlich des Besuchs von Kardinal George d'Armagnac in Arezzo mit seinem Gast vier Stunden vor Vasaris Gemälde im Refektorium verbracht und »nichts anderes als Brot und Messer Giorgio« zu sich genommen hätte (Frey, Bd. I, S.243).

Bibl.: Maetzke, in: Kat. Arezzo 1981, S. 338–339; Parma Armani 1981; Cheney 1993; Carrara 2006.

[183] Diese nach Rechtfertigung klingenden Worte Vasaris zur *Hochzeit von Esther und Ahasverus* könnten möglicherweise auf eine Kritik an dem Gemälde zurückzuführen sein, wie sie einem Brief Vincenzo Borghinis vom 10. September 1549 zu entnehmen ist. Darin bemerkt Borghini, daß er mit Kardinal Georges d'Armagnac vor dem Gemälde Vasaris im Refektorium gespeist hätte. Bei dieser Gelegenheit hätte ihn der Abt Don Benedetto auf seine Gestalt im Bild aufmerksam gemacht, die ihn dauern würde und nicht von der Hand Vasaris wäre (Frey, Bd. I, S. 244).

[184] Dieses Fresko ist nicht mehr erhalten.

[185] Besagtes Porträt gilt als verloren.

[186] *Madonna mit dem Kind und den Heiligen Silvester, Anna und Antonius von Padua* (Öl auf Holz, 194 x 154 cm, 1549, Castiglione Fiorentino, Pinacoteca Comunale). Den Auftrag zu dieser Tafel erhielt Vasari am 5. August 1548 durch Vermittlung von Fra Felice da Lucignano, einem Ordensbruder des Franziskanerkonvents in Arezzo (Frey, Bd. II, S. 867, Ricordo 184). Nach ihrer Fertigstellung Anfang des Jahres 1549 wurde sie von Arezzo nach Castiglione Fiorentino gebracht, wo sie in San Francesco in der Kapelle des Auftraggebers Fra Mariotto Mancini zur Aufstellung kam. Dieser war von 1544 bis 1546 und nochmals im Jahr 1549 Vorsteher des Franziskanerkonvents in Castiglione Fiorentino. Entgegen seinen Aufzeichnungen in den *Ricordanze* behauptet Vasari an dieser Stelle, daß die Tafel anstatt des Heiligen Antonius von Padua den Heiligen Franziskus zeige, was möglicherweise darauf beruht, daß sie für eine Kapelle in San Francesco bestimmt war. Die Identifizierung als Antonius wird jedoch durch eine Zeichnung im Louvre bestätigt (Paris, Musée du Louvre, Cabinet des Dessins, Inv.-Nr. 2101), wo der Heilige außer mit seinem charakteristischen Attribut, einem Herz in seiner linken Hand, auch mit einem Buch und einer Lilie wiedergegeben ist.

Bibl.: Reed 1999.

[187] Giovanni Maria del Monte (*1487 Rom – †1555 ebenda), späterer Papst Julius III. (1550–1555), dessen Erziehung schon früh durch humanistische Studien geprägt war, absolvierte nach seiner Studienzeit in

Perugia und Siena, wo er Recht studierte, eine glänzende Karriere in der päpstlichen Verwaltung. Als Nachfolger seines Onkels und Mentors Kardinal Antonio del Monte wurde er 1511 zum Erzbischof von Siponto (heute Manfredonia in Apulien) ernannt. 1533 unterstützte er diesen bei seinen Regierungsaufgaben in Rom und wurde nach dessen Tod 1534 päpstlicher Vize-Legat von Bologna. Zwei Jahre später erhielt er den Kardinalshut. 1537 war er Kardinal-Legat von Parma und Piacenza und 1542 Kardinal-Legat der Romagna. 1545 zum Kardinal-Legaten von Bologna ernannt, führte er im Auftrag Pauls III. den Vorsitz über das Konzil von Trient. Paul III. schätzte Giovanni Maria ebenso wegen seiner rhetorischen und administrativen Fähigkeiten wie wegen seiner Loyalität, was ihm möglicherweise im Konklave von 1550 die Unterstützung der Farnese-Fraktion einbrachte. Darüber hinaus hatte Giovanni Maria del Monte in Herzog Cosimo I. de' Medici den wohl wichtigsten politischen Verbündeten gefunden, der im Dezember 1549 bereits den Nährboden für seine Wahl zum neuen Papst bereitete. Als Zeichen seiner Dankbarkeit sandte Julius III. eine Reihe von Geschenken an Cosimo I., darunter eine Halskette und eine Krone aus Granaten für Eleonora sowie das herzögliche Schwert und den Herzogshut für Cosimo. Ihre Beziehung wurde noch durch die Abmachung intensiviert, daß Fabiano del Monte, damals erst acht Jahre alt, Lucrezia de' Medici (5 Jahre alt) heiraten sollte. Kurz nachdem Julius III. zum Papst gewählt worden war, wünschte sich Cosimo I. ein Porträt von diesem. Den Auftrag dazu erhielt Vasari, der den Kardinal offentsichtlich schon vor dieser hier erwähnten Begegnung kannte. Aus den *Vite* selbst geht jedoch nicht hervor, wo und wann sich die beiden zum ersten Mal trafen. Wie Alessandro Nova vermutet, reichte ihre Bekanntschaft wahrscheinlich bis in Vasaris Jugend in Arezzo zurück, wo Kardinal Antonio del Monte einen Palast besaß.

Bibl.: Nova 1988, S. 15–57.

[188] Die »gran coltivazione«, wie Vasari sie nennt, war Vasaris erster unabhängiger Auftrag als Architekt. Bedauerlicherweise sind keine Zeichnungen Vasaris überliefert, die über das Bauvorhaben Aufschluß geben könnten. Einzig ein an Vasari adressierter Brief Kardinal del Montes vom 30. November 1548 vermag einen Eindruck von Aussehen und Funktion besagter Anlage in Monte Sansavino zu geben (Frey, Bd. I, S. 225). Daraus geht hervor, daß es sich um eine nach antikem Vorbild errichtete *villa suburbana* mit einem Fischteich und zahlreichen Gehegen für Tiere aller Art gehandelt haben muß. Angeblich fand der Kardinal so großen Gefallen an Vasaris Entwurf, daß er in Allusion auf den Namen seines Architekten die Villa ›La Georgica‹ taufen lassen wollte. Viel wahrscheinlicher ist jedoch, daß Vergils berühmte Schrift *Georgica* hierfür Pate

gestanden hat, die wohl ebenso zur Lektüre des Kardinals gehörte wie Vitruvs *De re architectura* und Columellas *De re rustica*. Die Kenntnis dieser antiken Traktate wird gleich im ersten Satz seines Briefes bezeugt, in dem er Vasari versichert, daß ihm der Bauplan selbst dann nicht besser hätte gefallen können, wenn Vitruv oder Columella ihn entworfen hätte.

Bibl.: Nova 1988, S. 66; Satkowski 1993, S. 14–15.

[189] Georges d'Armagnac (*um 1500 ? – †1585 Avignon), französischer Diplomat und Kardinal, der am Hof der mit ihm verwandten Marguerite d'Angoulême, der Schwester von König Franz I., eine exzellente Erziehung und Ausbildung erhielt. 1530 wurde er zum Bischof von Rodez ernannt. 1536 bis 1538 war er französischer Botschafter in Venedig und später in Rom, wo sein Palast ein Treffpunkt für zahlreiche Künstler und Literaten war und ihm 1544 die Kardinalswürde verliehen wurde. Während dieser Zeit kam er mit dem Kreis um Vittoria Colonna (um 1536 bis 1540) und zahlreichen italienischen Künstlern in Kontakt, was ihn unter anderem dazu befähigte, als eine Art Kunstagent für den französischen Hof, insbesondere für König Heinrich II., tätig zu sein. Er selbst war ein großer Sammler von Skulpturen und Missalen. Tizian malte um 1540 sein Porträt (Alnwick Castle). Darüber hinaus baute er sich eine der umfangreichsten Bibliotheken Frankreichs auf, für die er zahlreiche griechische und lateinische Manuskripte abschreiben ließ.

Bibl.: Ronny Baier: »Armagnac, Georges d'«, in: *BBKL*, Bd. XXII, Nordhausen 2003, Spalten 39–41.

[190] Heinrich II. (*1519 Saint-Germain-en-Laye – †1559 Paris), zweiter Sohn und Nachfolger von König Franz I., der Frankreich von 1547 bis 1559 regierte.

[191] Vasaris Standarte mit der Darstellung der *Taufe Christi* auf der einen und der *Predigt des Täufers* auf der anderen Seite (Öl auf Holz, jeweils 128 x 190 cm, Arezzo, Museo Diocesano) sollte eine ältere, 1473 in Auftrag gegebene und von der Hand Pietro di Galeottos aus Perugia ausgeführte ersetzen. Laut seinen *Ricordanze* erhielt Vasari den Auftrag am 12. Dezember 1548 durch vier Vertreter der Bruderschaft von San Giovanni de' Peducci. Wie Franklin anhand weiterer Dokumente überzeugend darlegte, befand sich besagte Bruderschaft jedoch in finanziellen Schwierigkeiten und konnte Vasari nach Fertigstellung der beiden Gemälde 1549 nicht ausbezahlen. Es ist deshalb sehr wahrscheinlich, daß der Künstler die Bilder tatsächlich für ein paar Monate in seinem Haus in Arezzo aufbewahrte, bis die Angelegenheiten mit der Bruderschaft im Januar 1550 geklärt waren. Vasari selbst hielt sich zu dieser Zeit in Rom auf. Einer These Franklins zufolge hat Vasari die hier geschilderte Begebenheit mit dem französischen Legaten mehr oder weniger frei erfun-

den, als er beim Abfassen seiner Autobiographie die von ihm gesammelte Korrespondenz durchsah und ihm dabei der oben genannte Brief Borghinis in die Hände (Anm. 182) fiel. Solchermaßen inspiriert zu dieser Anekdote, bringt Vasari darin seine eigene Wertschätzung des verhältnismäßig unbedeutenden Auftrags zum Ausdruck.

Bibl.: Franklin 1997.

[192] Das hier beschriebene und in den *Ricordanze* am 6. Februar 1549 als »grob skizziert« bezeichnete Werk (Frey, Bd. II, S. 868, Ricordo 190) konnte bisher nicht identifiziert werden. Caros Brief, in dem er das von ihm gewünschte Sujet benennt, trägt das Datum des 10. Mai 1548 (Frey, Bd. I, S. 220–221).

[193] Albizzo del Bene: ein reicher, in Lyon lebender Kaufmann; seine Brüder Alberto bzw. Albertaccio (Dichter) und Alessandro (Schatzmeister von Papst Clemens VII.) waren Freunde Cellinis (Cellini, *La vita*, I, 72–73).

[194] Besagtes Gemälde ist nicht erhalten.

[195] Alfonso Cambi (*1535 Neapel – †1570 ?), Sohn des Florentiner Kaufmanns Tommaso Cambi, der seinen Wohnsitz aus geschäftlichen Gründen von Florenz nach Neapel verlegt hatte. Alfonso, der schon früh literarische Studien trieb und sich besonders für Dichtung in Volkssprache begeisterte, tat sich selbst als Dichter und Autor mehrerer Schriften hervor. 1567 erschien in Venedig sein Werk *Ragionamenti sopra l'etica di Aristotile*, das er einer hochgestellten Persönlichkeit Neapels, Monsignore Galeazzo Florimonte, dem Bischof von Sessa, widmete. In Neapel verkehrte er in den Kreisen der berühmtesten Gelehrten. Edelmänner wie Girolamo und Marcantonio Colonna gehörten zu seinen Förderern. Darüber hinaus pflegte er seit 1553 eine über zwölf Jahre anhaltende rege und freundschaftliche Korrespondenz mit Annibale Caro.

Bibl.: C. Mutini, in: DBI, Bd. XVII, 1974, S. 91–92.

[196] Dieses Porträt ist nicht identifiziert. Laut seinen *Ricordanze* will Vasari im Mai 1549 den Auftrag dazu erhalten haben (Frey, Bd. II, S. 868, Ricordo 191). Alfonso Cambi wäre demnach 14 Jahre alt gewesen, als er sich in der Gestalt des in ewiger Schönheit schlafenden Endymion darstellen ließ. Bemerkenswert ist, daß Vasari bei der Beschreibung des Gemäldes die homoerotische Komponente eher verhalten anklingen läßt und statt dessen die technischen Schwierigkeiten bei der Gestaltung eines Nachtstücks hervorhebt.

[197] Die beiden im Auftrag von Lodovico di Ragusa, einem Florentiner Kaufmann, entstandenen Werke (vgl. Frey, Bd. II, S. 868, Ricordo 189) sind verschollen.

[198] Francesco Botti (Lebensdaten unbekannt) gehörte zu einer Familie, die ursprünglich aus Cremona stammte und zur Zeit der letzten Florentiner Republik nach Florenz übersiedelte. Als Parteigängerin der Medici erhielt die Familie 1550 von Herzog Cosimo I. das Stadtrecht und den Adelstitel, ihren Angehörigen wurden öffentliche Ämter verliehen.

[199] Verloren oder nicht identifiziert (vgl. auch Frey, Bd. II, S. 868, Ricordo 192)

[200] Durch die Hochzeit mit Nicolosa Bacci (*1536 Arezzo – †1584 ?), der damals erst dreizehnjährigen Tochter eines wohlhabenden und einflußreichen Apothekers in Arezzo, wurde Vasari zu einem weitläufigen Verwandten des Kardinals: Andrea, eine Tante von Giovanni Maria del Monte, hatte Giovanni Desiderio Tullonense geheiratet. Ihre gemeinsame Tochter Elisabetta war die Ehefrau von Giovanni Bacci aus Arezzo. Vasari heiratete Nicolosa Bacci, deren Bildnis er später in der Gestalt der Magdalena auf einer der Tafeln für seinen Familienaltar verewigte, im Januar 1550. Am 22. Februar 1550 bestieg Giovanni Maria del Monte die Kathedra Petri als Papst Julius III.
      Bibl.: Nova 1988, S. 15–57.

[201] Dieses 1549 ausgeführte und heute verlorene Gemälde schuf Vasari im Auftrag von Kardinal Filiberto Ferrer d'Ivrea. Dieser starb jedoch, bevor er das von ihm bestellte Werk bezahlt hatte, so daß es schließlich in den Besitz Bindo Altovitis gelangte, der es wohl in der Werkstatt Vasaris gesehen hatte (Frey, Bd. II, S. 868, Ricordo 193).

[202] Bernardetto de' Medici († nach 1576) war einer der beiden Söhne von Ottaviano de' Medici. Laut seinen *Ricordanze* (Frey, Bd. II, S. 868, Ricordo 194 und 195) malte Vasari im Herbst 1549 dessen Porträt, das vielleicht mit einem Gemälde im Berliner Bodemuseum identisch ist (Öl auf Holz, 133,3 x 95,2 cm), und eine kleinformatige *Kreuzigung* (nicht identifiziert).

[203] Ein Eintrag in Vasaris *Ricordanze* vom 6. September 1550 vermerkt, daß Vasari das Porträt des Arztes Bartolomeo Strada für nur 10 Scudi zum Dank dafür malte, daß dieser ihm und seiner Frau Nicolosa medizinische Hilfe leistete (Frey, Bd. II, S. 870, Ricordo 199). Bartolomeo Strada gehörte anscheinend wie Annibale Caro, Benedetto Varchi und viele andere zum literarischen Zirkel der Laura Battiferri, Gemahlin des Bildhauers Bartolomeo Ammanati, die Strada eines ihrer Gedichte widmete.

[204] Sigismondo d'Alamanno Martelli (*1522 Florenz ? – †1547 Florenz), Dichter und einer der Gründer der Accademia degli Umidi, die wenig später in Accademia Fiorentina umgetauft wurde. Er war ein Freund und großer Bewunderer Michelangelos.

Bibl.: Civai 1990, S. 42.

[205] Luigi und Pandolfo di Piero Martelli entstammten einer der nobelsten Familien von Florenz, deren Mitglieder in den *Vite* des öfteren als Sammler und Mäzene genannt werden. Die zweite Ehefrau Herzog Cosimos I., Camilla, war ebenfalls eine Martelli (*1545 – †1590). Vasari erwähnt Luigi in der Vita Rusticis als Mitglied einer Bruderschaft namens Compagnia della Cazzuola (›Bruderschaft der Maurerkelle‹), der neben Edelleuten wie Giuliano de' Medici auch viele Künstler, darunter Andrea del Sarto, Francesco Rustici und andere, angehörten und die wegen ihrer pompösen Feste in Florenz berühmt gewesen sein muß. Vasari gibt von einigen dieser Veranstaltungen ein anschauliches Bild. So berichtet er beispielsweise, daß zu der Zeit, als Luigi Martelli der Bruderschaft vorsaß, nach seiner Idee ein Festessen arrangiert wurde, bei dem wahrscheinlich in der Art von *tableaux vivants* in verschiedenen Räumen des Hauses Szenen dargestellt waren, die sich auf den Kriegsgott Mars bezogen (Bettarini/Barocchi, *Vite*, Bd. V, S. 483 und 487). Darüber hinaus besagt eine Notiz in Vasaris *Ricordanze*, daß Luigi Martelli eine Zeitlang »camerlengo dell'opera di San Giovanni« in Florenz war und in dieser Eigenschaft im Juli 1541 Vasari im Auftrag Herzog Cosimos I. eine Zahlung in Höhe von 50 Scudi für die Gestaltung einer Leinwand zukommen ließ, die dieser anläßlich der Taufe von Francesco de' Medici, dem erstgeborenen Sohn Cosimos, zur Dekoration des Baptisteriums malte (Frey, Bd. II, S. 858, Ricordo 115).

Bibl.: Civai 1990, S. 40–42.

[206] Cosimo Bartoli (*1503 Florenz – †1572 Venedig), ein Mann von höchster Bildung und Mitglied der Florentiner Akademie, lebte mit einer kurzen Unterbrechung (in Rom) überwiegend in Florenz, bis er 1562 als ständiger Agent der Medici nach Venedig übersiedelte. Während der 1540er Jahre schrieb Bartoli als Mitglied der Accademia Fiorentina die Vorträge über Dante, die das Kernstück seiner 1567 in Venedig veröffentlichten *Ragionamenti accademici* bilden. Die im dritten Teil dieser Schrift enthaltene Darstellung der zeitgenössischen Musik gehört zu den informativsten Texten zur Musik des Cinquecento. Neben seiner Tätigkeit als Architekt übersetzte Bartoli antike Texte und Traktate wie beispielsweise Albertis *De re aedificatoria* (1564). Bartoli besaß auch das Manuskript von Ghibertis *Commentarii* und den *Zibaldone* von Ghibertis Nachfahren. Sein freundschaftliches Verhältnis zu Vasari wird durch zahlreiche Briefe und den Umstand bestätigt, daß er diesem bei der Redigierung beider Ausgaben der *Vite* behilflich war. Eine Vielzahl der von Vasari realisierten Sujets und ikonographischen Programme, wie jenes im Quartiere degli Elementi im

Palazzo Vecchio, gehen zudem auf Bartolis Erfindungsreichtum zurück.

Bibl.: Davis, in: Kat. Arezzo 1981, S. 133-135; Bryce 1983.

[207] Filippo Brunelleschi (*1377 Florenz – †1446 ebenda)

[208] Besagtes Gemälde mit dem *Martyrium des Heiligen Sigismund*, das Vasari unter dem 14. Oktober 1549 ebenfalls in seinen *Ricordanze* vermerkt (Frey, Bd. II, S. 868-867, Ricordo 196), ist verloren und lediglich durch eine Entwurfszeichnung bekannt (Lille, Musée des Beaux-Arts, Inv.-Nr. 549). Anders als an dieser Stelle seiner Autobiographie gibt Vasari in seinen tagebuchartigen Aufzeichnungen nur Pandolfo Martelli als Auftraggeber des Bildes an.

Bibl.: Davis, in: Kat. Arezzo 1981, S. 135–136.

[209] Lorenzo Torrentino, eigentlich Laurens van den Bleeck (*1499 in den Niederlanden – †1563 Florenz) lebte seit 1532/33 in Bologna, wo er zusammen mit einem Landsmann, dem griechischen Gelehrten Arnoldus Arlenius, als Buchhändler tätig war. Die beiden importierten lateinische und griechische Bücher aus Frankreich und Deutschland und verkauften diese in ganz Italien. 1547 ging Torrentino auf Einladung Herzog Cosimos I. nach Florenz und gründete dort eine Druckerei, die nach seinem Tod von seinen drei Söhnen weitergeführt wurde. Als Drucker im Dienste des Herzogs von Florenz produzierte Torrentino mehr als 275 verschiedene Bücher.

Bibl.: Bertoli 1995; Ricci 2001.

[210] Antonio Maria del Monte (*1462 Monte Sansavino ? – †1533 Rom), Onkel und Mentor von Giovanni Maria del Monte (*1487 Rom – †1555 ebenda), dem späteren Papst Julius III. Nachdem er das kanonische Recht studiert und die kirchliche Laufbahn eingeschlagen hatte, wurde er 1504 *uditore* der apostolischen Kammer. 1506 ernannte man ihn zum Erzbischof von Siponto (heute Manfredonia in Apulien), 1511 zum Kardinal. Seine Karriere in der Kurie verlief auch danach steil aufwärts: 1523 und später 1529, als Papst Clemens VII. ernstlich erkrankte, war er unter den zahlreichen Aspiranten auf den Papstthron einer der Kandidaten mit den größten Erfolgsaussichten. Darüber hinaus tat er sich als Kunstmäzen hervor. Davon zeugen nicht nur seine Paläste in Montepulciano, Monte Sansavino, Arezzo und Rom, sondern auch die von ihm in Auftrag gegebenen Werke der Malerei und der Bildhauerkunst.

Bibl.: Nova 1988, S. 279–281.

[211] Kardinal Antonio, ein enger Freund Kardinal Bainbridges und Vertrauter des englischen Monarchen Heinrich VIII., wollte zunächst neben seinem Freund Bainbridge in der Kirche San Tommaso di Canterbury in Rom (heute Collegio Inglese) bestattet werden. Nachdem sich

jedoch Heinrich VIII. vom katholischen Glauben abgekehrt hatte, verfügte der Kardinal in seinem Testament, daß San Pietro in Montorio
seine letzte Ruhestätte sein solle. Bereits kurz nach seiner Wahl zum
Pontifex am 22. Februar 1550 beschloß Julius III., Vasari den Auftrag zu
einem Grabmonument für seinen Onkel zu erteilen. Dieser Plan wurde
aber sofort in den Bau einer Familienkapelle abgeändert, die neben
dem Hochaltar von San Pietro in Montorio zur Ausführung gelangen
sollte. Der Vertrag vom 3. Juni 1550 sah vor, daß das gesamte Werk innerhalb von 30 Monaten fertigzustellen sei, wobei Vasari als einziger
Künstler für die Erfüllung des Auftrags verantwortlich war und Michelangelo, der zuvor den Preis festgelegt hatte, als Aufseher fungieren
sollte. Hinsichtlich einiger Skulpturen für dieses Werk fiel die Wahl
auf Bartolomeo Ammannati, dessen anfängliche Rolle auf die eines
Assistenten unter Vasari beschränkt war, auch wenn er unabhängig von
diesem arbeitete. Später vertraute man ihm jedoch alle diesbezüglichen
bildhauerischen Arbeiten einschließlich der Ballustrade an und übertrug ihm einen Teil der Verantwortung für das gesamte Unternehmen.

Als Vasari und Ammannati Anfang Juni des Jahres 1550 Rom verlassen hatten und zur Beschaffung des Marmors nach Carrara gegangen
waren, überlegte der Papst unterdessen, ob er die Familienkapelle besser in San Giovanni dei Fiorentini errichten lassen sollte (vgl. Vasari,
Michelangelo, S. 149–151). Bei Ammannatis Rückkehr nach Rom Anfang
Oktober entschied sich der Papst nun endgültig für San Pietro in
Montorio, so daß zwischen dem 13. und 18. Oktober 1550 mit den
Arbeiten am Bau der Familienkapelle begonnen wurde. Vasari selbst
kehrte erst Ende Dezember nach Rom zurück und begann wahrscheinlich Ende Februar oder Anfang März des Jahres 1551 mit der Gestaltung
des Altarbildes (Öl auf Holz, 370 x 263 cm, Rom, San Pietro in
Montorio, Cappella del Monte). In Abwandlung zu der herkömm-
lichen Thematik stellte Vasari darin nicht die Blendung Sauls, sondern
die Heilung des Erblindeten bei der Berührung durch Hananias dar,
wie sie die Apostelgeschichte als Metapher für die Bekehrung zum wahren Glauben schildert (vgl. *Apostelgeschichte* 9,10–19; 22, 12–16; 26,
12–18). Laut Leon Satkowski trägt Hananias die Gesichtszüge Julius'
III., so daß die Thematik des Bildes wohl auf die durch die Protestanten
bedingte Herausforderung an die kirchliche Doktrin anspielt, die Julius
III. als päpstlicher Legat und Vorsitzender des Tridentinischen Konzils
hautnah miterlebte. Ob Vasari dieses Gemälde bei seiner Abreise aus
Rom im Juli 1551 vollendet hatte, ist nach wie vor unklar. Bei seiner
Rückkehr im Oktober desselben Jahres hatten seine Gehilfen aller
Wahrscheinlichkeit nach auf der Basis seiner Zeichnungen bereits mit

der Freskierung des Gewölbes begonnen, in dem drei weitere Szenen aus dem Leben des Paulus zur Ausführung gelangten: die *Predigt des Heiligen Paulus*, die *Himmelfahrt Pauli* und *Der Heilige Paulus vor dem Prokonsul*. Aus einem Brief Borghinis vom 22. Oktober 1552 geht hervor, daß die Kapelle zu diesem Zeitpunkt fertiggestellt war.

Bibl.: Nova 1988, S. 297–307; Satkowski 1993, S. 15–18; Conforti 1993, S. 129–142.

[212] Dieses von Papst Julius III. für eine Kapelle im Vatikan 1551 in Auftrag gegebene Altarbild mit der *Berufung der Söhne Zebedäus'* (Öl auf Holz, Arezzo, SS. Flora e Lucilla) wurde, als die Zahlung seitens der Kurie ausblieb, von Vasari in seine Heimatstadt Arezzo überführt. In der Vita von Francesco Salviati bemerkt Vasari folgendes zu dieser Tafel: »Dieser [Vasari] gab ihm [Papst Pius IV.] aber zur Antwort, daß […] und er außerdem von Papst Julius III., für den er in der Vigna bei Monte Sansavino und anderswo viele Mühen aufgebracht hatte, so schlecht behandelt worden sei, daß er nicht mehr wüßte, was er von gewissen Leuten zu erwarten habe. Er fügte hinzu, daß er für selbigen in seinem Palast, ohne dafür bezahlt worden zu sein, eine Tafel geschaffen habe, in der Christus auf dem See Tiberias [Genezareth] Petrus und Andreas von den Netzen abberuft. (Jene war dann in der Absicht, sie nach Mailand zu schicken, von Papst Paul IV. aus einer Kapelle geholt worden, die Julius oberhalb des Belvederekorridors hatte errichten lassen.) Seine Heiligkeit möge sie ihm also entweder zurückgeben oder sie bezahlen lassen. In seiner Erwiderung sagte der Papst (ob dies nun der Wahrheit entspricht oder nicht), daß er von besagter Tafel nichts wüßte und er sie zu sehen wünsche. Sie wurde also herbeigebracht, und nachdem er sie bei schlechtem Licht betrachtet hatte, begnügte er sich damit, sie Giorgio zurückzugeben.« (Vasari, *Salviati und Gherardi*, S. 54).

Bibl.: Scorza 2011.

[213] Jacopo Barozzi da Vignola (*1507 Vignola – †1573 Rom)

[214] 1519 hatten Kardinal Antonio del Monte und sein Neffe Balduino vor der Porta del Popolo eine Vigna erworben, auf der nach Vasaris eigenen Angaben Jacopo Sansovino im Auftrag des Kardinals ein großes Gebäude zu errichten begonnen hatte (Vasari, *Sansovino und Sanmicheli*, S. 29). Doch wurde das Vorhaben wegen der Plünderung Roms 1527 und der Flucht Sansovinos nach Venedig nicht vollendet. Spätestens mit dem Tod des Kardinals 1533 kam das Projekt endgültig zum Erliegen. Die ersten Pläne zu einem Neubau unter Papst Julius III. dürften wahrscheinlich gegen Ende des Jahres 1550 entstanden sein, da der neue Besitzer der Vigna ab Februar 1551 umliegendes Land für sein Bauprojekt hinzuzukaufen begann. Daß die ersten Entwürfe tatsächlich

von Vasari stammen, wie dieser hier selbstbewußt behauptet, muß schon deshalb als wahrscheinlich gelten, weil Vignola und Ammannati 1568, also nach Erscheinen der zweiten Ausgabe der *Vite*, noch lebten und eine bewußte Verfälschung der Tatsachen durch Vasari von ihnen schnell hätte aufgedeckt werden können. Der ursprüngliche Gesamtplan, der wohl von der Hand Vasaris stammt und vermutlich unter der Leitung Michelangelos entstand, ist heute verloren, wurde aber 1914 von Gorham Philipps Stevens, allerdings mit der Zuschreibung an Vignola, publiziert (Stevens 1914). Alessandro Nova datiert diesen frühen Entwurf Vasaris, der dann auf Wunsch des Papstes um einiges reduziert und von anderer Hand geändert wurde, auf Ende Dezember 1550/Anfang Januar 1551. Wie Vasari in der Vita Taddeo Zuccaros schreibt, wurde auf seine Empfehlung hin Vignola wegen seiner Fertigkeit als Bauingenieur schon früh in das Projekt einbezogen, hauptsächlich um den bereits anerkannten Gesamtentwurf auszuführen (Vasari, *Daniele da Volterra und Taddeo Zuccaro*, S. 80). Angesichts der fundamentalen Bedeutung des *disegno* und der *invenzione* in der Kunsttheorie Vasaris (vgl. Vasari, *Kunstgeschichte und Kunsttheorie*, S. 213–217 und S. 227–230) kann es kaum überraschen, daß der Aretiner im Fall der Villa Giulia seine eigene Rolle als genialer Erfinder ausdrücklich unterstreicht, während er der Ausführung des Plans einen weitaus geringeren Stellenwert einräumt.

Bibl.: Coolidge 1943; Davis 1977; Nova 1988, S. 58–135; Cocchia/Palminteri/Petroni 1987; Satkowski 1993, S. 18–24.

[215] Gemeint ist hier das Nymphaeum der Villa Giulia, für das Vasari mit großer Wahrscheinlichkeit den ursprünglichen Entwurf lieferte, das dann aber nach Plänen Ammannatis erbaut wurde.

Bibl.: Nova 1988, S. 78.

[216] Piergiovanni Aliotti (Lebensdaten unbekannt) war zunächst *guardarobiere* unter Clemens VII. (Cellini, *La vita*, I, 60) und wurde dann von Papst Paul III. zum Bischof von Forlì ernannt. Unter Julius III. oblagen die Einnahmen und Ausgaben der päpstlichen Kasse seiner Zuständigkeit, so daß er praktisch als Mittelsmann zwischen den Künstlern und dem Papst fungierte. Wegen seines ungezügelten Machthungers soll Michelangelo ihm den Spitznamen ›Tantecose‹ gegeben haben (Vasari, *Michelangelo*, S. 151).

[217] Tatsache ist, daß Vasari selbst alles tat, um sich beim Herzog einzuschmeicheln. Bereits vier Monate nach der Wahl von Julius III. schrieb Vasari an Francesco Buonanni, den damaligen Sekretär Herzog Cosimos I., daß er von den päpstlichen Aufgaben erschöpft sei und gern in den Dienst des Herzogs treten würde, wohl auch deshalb, weil der Papst

und sein Bruder es vorzögen, die in ihren Diensten stehenden Künstler mehr zu loben als zu entlohnen: »[…] saro sempre immortale stiavo et devotissimo del gran Cosimo de Medici, quale ardo in servirlo; et Dio il volesse, ch'io venissi un di tale con le mie fatiche nella pittura, ch'io potessi servir l'ombra de suoi cenni. Certo tanto raro è fra questi principi, che si dilettano più […] che di rimunerarci.« (Frey, Bd. I, S. 285.) Außerdem widmete Vasari auf Anraten Giovios die erste Ausgabe seiner *Vite* von 1550 Herzog Cosimo I. de' Medici (Vasari, *Kunstgeschichte und Kunsttheorie*, S. 23–29). Aus den Berichten des Florentiner Botschafters dieser Zeit geht darüber hinaus hervor, daß sich Herzog Cosimo schon kurz nach der Wahl von Julius III. im Februar 1550 ein Porträt vom Papst wünschte, mit dessen Gestaltung zunächst Vasari, später Tizian beauftragt wurde. Über den Verbleib von Vasaris Gemälde ist nichts bekannt, was unter Umständen darauf zurückzuführen ist, daß Vasari es möglicherweise nicht vollendete, es dem Herzog nicht gefiel oder es überhaupt nicht an diesen gesandt wurde.

Bibl.: Nova 1988, S. 31 und S. 166.

[218] *Enthauptung des Täufers* (Öl auf Holz, Rom, Oratorio di San Giovanni Decollato). Die Bruderschaft von San Giovanni Decollato widmete sich neben anderen karitativen Aufgaben vor allem dem geistigen Beistand von Inhaftierten und zum Tode Verurteilten. Ihr Oratorium wurde in den dreißiger Jahren des 16. Jahrhunderts für die Florentiner Gemeinde unterhalb des Kapitols (heute Via di San Giovanni Decollato) erbaut und zwischen 1536 und 1553 von überwiegend Florentiner Künstlern mit Fresken ausgestattet, die in acht Szenen Episoden aus dem Leben von Johannes dem Täufer zeigten, dem Schutzpatron von Florenz. Mitglieder dieser Bruderschaft waren nicht nur reiche Florentiner Bankiers, sondern auch Künstler wie Battista da Sangallo, Bruder von Antonio da Sangallo d. J., und wahrscheinlich auch Michelangelo, dessen Leichnam 1564 von besagter Bruderschaft nach Santi Apostoli gebracht wurde. Vasaris Gemälde, das laut seinen *Ricordanze* vom Februar 1552 für den Hauptaltar bestimmt war (Frey, Bd. II, S. 870, Ricordo 207), nimmt heute einen Platz an einer der Seitenwände, zwischen Battista Francos *Gefangennahme Christi* und Pirro Ligorios *Tanz der Salome*, ein. Im Zentrum der Gefängnisszene, von der Vasari behauptet, daß sie von den sonst üblichen Darstellungen abweicht, ist der kraftlos am Boden liegende Körper des Täufers abgebildet, während die Figur des Henkers mit dem abgeschlagenen Haupt in der erhobenen Linken direkt dahinter in frontaler Ansicht zu sehen ist und ganz offensichtlich die Pose des Apoll vom Belvedere zitiert, einer antiken und seit 1503 im Belvedere aufgestellten Marmorstatue. Eine kleine Skizze in schwarzer Kreide

mit der Figur des Henkers diente ebenso als Vorzeichnung für das Bild wie eine weitere Skizze mit der Figur der Salome (beide Florenz, Uffizien, Gabinetto dei Disegni e delle Stampe). Im Gegensatz zu nordalpinen Darstellungen dieses Themas ist das dramatische Motiv der Enthauptung, bei der der abgeschlagene Kopf des Täufers noch auf den von Salome gehaltenen Teller gelegt wird, in der Kunst Italiens eher selten und könnte in diesem Fall durch einen Holzschnitt Dürers inspiriert worden sein.

Bibl.: Hermann-Fiore 1974; Weisz 1982, S. 110; Härb 2000.

[219] *breccie*: Sedimentgestein aus kantigen, durch ein Bindemittel verkitteten Gesteinstrümmern

Der erwähnte Freskenzyklus Vasaris in der Loggia Altovitis wurde zusammen mit dessen Villa in Prato di Castello, einer sich von der Engelsburg am Tiber erstreckenden Landschaft, im 19. Jahrhundert zerstört. Eine Reihe von überlieferten Zeichnungen Vasaris (New York, The Pierpont Morgan Library) sowie dreizehn druckgraphische Blätter mit den Darstellungen verschiedener olympischer Götter, die Tommaso Pirolj 1807 nach Vasaris Fresken anfertigte, erlauben eine ungefähre Rekonstruktion dieser Fresken. Danach waren aller Wahrscheinlichkeit nach im Zentrum des Gewölbes drei rechteckige Felder mit folgenden Götterpaaren zu sehen: *Jupiter und Ganymed* flankiert von *Pluto und Proserpina* sowie *Neptun und Thetis*.

Bibl.: Peggazzano 2003; Chong/Pegazzano/Zikos 2003, S. 420–425 (Kat.-Nr. 29).

[220] Nachdem Bindo Altoviti 1514 den römischen Palast seiner Familie im Bezirk des Ponte di Sant'Angelo hatte restaurieren und nach der Wahl Pauls III. (Alessandro Farnese) 1534 von Francesco Salviati das Wappen besagten Papstes auf die Fassade hatte malen lassen (heute zerstört), dekorierte Vasari zwischen Juli 1551 und November 1553 verschiedene Räume mit Fresken, unter anderem das Gewölbe einer Anticamera mit Personifikationen der vier Jahreszeiten sowie das Gewölbe der zum Tiber hin geöffneten Loggia. Da Altovitis Palast 1888 den Befestigungsmaßnahmen entlang des Tiber zum Opfer fiel, sind Vasaris abgenommene Fresken der Loggia (Rom, Museo di Palazzo Venezia) das einzige Überbleibsel des einstigen Palasts. Zum Teil auf den *invenzioni* Annibale Caros basierend, stellte Vasari dort im Zentrum den *Tribut an Ceres*, zwei *Flußgötter* und zwölf *Monatsbilder* dar.

Bibl.: Grasso 1996; Peggazzano 2003; Chong/Pegazzano/Zikos 2003, S. 426–430 (Kat.-Nr. 31).

[221] Die 1551 für Bindo Altoviti ausgeführten vier Gemälde mit den Personifikationen der vier Jahreszeiten sind heute verloren.

Bibl.: Florian Härb, in: Chong/Pegazzano/Zikos 2003, S. 425–426 (Kat.-Nr. 30).

[222] Dieses, in den *Ricordanze* am 16. Juni 1551 verzeichnete Werk (Frey, Bd. II, S. 870, Ricordo 201) ist bisher nicht identifiziert. Vasari malte es zum Dank dafür, daß er während der Ernennung des neuen Papstes im Haus von Andrea di Jacopo della Fonte logieren durfte.

[223] Besagtes Werk ist verloren. Wie aus Vasaris *Ricordanze* hervorgeht (Frey, Bd. II, S. 870–871, Ricordo 209), schuf er das Gemälde mit dem *Kreuztragenden Christus* im Auftrag von Ersilia Cortese, Gattin des Fabiano del Monte, für deren Familienaltar. Scheinbar zahlte die Auftraggeberin nicht den vereinbarten Preis von 70 Scudi, so daß Vasari es nach seiner Fertigstellung in der Obhut Pierantonio Bandinis ließ und es später an Andrea della Fonte für 60 Scudi verkaufte.

[224] Vasari führte diese *Pietà* 1553 für Jacopo Cortese aus, der von 1551 bis 1568 als Nachfolger von Tommaso Cortese Bischof von Vaison war. Das Werk wurde zwar vollendet, dem Bischof jedoch nicht ausgehändigt, weil dieser in der Zwischenzeit Rom wahrscheinlich verlassen mußte, um sein neues Amt anzutreten. Es gelangte deshalb in den Besitz von Bindo Altoviti (Frey, Bd. II, S. 870, Ricordo 208). Bislang wurde besagte *Pietà* üblicherweise mit einer Tafel in Nancy identifiziert (Öl auf Holz, 172 x 126 cm, Musée des Beaux-Arts), obwohl diese anstelle des genannten Nikodemus Gottvater zeigt, der den Leib Christi hält. Neueren Erkenntnissen zufolge gilt dieses Werk als verloren.

Bibl.: Harris 1972; Alan Chong, in: Chong/Pegazzano/Zikos 2003, S. 430–431 (Kat.-Nr. 32).

[225] Unter den führenden Finanzagenten in Rom war Pierantonio Bandini (*1514 Florenz – †1592 Rom) in der zweiten Hälfte des 16. Jahrhunderts eine der zentralen Figuren. Seine engen geschäftlichen Beziehungen zur Apostolischen Kammer und zum Kardinalskollegium kamen unter anderem in der Tatsache zum Ausdruck, daß er 1559 zum Schatzmeister besagten Kollegiums ernannt wurde und 1561 in seiner Eigenschaft als Bankier den Auftrag erhielt, die mit dem Bau der Porta Pia verbundenen Arbeiten zu bezahlen. Darüber hinaus war er 1556 Konsul der Florentiner Gemeinde in Rom.

Bibl.: NN, in: DBI, Bd. V, 1963, S. 719–720.

[226] Nicht identifiziert (vgl. Frey, Bd. II, S. 871, Ricordo 213)

[227] Vasaris Kartons für die Fresken in der Loggia der Villa Giulia sind verloren. Die *invenzioni* Annibal Caros, die von dem ausgeführten Werk sowohl inhaltlich als auch im Format abweichen, sind lediglich durch eine spätere Kopie überliefert, die Vasaris Neffe anfertigte. Caros ur-

sprüngliches Programm für das Gewölbe der Loggia sah drei mytholo-
gische Hauptszenen vor: im Zentrum eine *Fontanalia*, links davon ein
Bacchanal und auf der rechten Seite eine *Cerealia*.

Bibl.: Davis, in: Kat. Arezzo 1981, S. 126–127.

[228] Averardo di Antonio Serristori (*1497 Florenz – †1569 Rom), Gesandter Herzog Cosimos am päpstlichen Hof in Rom (1541–1545, 1547-
1555 und 1561–1569), erwarb dort für die Medici-Sammlungen in Florenz sowohl antike als auch moderne Kunstwerke. Er verkehrte in den
bedeutendsten intellektuellen Kreisen Roms, vor allem in jenem von
Kardinal Alessandro Farnese, und war mit führenden Humanisten und
Künstlern wie Paolo Giovio, Annibal Caro, Michelangelo und dem
Drucker Francesco Priscianese befreundet. Er und Giovio waren es, die
Vasari in den 1540er Jahren bei Kardinal Farnese einführten. Während
des von Cosimo I. geführten Krieges gegen Siena in den Jahren 1554
und 1555 war Serristori zudem für den Florentiner Fürsten als Spion tä-
tig, der die im römischen Exil lebenden Medici-Gegner, allen voran
Bindo Altoviti, observierte.

Bibl.: Ferretti 2003.

[229] Giovanni Battista Ricasoli (*1504 – †1572), Bischof von Cortona und
später von Pistoia, war ein Mann von höchster Gelehrsamkeit, der mit
Künstlern wie Vasari, Bandinelli und Tribolo, aber auch mit Literaten
wie Caro, Bartoli und Varchi befreundet war und zudem als Berater der
Accademia Fiorentina fungierte. Sein Palast in der Via San Gallo wurde
von Cosimo Bartoli entworfen. Bei Vasari gab er darüber hinaus einen
Entwurf für einen neuen Campanile in Cortona in Auftrag, der jedoch
niemals ausgeführt wurde. Vasari stellte ihn unter anderen Personen von
Rang in einem Fresko an der Decke der Sala di Clemente VII im Palazzo Vecchio dar, das Papst Clemens VII. zeigt, wie er seinen Neffen Ippolito de' Medici die Kardinalswürde verleiht (Muccini/Cecchi 1991,
S. 168).

Bibl.: Riccardo Pacciani, in: Kat. Arezzo 1981, S. 83.

[230] Sforza Almeni (†1566) trat schon als junger Mann in den Dienst von
Herzog Cosimo I. ein, kurz nachdem dieser 1537 seine Herrschaft ange-
treten hatte. Dort erlangte er als Mundschenk und erster Kammerdiener die Position eines engen Vertrauten Cosimos, fiel jedoch 1566 angeblich wegen des Verrats der Liebesbeziehung zwischen seinem Fürsten
und der jungen Eleonora degli Albizzi in Ungnade und wurde daraufhin auf dessen Geheiß ermordet. Vasari porträtierte ihn in einer Szene
des Palazzo Vecchio, die den *Sieg Cosimos bei Montemurlo* zeigt, unter den
Gefolgsleuten des Herzogs. Seine Freundschaft mit Vasari reicht bis in
die 1530er Jahre zurück. Wie Charles Davis vermutet, war sein Kunst-

geschmack am Hof ausschlaggebend dafür, daß Vasari und nicht Bandinelli und Cellini die Aufträge erhielten. Almeni tat sich selbst als Sammler und Mäzen hervor, doch sind die entsprechenden Informationen darüber sehr fragmentarisch.

Bibl.: Davis 1980.

[231] Bernardetto Minerbetti (*1507 – †1574), seit 1538 Bischof von Arezzo. In dieser Eigenschaft weihte er auch 1541 Vincenzo Borghini zum Priester. Er stand viele Jahre im Dienst Herzog Cosimos I., dessen Gesandter in Neapel, Siena, Ferrara und Madrid er über längere Zeit war. Viele seiner Briefe an Vasari (zwischen 1552 und 1573 sind allein 65 davon überliefert) zeugen von einem freundschaftlichen Verhältnis zu dem Aretiner Künstler, den er des öfteren mit »Messer Giorgio Mio Magnifico e Dolcissimo« anredete (Frey, Bd. I, S. 310).

Bibl.: Margaret Daly Davis, in: Kat. Arezzo 1981, S. 69.

[232] Ercole II. d'Este (*1508 Ferrara – †1559 ebenda), Sohn von Alfonso I. d'Este und nach dem Tod seines Vaters 1534 Herzog von Ferrara, Modena und Reggio

[233] 1551 wünschte sich Bischof Minerbetti im Stil Michelangelos eine Personifikation der *Pazienza*, die dessen Impresa war. Wie aus einem Brief des Bischofs an Vasari hervorgeht, war die Tafel dazu bestimmt, in einen ovalen Rahmen in seinem *studiolo* eingelassen zu werden (Frey, Bd. I, S. 310). Vasari schickte daraufhin seinem Freund und Auftraggeber zusammen mit einem Brief, in dem er seine *invenzione* lang und breit erklärt, eine heute verlorene Zeichnung (Frey, Bd. I, S. 313) und führte nach Zustimmung Minerbettis im Verlauf des folgenden Jahres die Tafel in Öl aus (177 x 101 cm, Florenz, Palazzo Pitti, Galleria Palatina).

Bibl.: Julian Kliemann, in: Kat. Arezzo 1981, S. 130–133; Pierguidi 2009.

[234] Nachdem Vasari im Herbst 1553 dem bereits genannten Mundschenk und ersten Geheimkämmerer Cosimos I., Sforza Almeni, vorgeschlagen hatte, die Fassade seines Palastes in der Via de' Servi in Florenz mit Grisaillemalereien zu dekorieren, ließ er dies im Sommer 1554 nach seinem Entwurf fast vollständig von seinem Schüler Cristofano Gherardi ausführen (Frey, Bd. II, S. 871–872, Ricordo 222). Das Programm umfaßte nahezu 150 Figuren, die das Leben und die Lebensalter des Menschen zusammen mit den Tugenden darstellten. Die nicht mehr erhaltenen Fresken und deren Ikonographie können heute nur anhand von schriftlichen Quellen rekonstruiert werden, zu denen auch die entsprechende Beschreibung Vasaris in einem an Sforza Almeni adressierten Brief zählt (Frey, Bd. I, S. 373–379).

Bibl.: Thiem/Thiem 1964, S. 131–133; Davis 1980; Davis, in: Kat.

Arezzo 1981, S. 83–84.

[235] Giovanbattista del Tasso (*1500 Florenz – †1555 ebenda) gehörte zu jenen Künstlern, die 1547 von Benedetto Varchi gebeten wurden, ihr Urteil darüber abzugeben, ob der Malerei oder der Skulptur in der Kunst der Vorrang einzuräumen sei. Während seiner Zeit im Dienst von Herzog Cosimo I., wo er unter anderem mit der Umstrukturierung und Erweiterung des Palazzo Vecchio beschäftigt war (1549–55), hatte er dank der Protektion von Pier Francesco Riccio, dem langjährigen Berater und Haushofmeister Herzog Cosimos, großen Einfluß auf die Wahl künftiger Handwerker und Künstler am Hof der Medici in Florenz.

Bibl.: Marco Collareta, in: DBI, Bd. XXXVIII, 1990, S. 299–302; Barletti 1990; Alessandro Nova, in: Turner 2000, Bd. II, S. 1582; Pagnini 2006.

[236] Die 1554/55 für die Compagnia del Gesù in Cortona ausgeführten Fresken (in situ) illustrieren neben den Deckenszenen mit der *Verklärung Christi*, der *Bekehrung Pauli* und dem *Abstieg Christi in die Vorhölle* an den Wänden zwölf Opferszenen des Alten Testaments (vgl. Frey, Bd. II, S. 872, Ricordo 224). Die einzelnen Szenen sind durch dekorative Elemente wie Grotesken, Motti und Tugenddarstellungen miteinander verbunden. Die Ausführung wird zum großen Teil Cristofano Gherardi zugeschrieben. Zahlreiche Entwurfszeichnungen sind bekannt (Florenz, Uffizien, Gabinetto dei Disegni e delle Stampe, Inv.-Nr. 7083F-7094F), deren Zuschreibung an Vasari im einzelnen jedoch umstritten sind.

[237] Bereits 1550 hatten die Bürger von Cortona einem lokalen Architekten, Battista Sensi, den Auftrag erteilt, für ein wundertätiges Werk der Madonna ein Sanktuarium außerhalb der Stadt zu errichten. Sensi entwarf nach dem Vorbild des Sanktuariums in Mongiovino (etwa 35 km von Cortona entfernt) einen Zentralbau, dessen Konstruktion mit dem Tod des Architekten 1554 unvollendet blieb. Als Vasari sich 1554 wegen des Auftrags für die Compagnia del Gesù in Cortona aufhielt, bat man ihn, auf der Basis des bis dahin ausgeführten Plans der Kirche Santa Maria Nuova einen neuen Entwurf und ein Modell anzufertigen, wofür er im Gegensatz zu seinem Vorgänger (17 Lire) die beachtliche Summe von 105 Lire verlangte. Möglicherweise hatte Vasari durch Vermittlung des Bischofs von Cortona, Giovan Battista Ricasoli, einem einflußreichen Berater Cosimos I., diesen Auftrag erhalten. Mit Rücksicht auf die bestehenen Konstruktionen blieb Vasari lediglich die Strukturierung der Außenfassade und die Gestaltung des Innenraums frei überlassen.

Bibl.: Conforti 1993, S. 224–228; Satkowski 1993, S. 82–83; Matracchi 1998.

[238] Es handelt sich um die Gemächer des sogenannten Quartiere degli Elementi im zweiten Stock des Palazzo Vecchio, deren Ausgestaltung Vasari im März 1555 unter Mithilfe von Cristofano Gherardi, Giovanni Stradano und vielen weiteren Künstlern begann. Die Händescheidung im einzelnen erweist sich jedoch als schwierig. Das ikonographische Programm wurde auf Grundlage von Boccaccios *Genealogia Deorum* von Cosimo Bartoli und Niccolò Martelli erarbeitet.

Bibl.: Allegri/Cecchi 1980, S. 63–113; Muccini/Cecchi 1991, S. 41–90; Gáldy 2002; Cinelli 2006.

[239] Baccio Bandinelli, eigentlich Bartolomeo Brandini (*1493 Florenz – †1560 ebenda)

[240] Über den Verbleib dieses Holzmodells, das zwischen Juli 1558 und September 1559 von Battista Bartolomeo Botticelli und anderen Tischlermeistern nach den Plänen Vasaris ausgeführt wurde, ist nichts bekannt. In der Vita Michelangelos erzählt Vasari, daß er auf Anordnung des Herzogs besagtes Modell samt den dazu gehörenden Plänen zur Ausgestaltung der Räume nach Rom zu Michelangelo mitnahm, um dessen Urteil einzuholen. Erst nachdem Michelangelo alles für gut befunden und dem Herzog geraten hatte, das von Vasari Entworfene ausführen zu lassen, sei mit dem Umbau begonnen worden (Vasari, *Michelangelo*, S. 180–181).

Bibl.: Allegri/Cecchi 1980, S. 183.

[241] Die sogenannte *Madonna dell'Impannata* (Öl auf Holz, 160 x 127 cm, Florenz, Palazzo Pitti, Galleria Palatina) malte Raffael und seine Werkstatt wahrscheinlich zwischen 1512 und 1515 im Auftrag von Bindo Altoviti. Nach ihrer Fertigstellung wurde die Tafel nach Florenz gesandt, wo sie vermutlich zur Florentiner Sammlung Altovitis gehörte, die jedoch aufgrund seiner Gegnerschaft zu den Medici und seiner Exilierung aus Florenz 1554 beschlagnahmt wurde. Daraufhin gelangte sie in den Besitz von Herzog Cosimo I., der sie in seiner Privatkapelle aufstellen und einen großen architektonischen Rahmen für sie anfertigen ließ, inklusive zweier Flügel, auf denen Vasari Cosimo den Älteren als Heiligen Cosmas und Cosimo I. als Heiligen Damian darstellte.

Bibl.: David Brown und Alan Chong, in: Chong/Pegazzano/Zikos 2003, S. 380–382 (Kat.-Nr. 9).

[242] Eleonora di Toledo (*1522 Neapel – †1562 Pisa), Tochter von Don Pedro Alvarez, dem spanischen Vizekönig von Neapel, und seit 1539 mit Herzog Cosimo I. de' Medici vermählt

[243] Mit dem hier erwähnten »Dialog« sind die sogenannten *Ragionamenti sopra le invenzioni delle storie dipinte ne le stanze nuove del Palazzo Ducale* gemeint, einer schon 1558 von Vasari begonnenen und zum Zeitpunkt der

zweiten Edition der *Vite* noch unvollendeten Schrift, die als Druck herausgegeben werden sollte, aber erst 1588 postum und nach Überarbei-
tung durch Vasaris Neffen, Giorgio Vasari dem Jüngeren, erschien. Der
Text ist in Form eines Dialogs zwischen dem Kunstbiographen und dem
ältesten Sohn Cosimos, Francesco de' Medici, verfaßt und präsentiert
sich als fiktive, dreitägige Besichtigung der von Vasari und seinen
Mitarbeitern im Palazzo Vecchio gestalteten Fresken. Vasari beschreibt
darin nicht nur die einzelnen Szenen und erklärt, welche Personen dargestellt sind, sondern erläutert auch deren komplexe Symbolik.

Bibl.: Tinagli 2000; Tinagli 2001; Caputo 2005; Passignat 2007;
Bonfanti 2010.

[244] Sogenannter Salone dei Cinquecento im Palazzo Vecchio, dessen
Decke und Wände von Vasari und seiner Werkstatt zwischen 1564 und
1571 mit Tafeln und Fresken ausgestattet wurden. An der nördlichen
Wand des großen Saals, der in republikanischer Zeit als Versammlungs-
raum der Ratsherren diente, hatte man 1542 unter der Leitung Baccio
Bandinellis begonnen, durch die Einfügung von Fenstern, Nischen, Säulen und Statuen den Raum in einen dem fürstlichen Machtanspruch ge-
recht werdenden Audienzsaal umzubauen. Als Bandinelli 1560 ver-
starb, waren die Arbeiten noch nicht vollendet, so daß Vasari mit der
weiteren Umgestaltung, einschließlich der Anhebung der Decke, beauftragt wurde.

Bibl.: Allegri/Cecchi 1980, S. 235–273; Muccini 1997, S. 88–100; Williams 1998; Vossilla 2006; Carrara 2007; Romby 2011.

[245] Francesco I. de' Medici (*1541 Florenz – †1587 Poggio a Caiano), der
seit 1564 Prinzregent war, heiratete 1565 Johanna von Österreich (*1547
– †1578), die 17jährige Schwester Kaiser Maximilians II.

[246] Nachdem Herzog Cosimo 1559 Siena mit seinem ausgedehnten Ter-
ritorium dem toskanischen Staat einverleiben konnte, verwirklichte er
im Zuge seiner *renovatio urbis florentiae* noch im selben Jahr seinen Plan,
die wichtigsten Ministerien und Ämter in einem einzigen Gebäude –
den Uffizien – zu vereinen. Diesem Neubau fiel ein ganzes Stadtviertel
zum Opfer, das sich vom Palazzo Vecchio bis zum Arnoufer erstreckte.
In einem Brief an Herzog Cosimo vom 5. März 1559 beschreibt Vasari
auf eindrückliche Weise, wie er mit Hilfe von Antonio de' Nobili die
entsprechenden Vermessungen an den Häusern vornahm (Frey, Bd. I,
S. 535–536). Der ursprüngliche Entwurf Vasaris sah eine vierflügelige
Anlage vor, die einen Hof und einen Tempietto im Zentrum umschlie-
ßen sollte. Dieses Projekt hätte jedoch mehr Fläche erfordert, als Herzog
Cosimo zu erwerben bereit war. Vasari reduzierte daraufhin die Dimensionen seines Plans und konzipierte statt dessen ein U-förmiges Ge-

bäude, das sich weitestgehend entlang der von Cosimo I. 1546 neu geschaffenen Strada nuova erstreckte. Die beiden in ihrer Länge unterschiedlichen und zur Arnoseite hin durch einen Riegel verbundenen
Flügel (der östliche, der die alte Kirche San Piero Scheraggio aufnahm,
beherbergte ursprünglich sieben, der westliche sechs Magistraturen
und Zünfte) wurden dabei zu großen Teilen auf den Überresten der zerstörten Häuser gebaut. Lediglich für den südlichen Gebäudekomplex
entlang des Arnoufers war wegen des abfallenden Geländes die Errichtung von robusten Substruktionen erforderlich.

    Bibl.: Conforti 1993, S. 160–190; Satkowski 1993, S. 25–44; Burioni
2006; Conforti 2007; Burioni 2010; Conforti 2011.

[247] Tatsächlich erforderte der Bau des Verbindungsgangs zwischen dem
Palazzo Vecchio (dem Regierungssitz) und dem Palazzo Pitti (der Resi-
denz der Medici) auf der anderen Seite des Arno nur wenige Monate.
Die Arbeiten begannen im März 1565 und waren im Dezember des gleichen Jahres bis auf die Verbindung zu den Uffizien abgeschlossen. Vasaris Behauptung, die Konstruktion des *corridoio* hätte lediglich fünf
Monate in Anspruch genommen, läßt sich wahrscheinlich nur auf die
allgemeine Struktur des Baus beziehen. Das Verputzen der Außen- und
Innenwände sowie die Fertigstellung des Daches dürften die restlichen
Wochen und Monate gedauert haben. Sichtbar ist der Gang für einen
außenstehenden Betrachter nur entlang des Arnoufers auf der Uffizien-
seite, wo Vasari nach Art eines Aquädukts eine Serie von pfeilergetra-
genen Arkaden als Substruktion errichtete, und auf dem Ponte Vecchio.
Seine Integration in die Fassade von Santa Felicità in Form einer vorge-
lagerten Loggia läßt ihn an dieser Stelle eher unauffällig wirken. Die
Tatsache, daß Vasari den Bau des *corridoio* in Zusammenhang mit den
Feierlichkeiten anläßlich der Vermählung von Francesco de' Medici mit
Johanna von Österreich am 18. Dezember 1565 erwähnt und darüber
hinaus in einer zeitgenössischen Beschreibung der Hochzeit behauptet
wird, daß der Gang eigens aus diesem Anlaß gebaut wurde, gibt Aufschluß über dessen ursprüngliche Funktion. Als Verbindungsgang zwischen dem Ort, wo die meisten auswärtigen Gäste logierten (Palazzo
Pitti), und dem zentralen Ort der Hochzeitsfeierlichkeiten (Palazzo
Vecchio) war er zum Zeitpunkt der Vermählung wahrscheinlich weniger dienlich, da der Zugang vom Palazzo Vecchio zu den Uffizien noch
erheblich erschwert war. Der eigentliche Zweck war wohl mehr symboli-
scher Art und offenbarte sich als Ausdruck herzoglicher Macht in dem
Bestreben Cosimos I., seine Gäste mit einem ebenso unauffälligen wie
effizienten Bauwerk zu beeindrucken. Ähnlich wie der berühmte *pas-
setto* in Rom, der den Vatikan mit der Engelsburg verband und über-

wiegend Verteidigungszwecken diente, darf sein florentinisches Gegenstück darüber hinaus ebenfalls als geheimer Gang interpretiert werden, der der Fürstenfamilie bei drohender Gefahr die Flucht ermöglichen sollte.

Bibl.: Satkowski 1979, S. 76–97 und S. 195–196; Satkowski 1993, S.56–59; Conforti 1993, S. 160–190; Funis 2002; Funis 2007.

[248] Vasari spielt hier auf eine Vorrichtung an, die Filippo Brunelleschi 1439 für die in der Kirche San Felice in Piazza stattfindenden ›sacre rappresentazioni‹ entworfen und konstruiert hatte. Mit Hilfe dieser Mechanik war es möglich, eine vertikale Bewegung, wie den Flug des Verkündigungsengels oder die Himmelfahrt Mariens auf einer Mandorla, im Kirchenraum zu simulieren. Bevor Vasari 1565 anläßlich der Hochzeit von Francesco de' Medici mit Johanna von Österreich die Konstruktion erneuerte, war die Vorrichtung schon mehrmals überholt und zu anderen Festivitäten wegen Platzmangels vornehmlich in Santo Spirito eingesetzt worden: 1470 beim Einzug des Herzogs von Mailand, Galeazzo Maria Sforza, in Florenz oder 1494 während des Besuchs des französischen Königs Karl VIII. Vasaris Absicht war es, anläßlich der geplanten Fürstenhochzeit diese Tradition im Rahmen eines kirchlichen Schauspiels wieder aufleben zu lassen.

Bibl.: Pallen 1999, S. 15–18.

[249] 1561 hatte Herzog Cosimo I. zum Gedenken an seine Siege bei Montemurlo (1537) und bei Fòsso di Scanagallo (1554), die beide auf den Festtag des Heiligen Stephanus (26. Dezember) fielen, den Ritterorden von Santo Stefano ins Leben gerufen. Eine solche Gründung stellte laut Baldassare Castiglione eine dem Fürsten angemessene Tätigkeit dar (Castiglione, *Il libro del cortegiano*, 3,2). Ursprünglich beabsichtigte Cosimo wohl in Nacheiferung des 1530 durch Kaiser Karl V. gegründeten Ritterordens auf der Insel Malta, seinen Stephansorden dauerhaft auf Elba anzusiedeln, doch rief dieses Vorhaben unverzüglich den Protest der Spanier hervor und wurde aus diesem Grund kurze Zeit später wieder fallengelassen. Als Großmeister empfing Herzog Cosimo am 15. März 1562 aus der Hand des päpstlichen Gesandten Giorgio Cornaro im Dom von Pisa die Insignien des Ordens, ein rotes Kreuz und einen weißen Umhang. Die Wahl Pisas als Standort für den neugegründeten Ritterorden muß in direktem Zusammenhang mit den Interessen Herzog Cosimos gesehen werden, die unter seiner Herrschaft stehende Stadt am Arno in ein mächtiges wirtschaftliches Zentrum der westlichen Toskana, nun jedoch mit Livorno als wichtigstem Hafen, zu verwandeln. Den Ordensrittern oblagen in diesem Zusammenhang sowohl die Verteidi-

gung der toskanischen Küste gegen Ungläubige als auch die Sicherung der florentinischen Handelswege im Mittelmeer.

Als ihren Sitz in Pisa hatte Cosimo das Terrain des ehemaligen Kommunalpalastes, des sogenannten Palazzo degli Anziani, bestimmt, der ganz ähnlich wie der Palazzo Vecchio in Florenz entsprechend seiner neuen Funktion von Vasari umgestaltet werden sollte. In der Vita von Nicola und Giovanni Pisani schreibt Vasari fälschlicherweise Nicola die Errichtung des alten Palastes zu und bemerkt außerdem, daß dieser jetzt von Herzog Cosimo zerstört worden sei, um am selben Ort und unter Verwendung von Teilen des alten Gebäudes den Palast und Konvent des neuen Ordens der Stephansritter nach dem Entwurf und dem Modell des Aretiner Malers und Architekten Giorgio Vasari zu erbauen, der ihn nach besten Kräften auf jenem alten Gemäuer wiederhergestellt und ihn dabei modernisiert habe: »[...], oggi stato disfatto dal duca Cosimo per fare nel medesimo luogo, servendosi d'una parte del vecchio, el magnifico palazzo e convento della nuova Religione de' Cavaglieri di S. Stefano col disegno e modello di Giorgio Vasari aretino pittore et architettore, il quale si è accomodato, come ha potuto il meglio, sopra quella muraglia vecchia, riducendola alla moderna.« (Bettarini/Barocchi, *Vite*, Bd. II, S. 60–61.) Ein bemerkenswerter Brief Vasaris an Vincenzo Borghini enthüllt, daß Vasari bereits zu Beginn des Jahres 1562 einen Plan gehabt haben muß, wie das bestehende Gebäude entsprechend seiner neuen Nutzung zu modernisieren sei. Vasari erwähnt darin ein nicht lange zurückliegendes Treffen mit Herzog Cosimo in Pisa, wo man die Angelegenheit des Palazzo de' Cavalieri besprochen habe und der Fürst bereit gewesen sei, eine Summe von 15.000 Scudi in den Bau zu investieren. Doch habe Vasari ihm einen Vorschlag unterbreitet, bei dem nur ein Fünftel der Kosten anfallen würden (Frey, Bd. I, S. 651–652). Entsprechend seiner Bestimmung als Palast und Konventsgebäude ließ Vasari neben zellenähnlichen Wohnräumen für die Ordensritter auch Bereiche zur gemeinschaftlichen Nutzung und zur Repräsentation anlegen, darunter ein Archiv und ein Waffensaal. Bis auf die Fassade, die zwischen 1564 und 1566 mit Malereien nach Entwürfen Vasaris von Alessandro Forzori in Sgraffito-Technik verziert wurde, war das Gebäude im Jahr 1564 weitestgehend vollendet. Gleich daneben entstand seit 1565 nach dem Entwurf Vasaris die einschiffige und 1569 geweihte Ordenskirche gleichen Namens.

Bibl.: Conforti 1993, S. 191–208; Satkowski 1993, S. 67–74; Badino 2001; Paliaga 2001; Sodi/Renzoni 2003; Aglietti 2007.

250 Mit dem Bau der Kirche der Madonna dell'Umiltà wurde nach Plänen Giuliano da Sangallos 1495 durch den Pistoieser Architekten

Ventura Vitoni begonnen, doch kamen die Arbeiten aufgrund von politischen Auseinandersetzungen der lokalen Familien mehrmals zum Erliegen. Erst 1509 wurden die Bauarbeiten in vollem Umfang wieder aufgenommen. Zu dieser Zeit begann man gerade das Oktogon der Kuppel in Angriff zu nehmen. Als Vitoni 1522 starb, war der Chorraum vollkommen fertiggestellt und der oktogonale Tambour bis zur dritten Ebene des Gebälks hochgezogen. Danach ruhte die Arbeit für mehrere Jahrzehnte, ohne daß mit der Einwölbung der Kuppel begonnen wurde. Erst 1561, unter der Ägide von Herzog Cosimo I., sollte das Vorhaben in die Tat umgesetzt werden, doch fürchtete man, daß der Bau aufgrund von technischen Unzulänglichkeiten einstürzen könnte. Vasari entwarf daher nach dem Vorbild von Brunelleschis Kuppel am Florentiner Dom eine zweischalige Konstruktion mit einem komplexen System von Innenrippen. 1568 war die Kuppel vollendet. Daß Vasari den Bau dieser Kuppel als überaus wichtig einstufte, mag einerseits darauf zurückzuführen sein, daß es sich bei diesem Werk um eine der größten Kirchen Italiens handelte. Andererseits hatte er sicherlich erkannt, daß ein solcher Entwurf nicht weniger als Modell für andere Projekte dienen konnte wie die entsprechenden Pläne Bramantes, Brunelleschis und Michelangelos. Vor allem in der Vita Bramantes berichtet Vasari ausführlich von seinen Arbeiten an diesem Werk (Vasari, *Bramante und Peruzzi*, S. 30–31).

Bibl.: Fossi 1976; Satkowski 1979; Satkowski 1993, S. 61–66.

[251] Für die geplante zweite und erweiterte Ausgabe seiner *Vite* reiste Vasari 1566 erneut durch Italien, um neues Material zu sammeln. Sein Weg führte ihn dabei nach Umbrien, in die Marken, die Emilia, nach Venetien und in die Lombardei.

[252] Papst Pius V., mit bürgerlichem Namen Michele Ghislieri (*1504 Boscomarengo – †1572 Rom); Papst von 1566 bis 1572

[253] *Anbetung der Könige* (Öl auf Holz, 260 x 205 cm, Boscomarengo, Santa Croce, Cappella del SS. Nome di Gesù)

[254] Der *Altar von Boscomarengo* (Boscomarengo, Santa Croce), zu dem Vasari von Papst Pius V. den Auftrag erhielt und der hinsichtlich des Aufbaus seinem Familienaltar in Arezzo ähnlich sein sollte (Frey, Bd. II, S. 321), existiert nicht mehr in seiner ursprünglichen Gestalt. Im 18. Jahrhundert wurden die einzelnen Tafeln mit neuen Rahmen versehen. Einige von den kleineren sind heute verloren. Eine Entwurfsstudie Vasaris befindet sich im Louvre (Cabinet des Dessins, Inv.-Nr. 2153). Alle Tafeln zeigten einen Bezug zur Person des Papstes und zum Dominikanerorden, dem der Papst unter seinem bürgerlichen Namen Michele angehörte. Neben dem *Jüngsten Gericht* als zentrale Szene auf der Vorderseite waren zu beiden Seiten die Heiligen

des Dominikanerordens, Dominikus, Antonius, Thomas und Vinzenz Ferrer, dargestellt sowie vier Szenen mit ihren jeweiligen Wundern. Während die anderen Tafeln Szenen aus dem Alten und dem Neuen Testament zeigten, war als Gegenstück zum *Jüngsten Gericht* auf der Rückseite des Altars das *Martyrium des Heiligen Petrus Martyr* dargestellt. Die Tafeln wurden auf dem Seeweg nach Genua verschickt und erreichten am 15. September 1570 Boscomarengo.

Bibl.: Kliemann, in: Kat. Arezzo 1981, S. 95; Spandigati/Ieni 1985; Ekserdjian 2000; Scorza 2001; Merlano 2010.

[255] Vasaris Sorge um das eigene Grabmal steht ganz im Zeichen seines Verlangens, den im Leben errungenen Ruhm auch über den Tod hinaus zu bewahren. Diesen Anspruch bekennt er ganz offen in einem an Herzog Cosimo I. gerichteten Brief vom 18. April 1564, in dem er in aller Ausführlichkeit seinen Familienaltar in Arezzo beschreibt: »[...], poiche inaspettatamente e si presto e venuto loro [i popoli di quella città] una opera si grande et con tante comodita, laquale restara a posteri senpre in onore di quel luogo et in memoria di V. E. et del Suo Giorgio.« (Frey, Bd. II, S. 73) – »[...] denn unerwartet und so schnell ist ihnen [den Bürgern von Arezzo] mit so viel Bequemlichkeit ein so bedeutendes Werk entstanden, das zur Ehre jenes Ortes und zur Erinnerung an Eure Excellenz und Euren Giorgio der Nachwelt immer erhalten bleiben wird.« Von Papst Pius V. hatte Vasari die Erlaubnis erhalten, in der Hauptkirche seiner Geburtsstadt Arezzo eine Familienkapelle anzulegen, deren Realisierung er mit finanzieller Unterstützung Herzog Cosimos 1564 vollendete. In den gewaltigen und von allen Seiten zugänglichen Altaraufbau integrierte Vasari neben einem Behältnis für die Hostie auf der Vorderseite eine Tafel, die er 1551 im Auftrag von Papst Julius III. mit der Darstellung der Berufung der Söhne Zebedäus' für eine Kapelle im Vatikan gemalt hatte. Als der Papst jedoch gestorben und die Vergütung seitens der Kurie ausgeblieben war, verlangte Vasari laut eigenen Angaben von dessen Nachfolger Papst Paul IV. die Tafel zurück und ließ sie dann nach Arezzo bringen. Als Pendant auf der Rückseite des Altars fügte Vasari eine Tafel ein, die seinen Schutzpatron, den Heiligen Georg, im Kampf mit dem Drachen darstellt und die er in dem bereits erwähnten Brief an Herzog Cosimo wahrscheinlich deshalb so überaus detailliert beschreibt, weil sie für ihn das Sinnbild für die Überwindung von *superbia* und *invidia* ist. Neben weiteren, kleineren Tafeln von Heiligen, die diese beiden Bilder einrahmen und alle in irgendeinem Bezug zur Familie Vasaris stehen, malte er auch eine Tafel mit den Figuren des Heiligen Lazarus und der Maria Magdalena, in denen er nach gängiger Meinung die Gesichtszüge von sich und seiner Ehefrau Nicolosa Bacci

verewigte. Der Familienaltar Vasaris wurde 1864 bei der Umgestaltung der Pieve von Arezzo in die Kirche der ehemaligen Benediktinerabtei von SS. Flora e Lucilla transferiert, wo er sich noch heute befindet.

[256] 1565 hatte Vasari wahrscheinlich durch Vermittlung von Vincenzo Borghini von Don Jacopo Dei, dem Abt der Benediktinerabtei San Pietro in Perugia, den Auftrag erhalten, für das Refektorium seines Konvents drei Tafeln mit Speisewundern zu malen (Perugia, San Pietro, Cappella del Sacramento). Aus einem Brief Vasaris an Borghini vom 4. April 1566 geht hervor, daß die Tafeln zu jener Zeit vollendet und nach Perugia gebracht worden waren, wo sie angeblich vom ganzen Konvent sehr bewundert wurden (Frey, Bd. II, S. 226–227).

[257] Gentilina della Staffa (*unbekannt – †um 1568), Tochter von Pietro Giacomo della Staffa, war mit Niccolò Vitelli (*1496 Città di Castello – †1529 ebenda) verheiratet, der 1528 zum Herzog von Montone ernannt worden war. Sie war zudem die Schwägerin des von Vasari mehrmals erwähnten Alessandro Vitelli (*1500 Città di Castello – †1554 Citerna), der als Heerführer in den Diensten Karls V. und Herzog Cosimos I. stand. Nach der Ermordung ihres Gatten Niccolò ließ Gentilina offensichtlich den Familienpalast der Vitelli bei Sant'Egidio in Città di Castello fertigbauen – Arbeiten, die um 1535 in vollem Gang waren.
Bibl.: Galassi 1999.

[258] Giovanni Liso, genannt Chiappino, Vitelli (*vor 1520 – †1575) stand als Heerführer im Dienst von Herzog Cosimo I. und befehligte unter anderem die Florentiner Truppen, die am 12. Juli 1555, während des Krieges gegen Siena, einen Überfall der Türken bei Piombino abwehrten. Seit 1562 war er Ritter des von Cosimo I. gegründeten Stephansordens. Vasari stellte ihn unter anderen Heerführern in seinem Gemälde an der Decke des Salone dei Cinquecento dar, das den Einzug in Florenz nach dem Sieg über Siena zeigt.
Bibl.: Galassi 1999; Arfaioli 2008.

[259] Paolo Vitelli (*1519 – †1574), Herzog von Montone, war 1546 oberster Statthalter der päpstlichen Kavallerie und 1555 Gesandter des Herzogs von Parma in Rom.

[260] 1557 hatte Gentilina della Staffa die Erlaubnis erhalten, in der Kirche des Franziskanerordens in Città di Castello eine Familienkapelle zu errichten, die wahrscheinlich nach einem Entwurf Vasaris in den folgenden Jahren ausgeführt und der Unbefleckten Empfängnis Mariens geweiht wurde. Einem Dokument vom 10. Juni 1559 zufolge verfügte die Witwe, daß der Körper ihres 1529 verstorbenen Gatten dort bestattet werden sollte. Vasari erhielt am 21. September 1563 den Auftrag, ein Altarbild mit einer *Marienkrönung*

und den Heiligen Anna, Katherina, Hieronymus, Nikolaus von Tolentino sowie den Heiligen Cosmas und Damian und dem Heiligen Ludwig von
Toulouse (Öl auf Holz, Maße unbekannt, Città di Castello, San
Francesco) zu malen, das er spätestens bis Mai 1564 vollenden und dafür 300 Goldscudi erhalten sollte. In seinen *Ricordanze* vermerkt Vasari
jedoch, daß er die Tafel im Dezember 1561 fertiggestellt und 180 Scudi
dafür bekommen habe (Frey, Bd. II, S. 876, Ricordo 275) – zu einem
Zeitpunkt also, wo er nachweislich noch nicht einmal den Auftrag
dazu erhalten hatte. Dies mag als weiterer Beleg für die retrospektive
Konstruktion seiner Aufzeichnungen gelten.

    Bibl.: Galassi 1999.

[261] *Pietà mit den Heiligen Cosmas und Damian* (Öl auf Holz, Poggio a
Caiano, Villa Medicea)

[262] Matteo und sein älterer Bruder Simone Botti gehörten zu einer Familie, die ursprünglich aus Cremona stammte und zur Zeit der letzten
Florentiner Republik nach Florenz übersiedelte. Als Parteigänger der
Medici erhielt die Familie 1550 von Herzog Cosimo I. das Stadtrecht
und bekam Adelstitel und öffentliche Ämter verliehen. Vasari erwähnt
die Namen der beiden Brüder des öfteren in seinen *Vite* als Florentiner
Kaufleute, deren Handelsgebiet sich bis nach Spanien erstreckte. Vor allem in der Vita Raffaels bezeichnet er sie als bedeutende Mäzene und
Sammler, wobei er die bemerkenswerte Kennerschaft Simones ausdrücklich hervorhebt (vgl. hierzu: Vasari, *Raffael*, S. 61). Die Freundschaft mit
dem älteren der beiden Brüder reicht vermutlich bis in das Jahr 1545 zurück (vgl. Frey, Bd. I, S. 141) und mag intensiver als die mit Matteo Botti
gewesen sein. Zumindest erwähnt Vasari, daß er bei einem Besuch
Daniele da Volterras in Florenz diesen im Haus seines Freundes Matteo
Botti untergebracht habe (Vasari, *Daniele da Volterra und Taddeo Zuccaro*,
S. 31).

[263] *Kreuzigung* (Öl auf Holz, Florenz, Santa Maria del Carmine)

[264] Jacopo Capponi (Lebensdaten unbekannt) zählte zu einer der ein-
flußreichsten Familien im politischen und wirtschaftlichen Leben von
Florenz. Die Stiftungstätigkeit seiner Angehörigen konzentrierte sich
vor allem auf die Familienkapelle in Santo Spirito, in der Bernardo
Rossellino 1458 den Sarkophag ihres Ahnherrn Neri di Gino Capponi
(*1388 – †1457) gestaltet hatte.

    Bibl.: Silvano 1992; Janet Southorn, in: Turner 2000, Bd. I, S. 315.

[265] Nicht identifiziert

[266] Nicht identifiziert

[267] *Verkündigung* (Öl auf Holz, 216 x 167 cm, Paris, Musée du Louvre);
Die Heiligen Donatus und Dominikus (Öl auf Holz, jede Tafel 166 x 54 cm,

Florenz, Sammlung der Cassa di Risparmio). Wann und warum die Tafeln voneinander getrennt wurden, ist nicht bekannt.

[268] Nicht identifiziert

[269] Abgesehen von dieser etwas längeren Passage über Luca Torrigiani als Auftraggeber erwähnt Vasari ihn nur ein weiteres Mal in der Vita Sebastiano del Piombos, wo er als Eigentümer eines Bildes genannt wird, das eine Dame in römischer Kleidung zeigen soll (Vasari, *Sebastiano del Piombo*, S. 23). Vasari bezeichnet ihn zwar als engen Freund, doch ist kein einziger Brief des Aretiners an Torrigiani überliefert, der dies bestätigen würde. Lediglich ein Brief Cosimo Bartolis aus dem Jahr 1558 deutet an, daß Torrigiani noch ein weiteres Bild bei Vasari in Auftrag gab. Darin läßt Bartoli Vasari seine *invenzioni* hinsichtlich der Darstellung von Daedalus und Ikarus dar (Frey, Bd. I, S. 507). Ob es jedoch jemals zur Ausführung dieses Gemäldes kam, ist zweifelhaft.

[270] Dieses Bild wird unter Vorbehalt und nicht ohne Widerspruch mit einer Tafel in Stuttgart identifiziert: *Toilette der Venus* (Öl auf Holz, 154 x 124,5 cm, Stuttgart, Staatsgalerie).

Bibl.: Gerhard Ewald, in: Kat. Arezzo 1981, S. 74–75; Mertens 2000; Cheney 2002c; Feser 2010.

[271] Antonio Maria de' Nobili (*1504 Florenz – †1562 ebenda) war der Nachkomme einer Florentiner Familie, die einst aus dem Kaufmannsmilieu hervorgegangen war und zum alteingesessenen Patriziat der Arnostadt gehörte. Sein politisches Engagement für den Florentiner Staat und sein administrativ-bürokratisches Geschick bescherten Antonio de' Nobili bereits 1532 unter Alessandro de' Medici diverse Aufgaben und Ämter. Mit dem Regierungsantritt Cosimos I. nahmen diese Tätigkeiten nicht nur an Zahl, sondern auch an Verantwortung zu, so daß er schließlich zu einem der bedeutendsten und engsten Mitarbeiter des Herzogs wurde. 1537 ernannte ihn Cosimo I. zu seinem Generalschatzmeister – ein am Hof des Fürsten neu eingerichtetes Amt, das neben Aufgaben im Steuer- und Finanzwesen auch die Aufsicht über die herzogliche Münze beinhaltete. Das große Vertrauen, das Cosimo I. in de' Nobili setzte, wird nicht zuletzt durch den Umstand bezeugt, daß ihm dieses Amt bis zu seinem Tod 1562 erhalten blieb.

Bibl.: V. Arrighi, in: DBI, Bd. XXXVIII, 1990, S. 741–743.

[272] Beide nicht identifiziert. Vasari bezieht sich hier auf Publius Lentulus, von dem man glaubte, daß er zur Zeit Christi Gouverneur in Judea gewesen sei und einen Brief an den römischen Senat verfaßt hätte, in dem er das Aussehen Christi beschrieb. Mit dieser Bemerkung verweist Vasari auf die *veritas* seiner Darstellung, die nach

dem Tridentinum bei der Gestaltung von Bildern mit religiösen Sujets in zunehmendem Maß gefordert wurde.

[273] Nicht identifiziert

[274] Der in Spanien geborene Antonio Montalvo (Lebensdaten unbekannt) wurde nach der Ermordung von Sforza Almeni 1566 erster Kammerdiener und Sekretär Herzog Cosimos I. Vasari stellte ihn neben besagten Almeni in einem Fresko in der Sala di Cosimo I im Palazzo Vecchio dar, das den Sieg Cosimos bei Montemurlo zeigt (Muccini/Cecchi 1991, S. 39).

[275] Nicht identifiziert

[276] Nicht identifiziert

[277] Filippo Salviati (*1515 – †1572), Sohn von Averardo di Alamanno Salviati (*1489 – †1553), hatte um 1538 ein Handelskontor in Lyon eröffnet, an dem auch Filippo beteiligt war. Vasari nennt ihn auch in Zusammenhang mit einem bislang nicht identifizierten Gemälde Andrea del Sartos, das er besessen haben soll (vgl. Vasari, *Andrea del Sarto*, S. 62).
Bibl.: Hurtubise 1992.

[278] Nicht identifiziert

[279] *Himmelfahrt Mariens* (Öl auf Holz, 407 x 360 cm, um 1566, Florenz, Badia Fiorentina)

[280] Was Kirchenhistoriker häufig als ›katholische Reform‹ bezeichnen, muß im weitesten Sinne seit dem späten Mittelalter als eine Aneinanderreihung verschiedener Reformimpulse angesehen werden. Da die private Devotion immer mehr in den Hintergrund und an ihre Stelle die Predigt in der Messe trat, noch dazu durch die ständig wachsende Verehrung der Eucharistie die Teilnahme am Abendmahl immer bedeutsamer wurde, erwies sich die herkömmliche Unterteilung des Kirchenraums mit der Zeit als unzweckmäßig. Der üblicherweise durch einen Lettner abgetrennte Hochaltar, spiritueller Mittelpunkt des Kirchenraums, sollte nicht mehr bloß für die im Chor sitzenden Mönche, sondern für jeden Gläubigen gut sichtbar sein. In Florenz waren es vor allem die dem Heiligen Sakrament geweihten Bruderschaften – die nach der Rückkehr der Medici 1530 gegründete Bruderschaft von Santa Maria Novella war eine der ersten –, die zur wachsenden Verehrung der Hostie in Florenz beitrugen. Großen Anklang fand dabei eine Form eucharistischer Frömmigkeit, die Mitte des 16. Jahrhunderts in Italien aufgekommen war: die für vierzig Stunden ununterbrochene Anbetung vor dem in der Monstranz ausgestellten Allerheiligen, die sogenannte ›Quarantore‹, die an die Zeit zwischen Tod und Auferstehung Christi gemahnte. Die Tatsache, daß die Teilnahme an diesem Ritual für die Vertreter des Florentiner Adels und für Angehörige des Medici-Hofes

obligatorisch war, läßt bereits die veränderte Interessenlage Herzog Cosimos I. erahnen, der zur Erlangung der Großherzogswürde (1569) nicht nur seine Fähigkeiten als weltlicher Fürst unter Beweis stellen, sondern in den Augen des Papstes auch wie ein christlicher Herrscher auftreten mußte. Bis in die 1560er Jahre hinein zeigte der Medici-Fürst an sakralen Bauten wenig Interesse. Da die Reorganisation des Staatswesens und die Ausbildung eines höfischen Zentrums in den ersten Jahrzehnten seiner Regierung seine Aufmerksamkeit voll in Anspruch nahmen, standen zunächst der Bau der Uffizien und die Renovierung des Palazzo Vecchio im Vordergrund. Ab Mitte der 1560er Jahre wurden dann unter seinem Patronat die Innenräume der größten Florentiner Ordenskirchen erneuert, indem man den jeweiligen Lettner entfernte und die Seitenschiffe mittels gleicher Altäre und großer Tabernakel einschließlich der Bilder Vasaris oder seiner Schule in ihrem Aussehen vereinheitlichte. Diese Maßnahmen trugen der seit der ›katholischen Reform‹ eingeführten und durch das Konzil von Trient kodifizierten religiösen Praxis mit Laienmessen und dem direkten Zugang der Laien zu Heiligenbildern weitaus besser Rechnung. Nachdem man im Oktober 1565 mit der Renovierung der Dominikanerkirche Santa Maria Novella begonnen hatte, nahm man noch gegen Ende des gleichen Jahres die Umgestaltung des Innenraums von Santa Croce in Angriff. Ein Jahr später folgten die Kirchen Ognissanti (1566) und Santa Maria del Carmine (Planungsbeginn Dezember 1566).

Bibl.: Hall 1979; Herrbach 1980; Lotz 1980; Conforti 1993, S. 209–223; Satkowski 1993, S. 92–97.

281 Alessandro di Matteo Strozzi († 1568) zeichnete sich als Mitglied der Accademia Fiorentina nicht nur als Mann von hoher humanistischer Bildung, sondern auch durch seine profunde Kenntnis der theologischen Lehren aus, weshalb Herzog Cosimo I. ihn unter anderem für die religiöse Erziehung seines Sohnes, des jungen Kardinals Giovanni de' Medici, bestimmt hatte. Im September 1566 wurde Strozzi als Krönung seiner kirchlichen Laufbahn zum Bischof von Volterra ernannt, wo er die Nachfolge Benedetto Nerlis antrat. Wahrscheinlich kannten sich Vasari und Strozzi noch nicht sehr lange, als der Auftrag an den Künstler erging. Die Korrespondenz beider ist in dieser Hinsicht sehr spärlich. Lediglich zwei Briefe Strozzis an Vasari sind überliefert, die jedoch auf eine tiefempfundene Freundschaft der beiden Männer schließen lassen. So endet einer dieser Briefe vom 26. Februar 1567 mit den Worten »affectionatissimo amico« (Frey, Bd. II, S. 296). Des weiteren spricht Vasari in einem Brief an Vincenzo Borghini vom 3. September 1566 davon, daß er abends den Bischof getroffen und sich mit ihm und dessen Bruder

Matteo über allerlei Dinge unterhalten hätte (Frey, Bd. II, S. 275). Aus einem Brief Strozzis an Vasari vom 20. Oktober 1566 geht außerdem hervor, daß der Künstler wohl einen Vorschuß für das bei ihm bestellte Gemälde haben wollte (Frey, Bd. II, S. 280). Vasari stellte ihn unter anderen Personen von Rang in einem Fresko an der Decke der Sala di Clemente VII im Palazzo Vecchio dar, das Papst Clemens VII. zeigt, wie er seinem Neffen Ippolito de' Medici die Kardinalswürde verleiht (Muccini/Cecchi 1991, S. 168).

Bibl.: Tessari 2001.

[282] Die Tafel mit der *Kreuzigung gemäß dem Heiligen Anselm* (Öl auf Holz, Florenz, Santa Maria Novella, Sakristei) war für die hinten links im Kirchenschiff gelegene Familienkapelle Alessandro Strozzis bestimmt, wo sie laut Vasaris *Ricordanze* anläßlich des Fronleichnamsfests 1567 auf dem Altar aufgestellt wurde (Frey, Bd. II, S. 879, Ricordo 327). Obwohl das Fest am 29. Mai gefeiert wird, ist die Aufstellung in Vasaris Aufzeichnungen unter einem Datum im Juli eingetragen. Licht in die komplexe Ikonographie des Bildes, zu dem sich zwei Zeichnungen Vasaris in den Uffizien erhalten haben (Gabinetto dei Disegni e delle Stampe, Inv.-Nr. 623 F und 624 F), brachte Antonio Tessari, der die schriftliche Quelle für das Werk identifiziert zu haben glaubt. Danach scheint es sich um eine Schrift mit dem Titel *De similitudinibus liber unus* zu handeln, die wohl auf mündlichen Äußerungen des Heiligen Anselm von Canterbury basiert. Im Kapitel 99 dieses Textes werden unter der Überschrift *De monte humilitatis et septem gradibus eius* der Berg der Demut und die sieben Stufen beschrieben, durch die der Mensch den Gipfel dieses Berges erklimmen kann. Dabei steht die Selbsterkenntnis des Menschen an erster Stelle. Auf einer der beiden Vorzeichnungen hat Vasari an den rechten unteren Rand die Worte »cogn[i]tion[e] di se st[e]ss[o]« vermerkt, und sowohl die Zeichnung als auch das später ausgeführte Altarbild zeigen auf der untersten Stufe der Treppe, die im rechten Winkel zum Fuß des Kreuzes führt, eine nackte männliche Gestalt mit einem Spiegel in der Hand. Fast unmittelbar daneben steht in bischöflichem Ornat gekleidet und mit einem Buch in der Hand die Figur des Heiligen Anselm, dessen Gesichtszüge vermutlich die des Auftraggebers Alessandro Strozzi sind.

Bibl.: Kliemann, in: Kat. Arezzo 1981, S. 163–164; Tessari 2001.

[283] Vasari erwähnt Andrea Pasquali, den Leibarzt Herzog Cosimos, außer an dieser Stelle auch in der Vita Franciabigios und in der Vita Giuliano Bugiardinis als Auftraggeber für ein Anatomiebuch bzw. als Sammler, in dessen Besitz sich fünf Gemälde Bugiardinis mit Szenen aus dem Leben Mariens befunden haben sollen (Bettarini/Barocchi, *Vite*, Bd. IV, S. 512 bzw. Bd. V, S. 280).

²⁸⁴ *Auferstehung Christi mit den Heiligen Cosmas und Damian sowie Johannes dem Täufer und dem Heiligen Andreas* (Öl auf Holz, Florenz, Santa Maria Novella, Cappella Pasquali). Aus einem Brief Vincenzo Borghinis vom 28. Januar 1567 geht hervor, daß Vasari seinem Auftraggeber Andrea Pasquali einen Entwurf für das von ihm gewünschte Altarbild vorgelegt hatte. Borghini, der diese Zeichnung (nicht erhalten) ebenfalls sah, gab dem Künstler hinsichtlich einiger Details noch Anregungen zur Steigerung der Bildqualität. Insbesondere die wie üblich im Zentrum des Bildes dargestellten Wächter am Grab würden den nach oben, zum Heiligen Sakrament gerichteten Blick stören. Er schlägt Vasari deshalb vor, an dieser Stelle einen vom Himmel herabgestiegenen Engel einzufügen und einen Teil jener Soldaten mit seiner Gestalt zu überdecken, damit besagtes Werk nicht genauso langweilig wäre wie viele andere desselben Sujets (Frey, Bd. II, S. 291).

Bibl.: Damm 2009.

²⁸⁵ Die gegen Ende des Jahres 1565 begonnene Umgestaltung des Innenraums von Santa Croce war neben dem Wunsch, der Kirche ein moderneres und homogeneres Aussehen zu verleihen, vor allem durch die Funktion des Baus als Begräbnisstätte Michelangelos inspiriert. Der Tod des Künstlers am 18. Februar 1564 in Rom kam für viele seiner Freunde und Kollegen nicht völlig unerwartet, so daß bereits kurz nach seinem Ableben Vorbereitungen getroffen wurden, den Leichnam nach Florenz zu überführen. Michelangelo selbst hatte Santa Croce als letzte Ruhestätte für sich bestimmt, und obwohl das von Borghini erdachte und nach Plänen Vasaris ausgeführte Grabmal eigentlich nur wenig Zustimmung fand, hatte es wahrscheinlich auf die spätere Umgestaltung der Kirche nicht unerheblichen Einfluß. Der Umstand, daß Santa Croce als eine Art Mausoleum für berühmte Florentiner einschließlich Michelangelos diente (schon 1396 hatte die Kommune beschlossen, Dante, Petrarca und Boccaccio Denkmäler zu errichten), dürfte hinsichtlich der Entscheidung Herzog Cosimos I., die radikale Modernisierung des Kircheninnenraums streng zu kontrollieren, ein zentraler Aspekt gewesen sein. Vasari ließ den Chor der Mönche abreißen und entwarf zusammen mit Francesco Sangallo für die Seitenschiffe des Langhauses zwölf Altartabernakel mit alternierenden Dreiecks- und Segmentbogengiebeln, eine Allusion an das römische Pantheon mit dem dort angesiedelten Grabmal Raffaels. Da durch den Abriß des Lettners zwar der Blick auf den Hauptaltar von Santa Croce freigegeben wurde, dieser sich jedoch durch das Fehlen eines Blickfangs in der neugewonnenen Weite des Kirchenraums verlor, richteten die Verwalter von Santa Croce am 21. Juli 1566 ein Schreiben an Herzog

Cosimo, in dem sie die Erschaffung eines monumentalen Ziboriums oder Kruzifixes anregten. Vasari entwarf daraufhin ein riesiges Ziborium, das erst nach Erscheinen der zweiten Edition der *Vite*, am 7. April 1569, in Santa Croce aufgestellt wurde.

Bibl.: Hall 1979; Lotz 1980; Conforti 1993, S. 209–223; Satkowski 1993, S. 92–97.

[286] Einer Familie von Florentiner Kaufleuten entstammend, ging Angelo Biffoli (*1504 Florenz – †1573 ebenda) 1524 als Getreidehändler nach Neapel und erwirkte dort zusammen mit einem weiteren Florentiner, Francesco Nuti, 1533 von Kaiser Karl V. das Recht, von jedwedem Enteignungsakt oder von Vermögensbeschlagnahme im Königreich Neapel verschont zu bleiben. Obwohl Biffoli überwiegend in Neapel wohnte, verlor er nie das Florentiner Stadtrecht und blieb auch in geschäftlicher Hinsicht in ständigem Kontakt mit Florentiner Bürgern. Darüber hinaus scheint er an der Reorganisation der Florentiner Gemeinde in Neapel beteiligt gewesen zu sein, insbesondere als Herzog Cosimo I. 1550 neue Statuten und Regeln erließ. Wohlsituiert und sehr vermögend ging Biffoli um 1560 nach Florenz zurück, wo er nicht zuletzt wegen seiner langjährigen Erfahrung auf kommerziellem und finanziellem Gebiet von Herzog Cosimo I. nach dem Tod Antonio de' Nobilis 1562 zum Generalschatzmeister berufen wurde.

Bibl.: M. Luzzati, in: DBI, Bd. X, 1968, S. 391–392.

[287] *Pfingstwunder* (Öl auf Holz, Florenz, Santa Croce, Cappella Biffoli). Die Ikonographie dieser Tafel geht auf Vincenzo Borghini zurück und ist in den *Invenzioni per quadri* ausführlich beschrieben (Scoti-Bertinelli 1905, S. 227–237). Cornelis Cort stach 1574 nach einer Zeichnung Vasaris (Bologna, Pinacoteca Nazionale, Inv.-Nr. 1651) die figurenreiche Komposition dieser Tafel in Kupfer (Strauss/Shimura 1986, Nr. 100-III, S. 119).

Bibl.: Nesi 2006.

[288] Nicht identifiziert

[289] Vasaris Entwurf für die Fürstenkapelle ist bedauerlicherweise verlorengegangen. Der Plan sah einen überkuppelten und kleineren, bescheideneren Bau als den später realisierten vor (Baubeginn 1608), ohne dabei die dynastische Funktion außer acht zu lassen. Als Vasari 1566 im Zuge seiner Recherchen für die zweite Ausgabe der *Vite* auch nach Ravenna kam, ließ er einen seiner Assistenten vom Theoderichgrab eine metrische Zeichnung anfertigen, die nach Ansicht Satkowskis wahrscheinlich Einfluß auf seinen Entwurf hatte. Anders als bei den beiden schon vorhandenen Sakristeien in San Lorenzo plante Vasari darüber hinaus, das Innere der Fürstenkapelle mit buntem Marmor und Mosaiken auszustatten, möglicherweise in Nachahmung anderer ravennatischer Bauten.

Daß Vasari seine Autobiographie mit der Erwähnung des geplanten Fürstenmausoleums enden läßt, darf im Hinblick auf Vasaris Karriere, die am Hof der Medici und mit den Zeichnungen nach Michelangelos Skulpturen in der Neuen Sakristei von San Lorenzo beginnt, als geschickter Schachzug gedeutet werden. Da Vasari sein Leben mit dem seines fürstlichen Mäzens Cosimo I. parallelisiert, ist dessen Ruhm für alle Zeiten mit dem seines Architekten und Hofkünstlers Vasari verbunden.

Bibl.: Satkowski 1979, S. 40; Butters 1996; Grasso 2001.

Bibliographie

AKL
   Allgemeines Künstlerlexikon: Die bildenden Künstler aller Zeiten und Völ-ker, begründet und mithg. v. Günter Meißner, München / Leipzig 1992–2011, 69 Bde.
Aretino, *Lettere sull'arte*
   Aretino, Pietro: *Lettere sull'arte*, hg. v. Fidenzio Pertile und Ettore Camesasca, Mailand 1957-1960, 4 Bde.
Bandinelli, *Memoriale*
   Bandinelli, Baccio: *Memoriale*, in: Paola Barocchi: *Scritti d'arte del Cinquecento*, Bd. II, Verona 1973, S. 1359–1411.
Barocchi, *Scritti*
   Barocchi, Paola (Hg.): *Scritti d'arte del Cinquecento*, Mailand 1971–1977, 3 Bde.
BBKL
   Biographisch-bibliographisches Kirchenlexikon, Hamm / Herzberg / Nordhausen 1990–2004, 23 Bde.
Bettarini / Barocchi, *Vite*
   Bettarini, Rosanna / Barocchi, Paola (Hgg.): *Giorgio Vasari. Le vite de' più eccellenti pittori, scultori e architettori nelle redazioni del 1550 e 1568*, Florenz 1966–1987, 6 Bde.
Castiglione, *Libro del cortegiano*
   Castiglione, Baldassare: *Il libro del cortegiano*, bearbeitet v. Amadeo Quondam und Nicola Longo, Mailand 1981; deutsch: *Das Buch vom Hofmann*, übersetzt u. erläutert v. Fritz Baumgart, München 1986.
Cellini, *La vita*
   Cellini, Benvenuto: *La vita*, hg. v. Lorenzo Bellotto, Parma 1996.
Cellini, *Mein Leben*
   Cellini, Benvenuto: *Mein Leben. Die Autobiographie eines Künstlers aus der Renaissance*, übersetzt v. Jacques Laager, Zürich 2000.
Cicero, *De inventione*
   Cicero, Marcus Tullius: *De inventione – Über die Auffindung des Stoffes*, hg. und übersetzt v. Theodor Nüßlein, Darmstadt 1998.
Dante, *Divina Commedia*

Alighieri, Dante: *Divina Commedia/Die göttliche Komödie*, hg. v. Erwin Laaths und übersetzt v. Karl Federn, Augsburg 1994.

DBI

Dizionario Biografico degli Italiani, hg. v. Istituto della Enciclopedia Italiana, Rom 1960–2010, 74 Bde.

Frey

Frey, Karl/Frey, Herman-Walther (Hgg.): *Giorgio Vasari. Der literarische Nachlaß*, Hildesheim/New York 1982 (1923–40), 3 Bde.

Landino, *Camaldolensische Gespräche*

Landino, Cristoforo: *Camaldolensische Gespräche*, übersetzt v. Eugen Wolf, Jena 1927.

Machiavelli, Ed. Bertelli

Machiavelli, Niccolò: *Il Principe e i Discorsi sopra la prima deca di Tito Livio*, hg. v. Sergio Bertelli, Mailand 1961.

Pastor 1925–33

Pastor, Ludwig: *Geschichte der Päpste*, Freiburg 1925–33, 16 Bde.

Petrarca, *Brief an die Nachwelt*

Petrarca, Francesco: *Brief an die Nachwelt*, übersetzt und eingeleitet von Herman Hefele, Jena 1925.

Turner 1996

Turner, Jane (Hg.): *The Dictionary of Art*, London/New York 1996, 34 Bde.

Turner 2000

Turner, Jane (Hg.): *Encyclopedia of Italian Renaissance and Mannerist Art*, London/New York 2000, 2 Bde.

Varchi, *Due lezzioni*

Varchi, Benedetto: *Due lezzioni*, in: Paola Barocchi (Hg.): *Trattati d'arte del Cinquecento fra Manierismo e Controriforma*, Bd. I, Bari 1960, S. 5–91.

Vasari, *Andrea del Sarto*

Giorgio Vasari. Das Leben des Andrea del Sarto, kommentiert und hg. v. Sabine Feser, Berlin 2005.

Vasari, *Bramante und Peruzzi*

Giorgio Vasari. Das Leben des Bramante und des Peruzzi, kommentiert und hg. v. Sabine Feser, Berlin 2007.

Vasari, *Daniele da Volterra und Taddeo Zuccaro*

Giorgio Vasari. Das Leben des Daniele da Volterra und des Taddeo Zuccaro, kommentiert und hg. v. Christina Irlenbusch, Berlin 2009.

Vasari, *Einführung in die Künste*

Giorgio Vasari. Einführung in die Künste der Architektur, Bildhauerei und Malerei, kommentiert und hg. v. Matteo Burioni, Berlin 2006.

Vasari, *Giulio Romano*
    Giorgio Vasari. Das Leben des Giulio Romano, kommentiert und hg. v. Matteo Burioni, Berlin 2005.
Vasari, *Kunstgeschichte und Kunsttheorie*
    Giorgio Vasari. Kunstgeschichte und Kunsttheorie, kommentiert und hg. v. Matteo Burioni und Sabine Feser, Berlin 2010 (3. erweiterte und aktualisierte Auflage).
Vasari, *Michelangelo*
    Giorgio Vasari. Das Leben des Michelangelo, kommentiert und hg. v. Caroline Gabbert, Berlin 2009.
Vasari, *Montorsoli, Bronzino und die Künstler der Accademia*
    Giorgio Vasari. Das Leben des Montorsoli und des Bronzino sowie der Künstler der Accademia del Disegno, kommentiert und hg. v. Hana Gründler und Katja Lemelsen, Berlin 2008.
Vasari, *Perugino und Pinturicchio*
    Giorgio Vasari. Das Leben des Perugino und des Pinturicchio, kommentiert und hg. v. Rudolf Hiller von Gaertringen, Berlin 2011.
Vasari, *Pontormo*
    Giorgio Vasari. Das Leben des Pontormo, kommentiert und hg. v. Katja Burzer, Berlin 2004.
Vasari, *Raffael*
    Giorgio Vasari. Das Leben des Raffael, kommentiert und hg. v. Hana Gründler, Berlin 2004.
Vasari, *Raffaelwerkstatt*
    Giorgio Vasari. Die Künstler der Raffaelwerkstatt, kommentiert und hg. v. Sabine Feser, Hana Gründler, Christina Irlenbusch und Anja Zeller, Berlin 2007.
Vasari, *Rosso Fiorentino*
    Giorgio Vasari. Das Leben des Rosso Fiorentino, kommentiert und hg. v. Sabine Feser, Berlin 2004.
Vasari, *Salviati und Gherardi*
    Giorgio Vasari. Das Leben des Francesco Salviati und des Cristofano Gherardi, kommentiert und hg. v. Sabine Feser, Berlin 2009.
Vasari, *Sansovino und Sanmicheli*
    Giorgio Vasari. Das Leben des Sansovino und des Sanmicheli mit Ammannati, Palladio und Veronese, kommentiert und hg. v. Katja Lemelsen und Jessica Witan, Berlin 2007.
Vasari, *Tizian*
    Giorgio Vasari. Das Leben des Tizian, kommentiert und hg. v. Christina Irlenbusch, Berlin 2005.

Vasari, *Tribolo und Pierino da Vinci*
  Giorgio Vasari. Das Leben des Tribolo und des Pierino da Vinci, kommentiert und hg. v. Sabine Feser und Christina Irlenbusch, Berlin 2010.

––––––

Adhémar 1954
  Adhémar, Jean: ›Aretino: Artistic Advisor to Francis I‹, in: *Journal of the Warburg and Courtauld Institutes,* 1954, Bd. XVII, S. 311–318.
Aglietti 2007
  Aglietti, Marcella (Hg.): *Istituzioni, potere e società: le relazioni tra Spagna e Toscana per una storia mediterranea dell' Ordine dei Cavalieri di Santo Stefano,* Pisa 2007.
Albrecht 1985
  Albrecht, Jürg: ›Die Häuser von Giorgio Vasari in Arezzo‹, in: Eduard Hürtinger (Hg.): *Künstlerhäuser von der Renaissance bis zur Gegenwart,* Zürich / München 1985, S. 83–100.
Allegri / Cecchi 1980
  Allegri, Ettore / Cecchi, Alessandro: *Palazzo Vecchio e i Medici,* Florenz 1980.
Alotto 2009
  Alotto, Manuela: ›Contributi documentari su Giorgio Vasari a Camaldoli‹, in: *Arte cristiana,* 2009, Bd. XCVII, S. 469–474.
Andretta 1995
  Andretta, Stefano: ›Farnese, Alessandro‹, in: DBI, Bd. XLV, Rom 1995, S. 52–66.
Arcangeli 1995
  Arcangeli, Letizia: ›Chronik der Familie Farnese‹, in: *Der Glanz der Farnese. Kunst und Sammelleidenschaft in der Renaissance,* Ausst.-Kat. München, Haus der Kunst 1995, Mailand 1995, S. 21–46.
Arfaioli 2008
  Arfaioli, Maurizio: ›Alla destra del duca: la figura di Chiappino Vitelli nel contesto degli affreschi vasariani del Salone dei Cinquecento‹, in: *Mitteilungen des Kunsthistorischen Institutes in Florenz,* 2008, Bd. LI, S. 271–278.
Badino 2001
  Badino, Grazia: ›Santo Stefano della Vittoria: un tempio di Giorgio Vasari per la corona granducale e per la Fondazione dell'Ordine dei Cavalieri di Cosimo I‹ in: *Quaderni Stefaniani,* 2001, Bd. XX, S. 189–222.

Barletti 1990
Barletti, Emanuele: ›Ipotesi di lavoro su Giovan Battista del Tasso‹, in: *Critica d'arte*, 1990, Bd. LV, S. 55–61.

Barocchi 1964a
Barocchi, Paola: *Mostra di disegni del Vasari e della sua cerchia*, Florenz 1964.

Barocchi 1964b
Barocchi, Paola: *Vasari pittore*, Florenz 1964.

Bertoli 1995
Bertoli, Gustavo: ›Contributo alla biografia di Lorenzo Torrentino stampatore ducale a Firenze‹, in: Luigi Borgia (Hg.): *Studi in onore di Arnaldo d'Addario*, Lecce 1995, Bd. II, S. 657–664.

Black 1987
Black, Robert: ›Humanism and Education in Renaissance Arezzo‹, in: *I Tatti Studies*, 1987, Bd. II, S. 171–237.

Blum 2011
Blum, Gerd: *Giorgio Vasari. Der Erfinder der Renaissance*, München 2011.

Boase 1979
Boase, Thomas S. R.: *Giorgio Vasari: The Man and The Book*, Princeton 1979.

Boeckl 2001
Boeckl, Christine M.: ›Giorgio Vasari's San Rocco Altarpiece: Tradition and Innovation in Plague Iconography‹, in: *artibus et historiae*, 2001, Bd. XXII, S. 29–40.

Bonfanti 2010
Bonfanti, Marzia: ›Note e margine dei 'Ragionamenti' del Vasari‹, in: *Annali della Scuola Normale Superiore di Pisa* (Classe di Lettere e Filosofia), 2010, Bd. V, S. 297–326.

Bowron 1971-73
Bowron, Edgar P.: ›Giorgio Vasari's Portrait of Six Tuscan Poets‹, in: *Bulletin, The Minneapolis Institute of Arts*, 1971–73, Bd. LX, S. 43–53.

Bracciante 1984
Bracciante, Anna M.: *Ottaviano de' Medici e gli artisti*, Florenz 1984.

Bryce 1983
Bryce, Judith: *Cosimo Bartoli (1503–1572). The Career of a Florentine Polymath*, Genf 1983.

Burioni 2006
Burioni, Matteo: ›Vasaris Uffizien: Transformation stadträumlicher Bezüge am Übergang von der Republik zum Prinzipat‹, in: Stefan Schweizer und Jörg Stabenow (Hgg.): *Bauen als Kunst und historische Praxis*, Göttingen 2006, Bd. I, S. 205–247.

Burioni 2010
    Burioni, Matteo: ›Das Wappen als Nullpunkt der Repräsentation:
    der teleskopische Traum der Uffizien‹, in: Horst Bredekamp (Hg.):
    Imagination und Repräsentation: zwei Bildsphären der Frühen Neuzeit,
    Paderborn 2010, S. 161–179.
Butters 1996
    Butters, Suzanne B.: *The Triumph of Vulcan: Sculptor's Tools, Porphyry,
    and the Prince in Ducal Florence*, Florenz 1996, 2 Bde.
Caffiero 1992
    Caffiero, Marina: ›Corsini‹, in: Volker Reinhardt (Hg.): *Die großen
    Familien Italiens*, Stuttgart 1992.
Caleca 2007
    Caleca, Antonino: ›L'autobigrafia del Vasari‹, in: Antonino Caleca
    (Hg.): *Arezzo e Vasari. Vite e Postille*, atti del convegno Arezzo 16.–17.
    Juni 2005, Foligno 2007, S. 193–197.
Calì 1995
    Calì, Maria: ›La 'Pietà' del Vasari per Bindo Altoviti e altri spunti va-
    sariani‹, in: Francesco Abbate (Hg.): *Napoli, l'Europa*, Cantanzaro
    1995, S. 153–159.
Campagna 2007
    Campagna, Letizia: ›Case d'artista: Vasari ad Arezzo‹, in: *Ricerche di
    storia dell'arte*, 2007, Bd. XCI/XCII, S. 129–138.
Campbell 1985
    Campbell, Malcolm: ›Il ritratto del Duca Alessandro de' Medici di
    Giorgio Vasari: Contesto e significato‹, in: *Giorgio Vasari tra decora-
    zione ambientale e storiografia artistica*, Convegno di studi, Arezzo 1981,
    Florenz 1985, S. 339–361.
Caputo 2005
    Caputo, Vincenzo: ›'Un passatempo bello, utile e dilettevole': la
    forma dialogica dei 'Ragionamenti' di Giorgio Vasari‹, in: *Studi rina-
    scimentali,* 2005, Bd. III, S. 97–112.
Carlucci 1995
    Carlucci, Robert A.: ›Alessandro de' Medici and Giorgio Vasari's
    Arezzo 'Deposition': A New Document‹, in: *Paragone/Arte*, 1995,
    Bd. XLVI, S. 86–92.
Carrara 2006
    Carrara, Eliana: ›'Qui non si è mangiato altro che pane et messer
    Giorgio': un probabile ritratto giovanile di Vincenzo Borghini di
    mano del Vasari‹, in: *Iconographica*, 2006, Bd. V, S. 106–117.
Carrara 2007
    Carrara, Eliana: ›Il ciclo pittorico vasariano nel Salone dei

Cinquecento e il carteggio Mei-Borghini‹, in: Eliana Carrara und
Silvia Ginzburg (Hgg.): *Testi, immagini e filologia nel XVI secolo*, Pisa
2007, S. 317–396.

Cazzato 1981

Cazzato, Vincenzo: ›Vasari e Carlo V: L'ingresso trionfale a Firenze
nel 1536‹, in: *La Toscana nel '500. Giorgio Vasari*, Ausst.-Kat. Arezzo
1981, S. 179–204.

Cecchi 1981

Cecchi, Alessandro: in: *La Toscana nel '500. Giorgio Vasari*, Ausst.-Kat.
Arezzo 1981, S. 74.

Cecchi 1986

Cecchi, Alessandro: ›Profili di amici e committenti‹, in: *Andrea del
Sarto 1486–1530. Dipinti e disegni a Firenze*, Ausst.-Kat. Florenz, Palazzo Pitti 1986/87, Mailand 1986, S. 42–58.

Cecchi 1998

Cecchi, Alessandro: ›Le case del Vasari ad Arezzo e Firenze‹, in: Roberto P. Ciardi (Hg.): *Case di artisti in Toscana*, Mailand 1998, S. 29–77.

Cheney 1987

Cheney, Liana D.: ›Vasari's Chamber of Abraham: a Religious
Painted Ceiling in the Casa Vasari of Arezzo‹, in: *The Sixteenth
Century Journal*, 1987, Bd. XVIII, S. 355–380.

Cheney 1989

Cheney, Liana D.: ›Vasari's Depiction of Pliny's Histories‹, in: *Explorations in Renaissance Culture*, 1989, Bd. XV, S. 97–120.

Cheney 1993

Cheney, Liana D.: ›Vasari and Naples: The Monteolivetan Order‹, in:
Jeanne C. Porter/Susan S. Munshower (Hgg.): *Parthenope's Splendor:
Art of the Golden Age in Naples*, University Park 1993, S. 48–124.

Cheney 1995

Cheney, Liana D.: ›Giorgio Vasari's Sala dei Cento Giorni: A Farnese
Celebration‹, in: *Explorations in Renaissance Culture*, 1995, Bd. XXI,
S. 121–150.

Cheney 2002a

Cheney, Liana D.: ›Giorgio Vasari's and Niccolò Machiavelli's Medicean Emblems of War and Peace in the Portrait of Duke Alessandro
de' Medici‹, in: Pia F. Cuneo (Hg.): *Artful Armies, Beautiful Battles*,
Leiden/Boston/Köln 2002, S. 107–130.

Cheney 2002b

Cheney, Liana D.: ›Vasari's Early Decorative Cycles: The Venetian
Commissions. Part I‹, in: *Explorations in Renaissance Culture*, 2002,
Bd. XXVIII, S. 239–284.

Cheney 2002c
    Cheney, Liana D.: ›Giorgio Vasari's The Toilet of Venus: Neoplatonic Notion of Female Beauty‹, in: Aphrodite Alexandrakis (Hg.): *Neoplatonism and Western Aesthetics*, New York 2002, S. 99–111.

Cheney 2003a
    Cheney, Liana D.: ›Vasari's Early Decorative Cycles: The Venetian Commissions. Part II‹, in: *Explorations in Renaissance Culture*, 2003, Bd. XXIX, S. 23–58.

Cheney 2003b
    Cheney, Liana D.: ›Giorgio Vasari's Astrea: A Symbol of Justice‹, in: *Visual Resources*, 2003, Bd. XIX, S. 283–305.

Cheney 2010
    Cheney, Liana D.: ›Giorgio Vasari's 'Portrait of Lorenzo The Magnificent': A Ciceronian Symbol of Virtue and a Machiavellian Princely Conceit‹, in: Giuseppe Cascione (Hg.): *Immagini e potere nel Rinascimento europeo*, Mailand 2010, S. 1–195.

Chiarini 1984
    Chiarini, Marco: ›Ritratto di Leone X con i cardinali Giulio de' Medici e Luigi de' Rossi‹, in: *Raffaello a Firenze*, Ausst.-Kat. Florenz 1984, S. 189–198.

Chong/Pegazzano/Zikos 2003
    Chong, Alan/Pegazzano, Donatella/Zikos, Dimitri (Hgg.): *Raphael, Cellini and a Renaissance Banker. The Patronage of Bindo Altoviti*, Ausst.-Kat. Boston, Isabella Stewart Gardner Museum und Florenz, Museo Nazionale del Bargello 2003/2004, Mailand 2003.

Ciardi 1995
    Ciardi, Roberto P. (Hg.): *La tribuna del Duomo di Pisa. Capolavori di due secoli*, Mailand 1995.

Ciatti 2001
    Ciatti, Marco: ›Immacolata Concezione 1540–41‹, in: *La chiesa dei Santi Apostoli e Biagio: restauri recenti*, Florenz 2001, S. 16–19.

Cinelli 2006
    Cinelli, Carlo: ›Il Quartiere degli Elementi‹, in: Carlo Francini (Hg.): *Palazzo Vecchio: officina di opere e di ingegni*, Cinisello Balsamo 2006, S. 234–239.

Ciseri 1990
    Ciseri, Ilaria: *L'ingresso trionfale di Leone X in Firenze nel 1515*, Florenz 1990.

Civai 1990
    Civai, Alessandra: *Dipinti e sculture in casa Martelli: Storia di una collezione patrizia fiorentina dal quattrocento all'ottocento*, Florenz 1990.

Clark 1986
Clark, David L.: ›Vasari's Temptation of St. Jerome Paintings: Artifacts of his Camaldoli Crisis‹, in: *Studies in Iconography*, 1986, Bd. X, S. 97–118.

Cocchia/Palminteri/Petroni 1987
Cocchia, S./Palminteri A./Petroni, L.: ›Villa Giulia, un caso esemplare della cultura e della prassi costruttiva nella metà del Cinquecento, in: *Bolletino d'arte*, 1987, Bd. LXXII, S. 47–90.

Cognasso 1965
Cognasso, Francesco: *L'Italia nel Rinascimento*, Turin 1965, 2 Bde.

Conforti 1980
Conforti, Claudia: ›Feste Medicee: il battesimo, le esequie, l'apotesi‹, in: Marcello Fagiolo (Hg.): *La città effimera e l'universo artificiale del giardino: la Firenze dei Medici e l'Italia del '500*, Rom 1980, S. 101–121.

Conforti 1993
Conforti, Claudia: *Giorgio Vasari architetto*, Mailand 1993.

Conforti 2007
Conforti, Claudia: ›'…tredici edifizi l'un con l'altro continovati…': la costruzione degli Uffizi di Giorgio Vasari (1559–1579)‹, in: Roberto Cecchi und Antonio Paolucci (Hgg.): *Cantiere Uffizi*, Rom 2007, S. 363–375.

Conforti 2011
Conforti, Claudia (Hg.): *Vasari, gli Uffizi e il Duca*, Ausst.-Kat. Florenz, Galleria degli Uffizi 14. Juni–30. Oktober 2011, Florenz 2011.

Coolidge 1943
Coolidge, J.: ›The Villa Giulia: A Study of Central Italian Architecture in the Mid-Sixteenth Century‹, in: *Art Bulletin*, 1943, Bd. XXV, S. 178–225.

Corsi Miraglia 1981
Corsi Miraglia, Carla: ›La chiesa del monastero di Camaldoli al tempo di Vasari‹, in: *La Toscana nel '500. Giorgio Vasari*, Ausst.-Kat. Arezzo 1981, S. 54–55.

Corti 1989
Corti, Laura: *Vasari. Catalogo completo dei dipinti*, Florenz 1989.

Corti 1992
Corti, Laura: ›Arezzo al tempo dei Medici: un artista e la sua casa, Giorgio Vasari‹, in: *Arezzo al tempo dei Medici: politica, cultura, arte in una città dominata*, Arezzo 1992, S. 33–41.

Corti 1996
Corti, Laura: ›La 'Pietà' di Vasari per Bindo Altoviti‹, in: Francesco Caglioti (Hg.): *Ad Alessandro Conti*, Pisa 1996, S. 147–164.

Cox-Rearick 1984
Cox-Rearick, Janet: *Dynasty and Destiny in Medici Art: Pontormo, Leo X and the two Cosimos*, Princeton 1984.

Cox-Rearick 1995
Cox-Rearick, Janet: *The Collection of Francis I Royal Treasures*, Antwerpen 1995.

Damm 2009
Damm, Heiko: ›'Victimae paschali': Bilder der Auferstehung Christi von Giorgio Vasari und Santi di Tito‹, in: Eckhard Leuschner (Hg.): *Das Bild Gottes in Judentum, Christentum und Islam: vom Alten Testament bis zum Karikaturenstreit*, Petersberg 2009, S. 180–202.

Davis 1977
Davis, Charles: ›Villa Giulia e la Fontana della Vergine‹, in: *Psicon*, 1977, Bd. IV, S. 132–141.

Davis 1980
Davis, Charles: ›Frescoes by Vasari for Sforza Almeni, Coppiere to Duke Cosimo I‹, in: *Mitteilungen des Kunsthistorischen Institutes in Florenz*, 1980, Bd. XXIV, S. 127–202.

Davis 1981
Davis, Charles: ›Vasari e Annibal Caro 'soggettista'‹, in: *La Toscana nel '500. Giorgio Vasari*, Ausst.-Kat. Arezzo 1981, S. 124–125.

Davitt Asmus 1977
Davitt Asmus, Ute: *Corpus Quasi Vas. Beiträge zur Ikonographie der italienischen Renaissance*, Berlin 1977.

De Castris 1981
De Castris, Pierluigi L.: ›Napoli 1544: Vasari e Monteoliveto‹, in: *Bolletino d'arte*, 1981, Bd. LXVI, S. 59–88.

De Castris 1988
De Castris, Pierluigi L.: ›Roviale Spagnolo‹, in: Carlo Pirovano (Hg.): *La Pittura in Italia. Il Cinquecento*, Mailand 1988, Bd. II, S. 826– 827.

De Castris 1996
De Castris, Pierluigi L.: *Pittura del Cinquecento a Napoli*, Bd. II, Neapel 1996, S. 95–133.

Della Torre 1985
Della Torre, Stefano: ›L'inedita opera prima di Paolo Giovio ed il museo: L'interesse di un umanista per il tema della villa‹, in: *Paolo Giovio. Il rinascimento e la memoria*, Akten des Kongresses in Como 1983, Como 1985, S. 283–301.

De Vecchi 1977
De Vecchi, Pierluigi: ›Il museo gioviano e le verae imagines degli uomini famosi‹, in: *Omaggio a Tiziano: La cultura artistica nell'età di Carlo V,* Mailand 1977, S. 87–93.

Di Filippo Bareggi 1974
Di Filippo Bareggi, Claudia: ›Giunta, Doni, Torrentino: tre tipografie fiorentine fra repubblica e principato‹, in: *Nuova rivista storico,* 1974, Bd. LVIII, S. 318–348.

Ekserdjian 2000
Ekserdjian, David: ›A Vasari at Tatton Park: A 'Bishop Saint' from Bosco Marengo‹, in: *Apollo,* 2000, Bd. CLI, S. 54–55.

Enenkel 2008
Enenkel, Karl: *Die Erfindung des Menschen. Die Autobiographik des frühneuzeitlichen Humanismus von Petrarca bis Lipsius,* Berlin / New York 2008.

Fenech Kroke 2009
Fenech Kroke, Antonella: ›La Justice Farnèse: entre plaidoyer et impresa‹, in: Colette Nativel (Hg.): *Le noyau et l'écorce. Les arts de l'allégorie XVe–XVIIe siècles,* Rom / Paris 2009, S. 257–282.

Fenech Kroke 2010
Fenech Kroke, Antonella: ›Un théâtre pour 'La Talanta': Giorgio Vasari, Pietro Aretino et 'l'apparato' de 1542‹, in: *Revue de l'art,* 2010, Bd. CLXVIII, S. 53–64.

Ferretti 2003
Ferretti, Emanuela: ›Between Bindo Altoviti and Cosimo I: Averardo Serristori, Medici Ambassador in Rome‹, in: Alan Chong/Donatella Pegazzano et al. (Hgg.): *Raphael, Cellini and a Renaissance Banker: The Patronage of Bindo Altoviti,* Ausst.-Kat. Boston, Isabella Stewart Gardner Museum und Florenz, Museo Nazionale del Bargello 2003/2004, Mailand 2003, S. 456–461.

Feser 2010
Feser, Sabine: ›Geschmiedete Kunst – Vasaris selbsternanntes Erstlingswerk 'Venus mit den drei Grazien' im Kontext seiner Autobiographie‹, in: Katja Burzer / Charles Davis / Sabine Feser / Alessandro Nova (Hgg.): *Le Vite del Vasari. Genesi, topoi, ricezione – Die Vite Vasaris. Entstehung, Topoi, Rezeption,* Venedig 2010, S. 53–66.

Fioravanti Baraldi 1986
Fioravanti Baraldi, Anna-Maria: ›Biagio Pupini detto dalle Lame‹, in: Vera Fortunati Pietrantonio (Hg.): *Pittura bolognese del '500,* Bologna 1986, Bd. I, S. 185–208.

Fontana 1994

    Fontana, Vincenzo: ›L'architettura nella Città e nel territorio dal Quattrocento al Seicento‹, in: Lucio Gambi (Hg.): *Storia di Ravenna*, Venedig 1994, Bd. IV, S. 179–216.

Fossi 1976

    Fossi, Mazzino: ›Il Vasari e la basilica dell'Umiltà di Pistoia‹, in: *Il Vasari, storiografo e artista*, atti del Congresso internazionale nel IV centenario della morte; Arezzo/Florenz, 2.–8. September 1974, Florenz 1976, S. 127–141.

Franklin 1997

    Franklin, David: ›Vasari as a Source for Himself: The Case of the Peducci Banner in Arezzo‹, in: *Studi di storia dell'arte*, 1997, Bd. VIII, S. 307–317.

Frommel 1973

    Frommel, Christoph L.: *Der römische Palastbau der Hochrenaissance*, Tübingen 1973, 3 Bde.

Frommel 1989

    Frommel, Christoph L.: ›Il Cardinale Raffaello Riario ed il Palazzo della Cancelleria‹, in: Silvia Bottaro et al. (Hg.): *Sisto IV e Giulio II mecenati e promotori di cultura*, Atti del Convegno Internazionale di Studi, Savona 1985, Savona 1989, S. 73–85.

Funis 2002

    Funis, Francesca: ›Scavalcando il fiume: la costruzione del corridoio vasariano, Firenze 1565‹, in: Claudia Conforti (Hg.): *Architettura e tecnologia*, Rom 2002, S. 58–75.

Funis 2007

    Funis, Francesca: ›Il corridoio vasariano: idea, progetto e cantiere‹, in: Roberto Cecchi und Antonio Paolucci (Hgg.): *Cantiere Uffizi,* Rom 2007, S.377–391.

Galassi 1999

    Galassi, Cristina: ›I tre testamenti di Gentilina della Staffa: precisazioni documentarie sulla cappella Vitelli in San Francesco a Città di Castello‹, in: *Commentari d'arte*, 1999, Bd. XIV, S. 23–32.

Gáldy 2002

    Gáldy, Andrea: ›'Che sopra queste ossa con nuovo ordine si vadano accommodando in più luoghi appartamenti': Thoughts on the Organization of the Florentine Ducal Apartments in the Palazzo Vecchio in 1553‹, in: *Mitteilungen des Kunsthistorischen Institutes in Florenz*, 2002, Bd. XLVI, S. 490–510.

Grasso 1996

Grasso, Monica: ›Fasti romani di un banchiere: la loggia di Vasari per Bindo Altoviti‹, in: *Gazzetta antiquaria*, 1996, Bd. XXVIII, S. 26–31.

Grasso 2001

Grasso, Monica: ›Giorgio Vasari e la tradizione del mosaico a Roma e a Firenze nel Rinascimento‹, in: Federico Guidobaldi (Hg.): *Atti dell'VIII Colloquio dell'Associazione Italiana per lo Studio e la Conservazione del Mosaico*, Ravenna 2001, S. 35–46.

Grasso 2003

Grasso, Monica: ›L'Allegoria della Giustizia dipinta da Giorgio Vasari per il Cardinale Alessandro Farnese‹, in: Harula Economopoulos (Hg.): *I cardinali di Santa Romana Chiesa. Collezionisti e mecenati*, Rom 2003, Bd. II, S. 55–67.

Grasso 2004

Grasso, Monica: ›La sala dei Cento Giorni di Giorgio Vasari: il programma iconografico e la politica dinastica farnesiana‹, in: *Rendiconti* (Pontificia Accademia Romana di Archeologia), 2004, Bd. LXXVI, S. 175–191.

Güse/Perrig 1997

Güse, Ernst-Gerhard/Perrig, Alexander (Hgg.): *Zeichnungen aus der Toskana. Das Zeitalter Michelangelos*, Ausst.-Kat. Saarbrücken, Saarland Museum 1997, München/New York 1997.

Guillaume 1980

Guillaume, Marguerite: *Catalogue raisonné du Musée des Beaux-Arts de Dijon. Peintures italiennes*, Dijon 1980.

Härb 1998

Härb, Florian: ›Modes and Models in Vasari's Early Drawing Œuvre‹, in: Philip Jacks (Hg.): *Vasari's Florence*, Cambridge 1998, S. 83–110.

Härb 2000

Härb, Florian: ›'Assai diverso dagl' altri che si fanno communemente'. Zwei Skizzen zu Vasaris 'Enthauptung des Täufers' in der Kirche von San Giovanni Decollato zu Rom‹, in: Achim Gnann/Heinz Widmer (Hgg.): *Festschrift für Konrad Oberhuber*, Mailand 2000, S. 148–154.

Härb 2001

Härb, Florian: ›Prospero Fontana alias Giorgio Vasari: Collaboration and the Limits of Authorship‹, in: *Francesco Salviati et la bella maniera*, Akten des Kongresses in Rom und Paris 1998, Rom 2001, S. 577–608.

Hall 1979

Hall, Marcia B.: *Renovation and Counter Reformation. Vasari and Duke Cosimo in Sta. Maria Novella and Sta. Croce*, Oxford 1979.

Heikamp 1995

    Heikamp, Detlef: ›Luca Martini, i suoi amici artisti e Pierino da Vinci‹, in: Marco Cianchi (Hg.): *Pierino da Vinci*, Akten des Kongresses in Vinci 1990, Florenz 1995, S. 51–55.

Hermann-Fiore 1974

    Hermann-Fiore, Kristina: ›Sui rapporti fra l'opera artistica del Vasari e del Dürer‹ in: *Il Vasari storiografo e artista*, Akten des internationalen Kongresses in Arezzo 1974, Florenz 1974, S. 709–710.

Herrbach 1980

    Herrbach, Brigitte: ›Die Umgestaltung von Santa Croce in Florenz durch Vasari‹, in: Lars Olof Larson und Götz Pochat (Hgg.): *Kunstgeschichtliche Studien zur Florentiner Renaissance*, Stockholm 1980, Bd. I, S. 207–214 und S. 247–251.

Hochmann 1994

    Hochmann, Michel: ›Allégorie et Poésie‹, in: Sylvie Deswarte-Rosa (Hg.): *À travers l'image: lecture iconographique et sens de l'œuvre*, Paris 1994, S. 99–121.

Hurtubise 1992

    Hurtubise, Pierre: ›Salviati‹, in: Volker Reinhardt (Hg.): *Die großen Familien Italiens*, Stuttgart 1992, S. 475–479.

Ihlefeld 1992

    Ihlefeld, Claudia: ›Guicciardini‹, in: Volker Reinhardt (Hg.): *Die großen Familien Italiens*, Stuttgart 1992, S. 311–317.

Jacks 1992

    Jacks, Philip J.: ›The Composition of Giorgio Vasari's Ricordanze: Evidence from an Unknown Draft‹, in: *Renaissance Quarterly*, 1992, Bd. XLV, S. 739–784.

Jong 2007

    Jong, Jan de: ›History Painting at the Farnese Court: Giorgio Vasari, Francesco Salviati and Taddeo Zuccaro‹, in: Henk Th. Van Veen (Hg.): *The Translation of Raphael's Roman Style*, Leuven 2007, S. 69–79.

Kat. Arezzo 1981

    La Toscana nel '500. Giorgio Vasari, Ausst.-Kat. Arezzo 1981.

Kat. Bologna 2002

    Faietti, Marzia (Hg.): *Il Cinquecento a Bologna*, Ausst.-Kat. Bologna, Pinacoteca Nazionale 2002, Bologna 2002.

Kat. Bonn 1998

    Hochrenaissance im Vatikan. Kunst und Kultur im Rom der Päpste. I: 1503– 1534, Ausst.-Kat. Bonn, Kunst-und Ausstellungshalle der Bundesrepublik Deutschland 1998.

Kliemann 1981

Kliemann, Julian: in: *La Toscana nel '500. Giorgio Vasari*, Ausst.-Kat. Arezzo 1981, S. 78–79.

Kliemann 1985

Kliemann, Julian: ›Il pensiero di Paolo Giovio nelle pitture eseguite sulle sue 'invenzioni'‹, in: *Paolo Giovio. Il rinascimento e la memoria*, Atti del Convegno, Como 1983, Como 1985, S. 197–223.

Kliemann 1993

Kliemann, Julian: *Gesta dipinte. La grande decorazione nelle dimore italiane dal Quattrocento al Seicento*, Cinisello Balsamo 1993.

Kliemann 1994

Kliemann, Julian: ›Programme ou interpretation? A propos des fresques à la Cancelleria‹, in: Sylvie Deswarte-Rosa (Hg.): *A travers l'image: Lecture iconographique et sens de l'œuvre*, Paris 1994, S. 75–92.

Kliemann 2001

Kliemann, Julian: ›L'immagine di Paolo III come pacificatore: osservazioni sul 'salotto dipinto'‹, in: Catherine Monbeig-Goguel (Hg.): *Francesco Salviati e la Bella Maniera*, Akten des Kongresses in Rom und Paris 1998, Rom 2001, S. 287–310.

Kliemann 2010

Kliemann, Julian: ›Zum Kunstgespräch vor 1550: Francesco Patrizi, Giovanni Fabrini und Francesco Serfranceschi‹, in: Katja Burzer/Charles Davis/Sabine Feser/Alessandro Nova (Hgg.): *Le Vite del Vasari. Genesi, topoi, ricezione – Die Vite Vasaris. Entstehung, Topoi, Rezeption*, Venedig 2010, S. 27–32.

Land 1994

Land, Norman E.: *The Viewer as Poet: The Renaissance Response to Art*, University Park 1994.

Lepri/Palesati 2003

Lepri, Nicoletta/Palesati, Antonio: *Fuori dalla corte*, Montepulciano 2003.

Liuzzi/Pasini 1998

Liuzzi, Luciano/Pasini, Pier Giorgio: *Giorgio Vasari a Scolca*, Rimini 1998.

Loconte 2008

Loconte, Aislinn: ›The North looks South: Giorgio Vasari and Early Modern Visual Culture in the Kingdom of Naples‹, in: *Art history*, 2008, Bd. XXXI, S. 438–459 und S. 598–599.

Lora 2009

Lora, Marianna: ›De Rosso à Vasari: genèse de l' 'Allegorie de l'Immaculée Conception' pour Bindo Altoviti‹, in: *Bulletin de l'Association des Historiens de l'Art Italien*, 2009, Bd. XIV, S. 139–178 und S. 157–163.

Lotz 1980
> Lotz, Wolfgang: ›Le trasformazioni vasariane e i nuovi edifici sacri del tardo '500‹, in: Massimiliano G. Rosito (Hg.): *Arte e religione nella Firenze Medicea*, Florenz 1980, S. 81–89.

Maetzke 1981
> Maetzke, Anna M.: ›Vasari e i committenti ecclesiastici: Arezzo e Camadoli 1537–1540‹, in: *La Toscana nel '500. Giorgio Vasari*, Ausst.-Kat. Arezzo 1981, S. 50–54.

Maietta 2010
> Maietta, Ida: ›I dipinti di Giorgio Vasari per la sacrestia di San Giovanni a Carbonara‹, in: Ida Maietta (Hg.): *Vasari a Napoli: i dipinti della Sacrestia di san Giovanni a Carbonara. Il restauro, gli studi, le indagini*, Pozzuoli 2010, S. 31–39.

Martin 1997
> Martin, Andrew J.: ›Inventing Sincerity, Refashioning Prudence: The Discovery of the Individual in Renaissance Europe‹, in: *American Historical Review*, 1997, Bd. CII, S. 1309–1342.

Matracchi 1998
> Matracchi, Pietro: *Giorgio Vasari e altri autori nella fabbrica di Santa Maria Nuova a Cortona*, Cortona 1998.

McTavish 1981
> McTavish, David: ›Apparato dei Sempiterni, Venezia, per la commedia di Pietro Aretino, 'la Talanta'‹, in: *La Toscana nel '500. Giorgio Vasari*, Ausst.-Kat. Arezzo 1981, S. 112–116.

Merlano 2010
> Merlano, Giuseppe (Hg.): *Vasari a Bosco Marengo: studi per il restauro delle tavole vasariane in Santa Croce*, Genua 2010.

Mertens 2000
> Mertens, Veronika: ›Venus von den Grazien geschmückt: Giorgio Vasari und die Entstehung eines neuen Venus-Bildes‹, in: Ekkehard Mai (Hg.): *Faszination Venus*, Ausst.-Kat. Köln 2000, S. 68–79.

Misch 1969
> Misch, Georg: *Geschichte der Autobiographie*, Bd. 4,2: *Von der Renaissance bis zu den autobiographischen Hauptwerken des 18. und 19. Jahrhunderts*, Frankfurt am Main 1969.

Monbeig-Goguel 1972
> Monbeig-Goguel, Catherine: *Vasari et son temps*, Paris 1972, S. 216–217.

Monbeig-Goguel 1982

Monbeig-Goguel, Catherine: ›Chronique vasarienne‹, in: *Revue de l'art*, 1982, Bd. LVI, S. 65–80.

Muccini/Cecchi 1991

Muccini, Ugo/Cecchi, Alessandro (Hgg.): *Le stanze del Principe in Palazzo Vecchio*, Florenz 1991.

Muccini 1997

Muccini, Ugo: *Pittura, scultura e architettura nel Palazzo Vecchio di Firenze*, Florenz 1997.

Naldi 2009

Naldi, Riccardo: ›Il 'Crocifisso' per Girolamo Seripando e il suo contesto‹, in: Riccardo Naldi (Hg.): *Marco Cadisco, Giorgio Vasari: pittura, umanesimo religioso, immagini di culto*, Neapel 2009, S. 106–135.

Nelson 1995

Nelson, Jonathan: ›Creative Patronage: Luca Martini and the Renaissance Portrait‹, in: *Mitteilungen des Kunsthistorischen Institutes in Florenz*, 1995, Bd. XXXIX, S. 282–303.

Nesi 2006

Nesi, Alessandro: ›Un 'invenzione' di Vincenzo Borghini e alcune pale d'altare con la 'Pentecoste': note d'iconografia e di stile‹, in: *Storia dell'arte*, 2006, Bd. CXIII/CXIV, S. 103–118.

Nova 1988

Nova, Alessandro: *The Artistic Patronage of Pope Julius III (1550–1555): Profane Imagery and Buildings for the De Monte Family in Rome*, New York/London 1988.

Nova/Feser/Lorini 2001

Nova, Alessandro/Feser, Sabine/Lorini, Victoria (Hgg.): *Die Anfänge der Maniera Moderna. Giorgio Vasaris Viten: Proemio, Leonardo, Giorgione, Correggio*, Hildesheim 2001.

Pagnini 2006

Pagnini, Maria C.: ›Giovanni Battista del tasso legnaiolo e architetto a corte‹, in: Carlo Francini (Hg.): *Palazzo Vecchio: officina di opere e di ingegni*, Cinisello Balsamo 2006, S. 122–125.

Paliaga 2001

Paliaga, Franco: ›L'architettura del Principe, 'Dux e Pius': i 'sontuosi' progetti di Giorgio Vasari per la chiesa dell'Ordine dei Cavalieri di Santo Stefano in Pisa‹, in: Pamela C. Berger (Hg.): *The Plume & the Palette*, New York 2001, S. 129–158.

Pallen 1999

Pallen, Thomas A.: *Vasari on Theatre*, Carbondale 1999.

Paolucci 1988
Paolucci, Antonio: *La casa del Vasari in Arezzo*, Florenz 1988.

Parma Armani 1981
Parma Armani, Elena: ›Fonti per il 'Convito per le Nozze di Ester e Assuero' di Giorgio Vasari in Arezzo‹, in: *Studi di storia delle arti*, 1981, Bd. III, S. 61–75.

Passignat 2007
Passignat, Émilie: ›Vasari e i Ragionamenti in Palazzo Vecchio‹, in: *Ricerche di storia dell'arte*, 2007, Bd. XCI/XCII, S. 115–128.

Peggazzano 2003
Peggazzano, Donatella: ›Vasari's Decorations for Bindo Altoviti's Palazzo and Villa‹, in: Alan Chong/Donatella Pegazzano/Dimitri Zikos (Hgg.): *Raphael, Cellini and a Renaissance Banker. The Patronage of Bindo Altoviti*, Ausst.-Kat. Boston, Isabella Stewart Gardner Museum und Florenz, Museo Nazionale del Bargello 2003/2004, Mailand 2003, S. 187–206.

Perini 1997
Perini, Giovanna: ›L'autobiografia dell'artista‹, in: Rino Caputo und Matteo Monaco (Hgg.): *Scrivere la propria vita. L'autobiografia come problema critico e teoretico,* Rom 1997, S. 117–158.

Pierguidi 2005
Pierguidi, Stefano: ›Sull'iconografia dell'apparato dei 'Sempiterni' di Giorgio Vasari‹, in: *Arte veneta*, 2005, Bd. LX, S. 156–164.

Pierguidi 2009
Pierguidi, Stefano: ›Sulla fortuna della 'Giustizia' e della 'Pazienza' di Vasari‹, in: *Mitteilungen des Kunsthistorischen Institutes in Florenz*, 2009, Bd. LI, S. 576–592.

Plaisance 2005
Plaisance, Michel: ›L'entrée de Charles Quint à Florence en 1536: les témoignages croisés d'Anton Francesco Grazzini et de Giorgio Vasari‹, in: Pierre Civil (Hg.): *L' actualité et sa mise en écriture aux XVe - XVIe et XVIIe siècles*, Paris 2005, S. 109–120.

Reed 1999
Reed, Richard: ›Vasari's Altarpiece at Castiglione Fiorentino‹, in: *The Burlington Magazine*, 1999, Bd. CXLI, S. 678–681.

Reinhardt 1996
Reinhardt, Volker: ›Der rastlos bewährte Pontifex: eine ikonologische Deutung der Fresken Vasaris im 'Saal der Hundert Tage' der Cancelleria‹, in: *Quellen und Forschungen aus italienischen Archiven und Bibliotheken*, 1996, Bd. LXXVI, S. 274–307.

Ricci 2001
Ricci, Antonio: ›Lorenzo Torrentino and the Cultural Programme of Cosimo I de' Medici‹, in: Konrad Eisenbichler (Hg.): *The Cultural Politics of Duke Cosimo I de' Medici*, Aldershot 2001, S. 103–119.

Robertson 1992
Robertson, Clare: ›*Il gran cardinale‹ Alessandro Farnese, Patron of the Arts*, New Haven/London 1992.

Roggenkamp 1995
Roggenkamp, Bernd: *Die Töchter des ›Disegno‹. Zur Kanonisierung der drei Bildenden Künste durch Giorgio Vasari*, Münster 1995.

Romanelli 1999
Romanelli, Giandomenico: ›Giorgio Vasari a Venezia‹, in: Giuseppe M. Pilo (Hg.): *Pittura veneziana dal Quattrocento al Settecento*, Mailand 1999, S. 48–53.

Romby 2011
Romby, Giuseppina C.: ›Il punto di vista del Principe: le vedute di città nel Salone del Cinquecento in Palazzo Vecchio‹, in: *Storia dell' urbanistica*, 2011, Bd. XXIX, S. 201–219.

Rubin 1995
Rubin, Patricia Lee: *Giorgio Vasari: Art and History*, New Haven/London 1995.

Safarik 1981
Safarik, Eduard A.: *Catalogo sommario della Galleria Colonna in Roma*, Roma 1981.

Satkowski 1979
Satkowski, Leon G.: *Studies on Vasari's Architecture*, New York/London 1979.

Satkowski 1993
Satkowski, Leon G.: *Giorgio Vasari: Architect and Courtier*, Princeton 1993.

Schulz 1961
Schulz, Jürgen: ›Vasari at Venice‹, in: *The Burlington Magazine*, 1961, Bd. DCCV, S. 500–511.

Schwarz 1990
Schwarz, Hans-Peter: *Das Künstlerhaus. Anmerkungen zur Sozialgeschichte des Genies*, Braunschweig 1990.

Scorza 2001
Scorza, Rick: ›Un nouveau dessin de Vasari pour l'autel de l'église Santa Croce à Bosco Marengo‹, in: *Revue du Louvre*, 2001, Bd. LI, S. 51–55.

Scorza 2011

    Scorza, Rick: ›Vasari's 'Calling of Sts. Peter and Andrew' and a recent Acquisition by the Fitzwilliam Museum‹, in: *Master drawings*, 2011, Bd. IL, S. 163–170.

Scoti-Bertinelli 1905

    Scoti-Bertinelli, Ugo: *Giorgio Vasari scrittore*, Pisa 1905.

Shoemaker 1981

    Shoemaker, Innis H.: *The Engravings of Marcantonio Raimondi*, Ausst.-Kat. Lawrence, The Spencer Museum of Art, Lawrence 1981.

Silvano 1992

    Silvano, Giovanni: ›Capponi‹, in: Volker Reinhardt (Hg.): *Die großen Familien Italiens*, Stuttgart 1992, S. 129–132.

Sodi / Renzoni 2003

    Sodi, Stefano / Renzoni, Stefano: *La chiesa di S. Stefano e la piazza dei Cavalieri*, Pisa 2003.

Soly / Blockmans 2003

    Soly, Hugo / Blockmans, Wim (Hgg.): *Karl V. und seine Zeit: 1500–1558*, Köln 2003.

Spandigati / Ieni 1985

    Spandigati, M. / Ieni, A.: *Pio V e Santa Croce di Bosco. Aspetti di una committenza papale*, Ausst.-Kat. Boscomarengo, Alessandria 1985, S. 49–62.

Spike 1985

    Spike, John (Hg.): *The Illustrated Bartsch*, Bd. XXX, New York 1985.

Stevens 1914

    Stevens, Gorham P.: ›Notes on the Villa di Papa Giulio‹, in: *Journal of the American Institute of Architects*, 1914, Bd. II, S. 539–540.

Stimato 2006

    Stimato, Gerarda: ›Dai riccordi alla vita: Giorgio Vasari biografo di se stesso‹, in: *Letteratura & arte*, 2006, Bd. III, S. 93–101.

Strauss / Shimura 1986

    Strauss, Walter L. / Shimura, Tomoko (Hg.): *The Illustrated Bartsch*, Bd. LII, New York 1986.

Sutherland Harris 1972

    Sutherland Harris, Ann: ›Un Christ mort par Giorgio Vasari‹, in: *Revue de l'art*, 1972, Bd. XVIII, S. 36–37.

Tessari 2001

    Tessari, Antonio Secondo: ›La 'Crocifissione secondo Sant'Anselmo' di Giorgio Vasari‹, in: *Mitteilungen des Kunsthistorischen Institutes in Florenz*, 2001, Bd. XLIV, S. 342–352.

Thiem / Thiem 1964
    Thiem, Christel / Thiem, Gunther: *Toskanische Fassadendekoration in Sgraffito und Fresko (14.–17. Jahrhundert)*, München 1964.
Tinagli 2000
    Tinagli, Paola: ›The Identity of the Prince: Cosimo de' Medici, Giorgio Vasari and the Ragionamenti‹, in: Mary Rogers (Hg.): *Fashioning Identities in Renaissance Art*, Aldershot 2000, S. 189–196.
Tinagli 2001
    Tinagli, Paola: ›Claiming a Place in History: Giorgio Vasari's Ragionamenti and the Primacy of the Medici‹, in: Konrad Eisenbichler (Hg.): *The Cultural Politics of Duke Cosimo I de' Medici*, Aldershot 2001, S. 63–76.
Vertova 1999
    Vertova, Luisa: ›Vasari at Venice: an addendum‹, in: *The Burlington Magazine*, 1999, Bd. CXLI, S. 105–106.
Viviani della Robbia 1952
    Viviani della Robbia, Enrica: ›Note e notizie sul Cenacolo del Vasari per il Monastero delle Murate di Fiorenza‹, in: *Studi Vasariani*, Atti del Convegno internazionale per il IV centenario della prima edizione delle Vite del Vasari a Firenze 1950, Florenz 1952, S. 221–224.
Völkel 1999
    Völkel, Markus: *Die Wahrheit zeigt viele Gesichter: der Historiker, Sammler und Satiriker Paolo Giovio (1486–1552) und sein Porträt Roms in der Hochrenaissance*, Basel 1999.
Vossilla 2006
    Vossilla, Francesco: ›Il Salone dei Cinquecento‹, in: Carlo Francini (Hg.): *Palazzo Vecchio: officina di opere e di ingegni*, Cinisello Balsamo 2006, S. 176–193.
Wagner-Egelhaaf 2000
    Wagner-Egelhaaf, Martina: *Autobiographie*, Stuttgart / Weimar 2000.
Weiand 1998
    Weiand, Christof: ›Domestische und autobiographische Schrift – Zur Poetik der literarischen Selbstdarstellung in der italienischen Renaissance‹, in: Gunter Schweikhart (Hg.): *Autobiographie und Selbstporträt in der Renaissance*, Köln 1998, S. 13–21.
Weisz 1982
    Weisz, Jean S.: *Pittura e Misericordia: The Oratory of S. Giovanni Decollato in Rome*, Ph. D. Thesis Harvard 1982, Ann Arbor 1982.
Wethey 1969
    Wethey, Harold E.: *The Paintings of Titian*, London 1969, 2 Bde.

Williams 1998

Williams, Robert: ›The Sala Grande in the Palazzo Vecchio and the Precedence Controversy between Florence and Ferrara‹, in: Philip Jacks (Hg.): *Vasari's Florence. Artists and Literati at the Medicean Court*, Cambridge 1998, S. 163–181.

Zapperi 1999

Zapperi, Roberto: ›Ein Gemälde in Bologna und Giorgio Vasaris frühe Beziehungen zum Hof Herzog Cosimos I. de' Medici‹, in: *Städel-Jahrbuch* 1999, Bd. XVII, S. 287–294.

Zimmermann 1971

Zimmerman, T. C. Price: ›Confession and Autobiography in the Early Renaissance‹, in: Anthony Molho/John A. Tedeschi (Hgg.): *Renaissance Studies in Honour of Hans Baron*, Florenz 1971, S. 121–140.

Zimmermann 1995

Zimmermann, T. C. Price: *Paolo Giovio: The Historian and the Crisis of the Sixteenth-Century Italy*, Princeton 1995.

Autorenporträt der Ausgabe 1568

Daten zu Leben und Werk

1511   Als ältester Sohn von Antonio Vasari († 1527) und seiner Gattin Maddalena Tacci († 1557) wird Giorgio Vasari am 30. Juli in Arezzo getauft. Er hat eine ältere Schwester namens Rosa (*1510 – † 1574). Vier weitere Geschwister werden in den folgenden Jahren geboren: Lucrezia (*1517), Francesca (*1518), Francesco (*1519) und Pietro (*1526).

1519   Eigenen Angaben zufolge ist Vasari acht Jahre alt, als der Maler Luca Signorelli, ein Cousin seines Vaters, nach Arezzo kommt, um dort der Compagnia del Girolamo ein von ihr bestelltes Altarbild auszuhändigen. Während seines Aufenthalts in Arezzo logiert er im Hause seiner Anverwandten und soll angeblich Vasaris Vater dazu geraten haben, seinen Sohn im Zeichnen unterrichten zu lassen. In den folgenden Jahren beginnt Vasari in der Werkstatt des damals in Arezzo wohnenden französischen Glasmalers Guillaume de Marcillat mit seiner künstlerischen Ausbildung.

1524   Im Gefolge Kardinal Silvio Passerinis kommt Vasari erstmals nach Florenz. Angeblich wird er dort zusammen mit den beiden Medici-Knaben zwei Stunden täglich von Piero Valeriano unterrichtet. Er verbringt einige Zeit in der Werkstatt von Andrea del Sarto und jener von Baccio Bandinelli.

1527   Plünderung Roms und Vertreibung der Medici aus Florenz. Am 24. August dieses Jahres stirbt Vasaris Vater an der Pest. Vasari kehrt nach Arezzo zurück und beginnt gemäß Florentiner Kaufmannstradition als ältester Sohn der Familie mit seinen Aufzeichnungen, den sogenannten *Ricordanze*. 1527/28 macht er die Bekanntschaft Rosso Fiorentinos, der in Arezzo und umliegenden Ortschaften verschiedene Aufträge ausführt. Angeblich soll Rosso dem damals 16jährigen Vasari eine Zeichnung für eine Tafel angefertigt haben (nicht erhalten).

1529   Vasari kehrt nach Florenz zurück, wo er angeblich die Goldschmiedekunst erlernt, flieht dann aber wegen der Belagerung von Florenz nach Pisa. Er gibt den Beruf des Goldschmieds

	wieder auf und malt dort im Auftrag einer Bruderschaft ein Fresko (nicht erhalten) und im Auftrag von Don Miniato Pitti und Francesco Guicciardini ein paar nicht näher bekannte Ölgemälde.
1530	Ende der Belagerung von Florenz und Rückkehr der Medici. Auf seinem Rückweg nach Arezzo macht Vasari in Bologna halt, wo er anläßlich des Einzugs und der Krönung Kaiser Karls V. einen Teil der Festdekoration gestaltet. In Arezzo erhält er über die Vermittlung Don Miniato Pittis ein paar kleine Aufträge.
1532	Im Gefolge von Kardinal Ippolito de' Medici kommt Vasari im Januar erstmals nach Rom, wo er mit seinem Freund und Kollegen Francesco Salviati die berühmtesten Werke der Antike und Moderne studiert und abzeichnet. Im Herbst kehrt er nach Florenz zurück, wo er in die Dienste Herzog Alessandro de' Medicis tritt. Für Ippolito de' Medici malt er die *Grablegung Christi* (Arezzo, Casa Vasari), die als sein erstes noch erhaltenes Werk gilt.
1534	Im Auftrag Herzog Alessandros freskiert Vasari einen Raum des Palazzo Medici-Riccardi mit einigen Szenen aus dem Leben Cäsars (heute zerstört). Darüber hinaus malt er ein ganzfiguriges Porträt seines fürstlichen Mäzens (Florenz, Depot der Uffizien), bei dem ihn Jacopo Pontormo unterstützt haben soll, sowie ein Porträt von *Lorenzo de' Medici in Haustracht* (Florenz, Uffizien).
1535	Vasaris Mäzen Kardinal Ippolito de' Medici stirbt.
1536	Für den Einzug Karls V. in Florenz wird Vasari mit dem Entwurf und der Gestaltung der Festdekoration beauftragt. In Arezzo führt er ein paar Aufträge aus, darunter eine *Kreuzabnahme* für den Hochaltar von San Domenico in Arezzo (heute in SS. Annunziata).
1537	Herzog Alessandro de' Medici wird ermordet. Vasari verläßt Florenz und erhält durch die Vermittlung seines früheren Lateinlehrers Giovanni Pollastra den Auftrag, für die Klosterkirche von Camaldoli die Tafel *Madonna mit dem Kind, Johannes dem Täufer und dem Heiligen Hieronymus* zu malen (*in situ*). Im Auftrag von Ottaviano de' Medici kopiert Vasari das von Raffael gemalte Porträt *Leos X. mit seinen Kardinälen*.
1538	Vasari geht erneut nach Rom, um dort seine Studien fortzusetzen. Dabei will er mehr als 300 Zeichnungen angefertigt haben. Danach kehrt er nach Camaldoli zurück, wo er im

Auftrag der Mönche weitere Werke für deren Kirche gestaltet, darunter eine *Geburt Christi* (*in situ*).

1539   In Bologna freskiert Vasari das Refektorium des Olivetaner-Konvents von San Michele in Bosco.

1540   Vasari kehrt nach Florenz zurück, wo er für Ottaviano de' Medici einige Bilder ausführt. In Camaldoli malt er die *Kreuzabnahme* (Camaldoli, Klosterkirche SS. Donato e Ilariano) für den Hauptaltar der Kirche.

1541   In Florenz malt Vasari im Auftrag Bindo Altovitis für dessen Familienkapelle in Santi Apostoli die *Allegorie der unbefleckten Empfängnis* (*in situ*). Darüber hinaus gestaltet er für Ottaviano de' Medici und Francesco Rucellai einige Bilder und malt im Juli für die Festivitäten anläßlich der Taufe von Herzog Cosimos I. Sohn Francesco im Baptisterium von Florenz eine große Leinwand mit der *Taufe Christi* in *chiaroscuro* (verloren). Im September kauft Vasari ein Haus in Arezzo. Über Modena, Parma, Ferrara und Mantua reisend, trifft Vasari im Dezember in Venedig ein, wo er im Auftrag der Compagnia della Calza zu Aretinos Komödie *Talanta* das Bühnenbild gestaltet.

1542   Durch die Vermittlung des Architekten Michele Sanmicheli erhält Vasari von dem venezianischen Patrizier Giovanni Cornaro den Auftrag, in einem der Räume seines Palasts die Holzdecke mit neun Ölgemälden auszugestalten. Im Herbst hält sich Vasari in Arezzo auf, wo er mit der malerischen Ausgestaltung seines Hauses beginnt. Die sogenannte Sala della Fama e delle Arti entsteht.

1543   Über Bindo Altoviti bekommt Vasari von Kardinal Alessandro Farnese in Rom den Auftrag für eine Tafel, die für einen Saal des Cancelleria-Palasts bestimmt ist und eine *Allegorie der Gerechtigkeit* (Neapel, Museo e Gallerie Nazionali di Capodimonte) darstellt.

1544/45 Durch seinen Freund Don Miniato Pitti erhält Vasari den Auftrag zu einer Reihe von Werken für das Kloster Monte Oliveto in Neapel, wo er in Begleitung zahlreicher Mitarbeiter im Herbst des Jahres 1544 eintrifft. Für den Hauptaltar der Kirche malt er eine *Darbringung Christi im Tempel* (Neapel, Museo e Gallerie Nazionali di Capodimonte) und stattet im Anschluß daran die Gewölbedecke des Refektoriums (heute Sakristei von Sant'Anna dei Lombardi) mit Fresken und die Wände mit Ölgemälden aus. Darüber hinaus erhält er noch andere Aufträge in Neapel.

1545/46	Zurück in Rom, führt Vasari weitere Werke für neapolitanische Auftraggeber aus, unter anderem für Ranuccio Farnese vier Flügel zur Verkleidung der Orgel im Dom von Neapel (*in situ*). Zu dieser Zeit besucht Vasari die abendlichen Gesellschaften im Hause Kardinal Alessandro Farneses, wo die Idee zu den *Vite* geboren worden sein soll. Im Sommer des Jahres 1546 freskiert Vasari mit einem großen Stab von Mitarbeitern in angeblich nur einhundert Tagen die sogenannte Sala dei Cento Giorni im Cancelleria-Palast.
1547/48	Vasari, der zwischenzeitlich das Manuskript zu den *Vite* in Florenz fast fertig geschrieben haben will, hält sich in Rimini auf, wo er im Auftrag des Olivetaners Gian Matteo Faitani für die Klosterkirche von Santa Maria a Scolca die Chorkapelle mit Malereien ausstattet (heute verloren) und die Tafel mit der *Anbetung der Könige* (Rimini, San Fortunato) für den Hauptaltar malt. Bei dieser Gelegenheit läßt Vasari angeblich das Manuskript korrigieren und von einem Mönch ins Reine übertragen. Nach weiteren Arbeiten in Rimini und Ravenna kehrt er 1548 nach Arezzo zurück, wo er sich erneut der malerischen Ausgestaltung seines Hauses widmet (Camera di Abramo und Sala del Trionfo della Virtù). Für das Refektorium der Badia von SS. Fiora e Lucilla in Arezzo malt Vasari im selben Jahr eine großformatige Tafel mit der *Hochzeit von Esther und Ahasverus* (Arezzo, Museo Statale d'Arte Medievale e Moderna). Vasari tritt erstmals als Architekt in Erscheinung: Für Kardinal Giovanni Maria del Monte (späterer Papst Julius III.) entwirft er eine nicht realisierte Villenanlage bei Monte Sansavino.
1549	Vasari heiratet Nicolosa Bacci. Von den Erben Sigismund Martellis erhält Vasari im Oktober 1549 den Auftrag, für ihre Familienkapelle in San Lorenzo in Florenz ein Altarbild zu malen, in dem Vasari das *Martyrium des Heiligen Sigismund* darstellt (verloren).
1550/51	Drucklegung der ersten Edition der *Vite* durch den Florentiner Drucker Torrentino. Vasari befindet sich zu dieser Zeit in Rom, wo er durch die Ernennung Kardinal del Montes zum neuen Papst auf lukrative Aufträge hofft. In seinem Auftrag beginnt er in San Pietro in Montorio in Rom die Grabkapelle für Kardinal Antonio Maria del Monte auszustatten und gestaltet im Rahmen dessen das Altarbild mit der *Heilung Sauls* (*in situ*). Im Auftrag des Paptes macht Vasari einige Entwürfe zum Bau der Villa Giulia.

1552/53 Für Bindo Altoviti freskiert Vasari die Loggia seines Palastes (abgenommene Fresken, heute in Rom, Palazzo Venezia) und seiner Villa in Rom und malt darüber hinaus für die Florentiner Bruderschaft von San Giovanni Decollato das Altarbild mit der *Enthauptung des Täufers* (*in situ*).

1554 Vasari ist in Arezzo, Florenz, Cortona und Rom tätig. In Cortona freskiert er für die Compagnia del Gesù Wände und Gewölbe eines Raumes mit Szenen aus dem Leben Christi (*in situ*) und entwirft zudem die Pläne und Modelle für den Bau der Kirche Santa Maria Nuova. In Florenz gestaltet er unter anderem für Sforza Almeni die Fassade seines Palasts. Im Dezember des Jahres tritt Vasari mit einem jährlichen Gehalt von 300 Dukaten in die Dienste von Herzog Cosimo I. ein.

1555/56 Vasari und seine Mitarbeiter beginnen mit der Umgestaltung des Palazzo Vecchio: zunächst mit der Ausgestaltung des sogenannten Quartiere degli Elementi im zweiten Stock der Fürstenresidenz und ein Jahr später mit den darunterliegenden Gemächern, dem sogenannten Quartiere di Leone X.

1559 Vasari und seine Werkstatt beginnen mit den Arbeiten im Quartiere del Duca Cosimo und im Quartiere di Eleonora des Palazzo Vecchio.

1560 Im März des Jahres wird nach einem Entwurf Vasaris mit dem Bau der Uffizien begonnen (1580 fertiggestellt). Vasari reist im April nach Rom, wo er aus der Hand von Papst Pius IV. das seinerzeit für Julius III. begonnene Altarbild mit der *Berufung der Söhne Zebedäus'* (Arezzo, SS. Flora e Lucilla) zurückerhält. Er bringt dieses nach Arezzo, um es als zentrale Tafel für seinen in der Pieve geplanten Familienaltar zu nutzen. Seinen Aufzeichnungen in den *Ricordanze* zufolge beginnt man im August die für die zweite Edition der *Vite* vorgesehenen Holzschnitte mit den Künstlerporträts anzufertigen.

1561 Vasari bekommt das vormals von ihm am Borgo Santa Croce in Florenz gemietete Haus von Herzog Cosimo I. geschenkt und beginnt unter Mitwirkung seiner Assistenten die Räume mit Malereien auszustatten. Ein vom 17. März 1561 datierter Brief Cosimo Bartolis gilt als erstes gesichertes Dokument, das neue Nachforschungen für die zweite Ausgabe der *Vite* bezeugt.

1562 Vasari macht den Entwurf und fertigt ein Modell zum Bau des Palazzo dei Cavalieri in Pisa (heute Scuola Normale Superiore), dessen Fassade zwischen 1564 und 1566 mit Malereien nach Entwürfen Vasaris freskiert wird.

1563	Unter Mitwirkung Vasaris wird zu Beginn des Jahres die Accademia del Disegno in Florenz gegründet. In Pistoia beginnt Vasari mit den Arbeiten an der Kuppel der Madonna dell'Umiltà und in Florenz mit der Um- und malerischen Ausgestaltung der Decke im Salone dei Cinquecento des Palazzo Vecchio.
1565/66	Anläßlich der Hochzeit von Francesco de' Medici und Johanna von Österreich 1565 konstruiert Vasari einen Verbindungsgang zwischen dem Palazzo Vecchio und dem auf der anderen Arnoseite gelegenen Palazzo Pitti (sog. Corridoio Vasariano). Die Kircheninnenräume von Santa Maria Novella und Santa Croce in Florenz werden nach Plänen Vasaris umgebaut. Zwischen März und Juni 1566 reist Vasari durch Italien, um neues Material für die zweite Edition der *Vite* zu sammeln.
1567	Im Salone dei Cinquecento beginnt man nach Entwürfen Vasaris mit der Ausgestaltung der Wände. Im Auftrag von Papst Pius V. malt Vasari eine *Anbetung der Könige* für dessen Familienaltar in Santa Croce in Boscomarengo (*in situ*) und für seinen Freund Alessandro Strozzi das Altarbild mit der *Kreuzigung gemäß dem Heiligen Anselm* (Florenz, Santa Maria Novella).
1568	Drucklegung der zweiten Edition der *Vite* durch den Florentiner Drucker Giunti. Neben seiner Tätigkeit im Palazzo Vecchio malt Vasari in Florenz verschiedene Altarbilder, darunter die *Himmelfahrt Mariens* (Badia Fiorentina).
1569	Neben anderen Werken malt Vasari für die Capponi-Kapelle in Santa Maria Novella in Florenz eine *Rosenkranzmadonna* (*in situ*).
1570	Im Herbst des Jahres geht Vasari nach Rom, um im Vatikan drei Kapellen mit Malereien auszustatten, die dem Heiligen Michael, dem Heiligen Petrus Martyr und dem Heiligen Stephanus geweiht sind. Zudem beginnt er in Florenz mit der Dekoration des *studiolo* von Francesco I. de' Medici im Palazzo Vecchio, zu der auch das Gemälde mit *Perseus und Andromeda* gehört (*in situ*).
1571	Vasari kehrt nach Rom zurück, um im Auftrag von Pius V. die Arbeiten in der Sala Regia des Vatikan zu überwachen. Im Juni des Jahres ernennt der Papst ihn zum Ritter vom Orden des Goldenen Sporns und des Heiligen Petrus. Wahrscheinlich malt Vasari in diesem Jahr auch sein *Selbstbildnis* (Florenz, Uffizien).
1572	Vasari kehrt nach Florenz zurück, wo man ihn für die Kuppel des Doms das Fresko mit dem *Jüngsten Gericht* entwerfen läßt

(mit zahlreichen Abänderungen durch Federico Zuccaro nach Vasaris Tod vollendet). Von Gregor XIII. im November nach Rom zurückbeordert, setzt Vasari die Arbeiten in der Sala Regia im Vatikan fort.

1573 Vasari macht Entwürfe für Fresken in der Paulus-Kapelle im Vatikan und zeichnet Pläne für den Bau der Loggia auf der Piazza Grande in Arezzo.

1574 Vasari stirbt am 24. Juni in Florenz. Sein Leichnam wird nach Arezzo überführt und dort in der von ihm gestalteten Familienkapelle der Pieve beigesetzt.

Die Angaben sind der Vita selbst oder folgenden Publikationen entnommen: Frey; Rubin 1995.

BEDEUTENDE WERKE VASARIS
IN DER TOSKANA
(eine Auswahl)

AREZZO
Casa Vasari
- *Grablegung Christi*
- Fresken der Camera di Abramo
- Fresken der Camera di Apollo e delle Muse
- Fresken der Sala della Fama e delle Arti
- Fresken der Sala del Trionfo della Virtù

Museo Diocesano
- Predella zur *Pala di San Rocco*
- Standarte für die Bruderschaft von San Giovanni de' Peducci

Museo Statale d'Arte Medievale e Moderna
- Abgenommenes Fresko mit dem *Heiligen Rochus*
- *Hochzeit von Esther und Ahasverus*
- sog. *Pala di San Rocco*

Piazza Grande
- Logge Vasariane
- Campanile des Palazzo della Fraternità

SS. Annunziata
- *Grablegung Christi*

SS. Flora e Lucilla
- Altar der Familie Vasari

CAMALDOLI
SS. Donato e Ilariano
- *Geburt Christi*
- *Kreuzabnahme*
- *Madonna mit dem Kind, Johannes dem Täufer und dem Heiligen Hieronymus*

CASTIGLION FIORENTINO
- Logge Vasariane

S. Francesco
- *Madonna mit dem Kind und drei Heiligen*

CITTÀ DI CASTELLO
Palazzo Vitelli della Cannoniera
– Fassadendekoration
S. Francesco
– *Marienkrönung*

CORTONA
Sanktuarium der Santa Maria Nuova, Compagnia del Gesù
– Fresken an den Wänden und der Decke

FLORENZ
– Uffiziengebäude
– Vasarianischer Korridor
Badia Fiorentina
– *Himmelfahrt Mariens*
Casa Vasari
– Fresken der sog. Sala delle Arti e degli Artisti
Cenacolo di S. Salvi
– *Abraham, dem drei Engel erscheinen*
Mercato Vecchio
– Loggia del pesce
Palazzo Pitti, Galleria Palatina
– *Büßender Heiliger Hieronymus*
– *Heilige Familie mit der Heiligen Elisabeth und dem Johannesknaben*
– *Personifikation der Geduld*
Palazzo Vecchio
– Quartiere degli Elementi
– Quartiere di Leone X
– Quartiere del Duca Cosimo
– Quartiere di Eleonora
– Salone dei Cinquecento
– *Perseus und Andromeda*
SS. Annunziata
– *Lukas malt die Madonna*
Santi Apostoli
– *Allegorie der unbefleckten Empfängnis*
S. Croce
– *Der ungläubige Thomas*
– *Gang zum Kalvarienberg*
– *Pfingstwunder*

Dom S. Maria del Fiore
– Kuppelfresken
S. Maria Novella
– *Auferstehung Christi*
– *Kreuzigung gemäß dem Heiligen Anselm* (Sakristei)
– *Rosenkranzmadonna*
Uffizien
– *Allegorie der unbefleckten Empfängnis*
– *Bildnis Herzog Cosimos I.*
– *Bildnis Herzog Alessandro de' Medicis* (Depot)
– *Bildnis des Lorenzo de' Medici*
– *Der Prophet Elias*
– *Die Schmiede des Vulkan*
– *Selbstporträt*

Monte Sansavino
S. Agostino
– *Himmelfahrt Mariens*
S. Giovanni
– Predella zur *Himmelfahrt Mariens*

Pisa
Chiesa dei Cavalieri
– *Martyrium des Heiligen Stephanus*
Scuola Normale Superiore (ehemals Palazzo dei Cavalieri)
– Fresken der Fassade

Pistoia
Madonna dell'Umiltà
– Tambour und Kuppel

Siena
Pinacoteca Nazionale
– *Auferstehung Christi*
Sammlung Chigi Saracini
– *Pietà*

Bedeutende Werke Vasaris in anderen Teilen Italiens
(eine Auswahl)

Bologna
Istituto Ortopedico Rizzoli (ehemals S. Michele in Bosco)
– *Christus im Hause von Martha*
– Fresken mit Szenen der Apokalypse und Ansichten des Klosters von Camaldoli
Pinacoteca Nazionale
– *Gastmahl des Heiligen Gregor*

Boscomarengo
S. Croce
– Altar von Boscomarengo
– *Anbetung der Könige*

Neapel
Dom S. Gennaro
– Orgelflügel
Museo e Gallerie Nazionali di Capodimonte
– *Allegorie der Gerechtigkeit*
– *Auferstehung Christi*
– *Gastmahl im Hause Simeons*
– *Darbringung Christi im Tempel*
Sant'Anna dei Lombardi (ehemals Kirche des Olivetanerklosters)
– Gewölbedecke der Sakristei
S. Giovanni a Carbonara
– *Christus am Kreuz*

Ravenna
Galleria dell'Accademia delle Belle Arti
– *Kreuzabnahme*

Rimini
S. Fortunato
– *Anbetung der Könige*
Tempio Malastetiano
– *Stigmatisierung des Heiligen Franziskus*

Rom

Galleria Borghese
– *Anbetung der Hirten*
Galleria Doria Pamphilj
– *Kreuzabnahme*
Museo di Palazzo Venezia
– Abgenommene Fresken der Loggia Altoviti
Oratorio di S. Giovanni Decollato
– *Enthauptung des Täufers*
Palazzo della Cancelleria
– Fresken der Sala dei Cento Giorni
S. Pietro in Montorio
– Dekoration der Capella del Monte
Vatikan
– Fresken der Sala Regia
– *Martyrium des Heiligen Stephanus* (Pinacoteca Vaticana)
– *Szenen aus dem Leben des Heiligen Petrus* (Treppenhaus)
– *Szenen aus dem Leben des Heiligen Michael* (Cappella di S. Michele)
– *Szenen aus dem Leben des Heiligen Petrus Martyr* (Cappella di S. Pietro Martiro)
– *Szenen aus dem Leben des Heiligen Stephanus* (Cappella di S. Stefano)

Venedig

Gallerie dell'Accademia
– *Personifikation der Patientia* (von der Decke des Palazzo Corner)
– *Personifikation der Justitia* (von der Decke des Palazzo Corner)
– *Putten mit Schriftbändern* (von der Decke des Palazzo Corner)

BEDEUTENDE WERKE VASARIS
IN SAMMLUNGEN AUSSERHALB VON ITALIEN

BERLIN
Staatliche Museen, Preußischer Kulturbesitz, Gemäldegalerie
– *Amor und Psyche*
– *Die Heiligen Petrus und Johannes*

MINNEAPOLIS
Institute of Art
– *Sechs toskanische Dichter*

MÜNCHEN
Bayerische Staatsgemäldesammlungen, Alte Pinakothek
– *Die Heilige Familie mit dem Johannesknaben*

PARIS
Musée du Louvre
– *Verkündigung*

STUTTGART
Staatsgalerie
– *Die Toilette der Venus*

DIE EDITION GIORGIO VASARI

Giorgio Vasari
Lebensläufe der hervorragendsten Künstler

»Solche Unternehmungen entspringen nur der Leidenschaft. Wagenbach hat sich mit Vasaris Künstler-Viten selbst ein Geschenk gemacht.«
Horst Bredekamp, Literaturen

KUNSTGESCHICHTE UND KUNSTTHEORIE
312 Seiten mit vielen farbigen Abbildungen.

DAS LEBEN DES PARMIGIANINO
96 Seiten mit vielen farbigen Abbildungen.

DAS LEBEN DES RAFFAEL
208 Seiten mit vielen farbigen Abbildungen.

DAS LEBEN DES PONTORMO
144 Seiten mit vielen farbigen Abbildungen.

DAS LEBEN DES SEBASTIANO DEL PIOMBO
96 Seiten mit vielen farbigen Abbildungen.

DAS LEBEN DES ROSSO FIORENTINO
96 Seiten mit vielen farbigen Abbildungen.

GIORGIO VASARI. MEIN LEBEN
208 Seiten mit vielen farbigen Abbildungen.

DAS LEBEN DES TIZIAN
144 Seiten mit vielen farbigen Abbildungen.

DAS LEBEN DES GIULIO ROMANO
96 Seiten mit vielen farbigen Abbildungen.

DAS LEBEN DES ANDREA DEL SARTO
144 Seiten mit vielen farbigen Abbildungen.

STEINSCHNEIDER, GLAS- UND MINIATURMALER
224 Seiten mit vielen farbigen Abbildungen.

DAS LEBEN DES LEONARDO DA VINCI
152 Seiten mit vielen farbigen Abbildungen.

EINFÜHRUNG IN DIE KÜNSTE DER ARCHITEKTUR,
BILDHAUEREI UND MALEREI
176 Seiten mit vielen farbigen Abbildungen.

SODOMA UND BECCAFUMI
160 Seiten mit vielen farbigen Abbildungen.

DIE LEBEN DER BILDHAUER DES CINQUECENTO
320 Seiten mit vielen farbigen Abbildungen.

DAS LEBEN DES SANSOVINO UND DES SANMICHELI
MIT AMMANNATI, PALLADIO UND VERONESE
272 Seiten mit vielen farbigen Abbildungen.

DAS LEBEN DES BRAMANTE UND DES PERUZZI
160 Seiten mit vielen farbigen Abbildungen.

DIE KÜNSTLER DER RAFFAEL-WERKSTATT
256 Seiten mit vielen farbigen Abbildungen.

DAS LEBEN DES GIORGIONE, CORREGGIO, PALMA IL VECCHIO
UND LORENZO LOTTO
128 Seiten mit vielen farbigen Abbildungen.

DAS LEBEN DES PIERO DI COSIMO, FRA BARTOLOMEO
UND MARIOTTO ALBERTINELLI
144 Seiten mit vielen farbigen Abbildungen.

DAS LEBEN DES PERINO DEL VAGA
128 Seiten mit vielen farbigen Abbildungen.

DAS LEBEN DES MONTORSOLI UND DES BRONZINO SOWIE
DER KÜNSTLER DER ACCADEMIA DEL DISEGNO
256 Seiten mit vielen farbigen Abbildungen.

DAS LEBEN DES FRANCESCO SALVIATI UND
DES CRISTOFANO GHERARDI
240 Seiten mit vielen farbigen Abbildungen.

DAS LEBEN DES DANIELE DA VOLTERRA UND
DES TADDEO ZUCCARO
200 Seiten mit vielen farbigen Abbildungen.

DAS LEBEN DES BACCIO BANDINELLI
160 Seiten mit vielen farbigen Abbildungen.

DAS LEBEN DES MICHELANGELO
512 Seiten mit vielen farbigen Abbildungen.

DAS LEBEN DER SANGALLO-FAMILIE
224 Seiten mit vielen farbigen Abbildungen.

DAS LEBEN DES TRIBOLO UND DES PIERINO DA VINCI
192 Seiten mit vielen farbigen Abbildungen.

DAS LEBEN DES SANDRO BOTTICELLI, FILIPPINO LIPPI,
COSIMO ROSSELLI UND ALESSO BALDOVINETTI
208 Seiten mit vielen farbigen Abbildungen.

DAS LEBEN DER BELLINI UND DES MANTEGNA
176 Seiten mit vielen farbigen Abbildungen.

Das Leben des Jacopo della Quercia, Niccolò Aretino, Nanni di Banco und Luca della Robbia
144 Seiten mit vielen farbigen Abbildungen.

Das Leben der Bellini und des Mantegna
176 Seiten mit vielen farbigen Abbildungen.

Das Leben des Masolino, des Masaccio, des Gentile da Fabriano und des Pisanello
128 Seiten mit vielen farbigen Abbildungen.

Das Leben des Perugino und des Pinuricchio
192 Seiten mit vielen farbigen Abbildungen.

Das Leben des Lorenzo Ghiberti
96 Seiten mit vielen farbigen Abbildungen.

Das Leben des Filippo Lippi, des Pesello und Francesco Peselli, des Andrea Castagno und Domenico Veneziano und des Fra Angelico
248 Seiten mit vielen farbigen Abbildungen.

In Vorbereitung

Andrea del Verrocchio und die Gebrüder Pollaiuolo • Brunelleschi und Alberti • Bernardo und Antonio Rossellino, Giuliano da Maiano, Benedetto da Maiano sowie Desiderio da Settignano • Paolo Uccello, Piero della Francesca, Antonello da Messina und Luca Signorelli • Domenico Ghirlandaio und Gherardo Miniatore • Donatello und Michelozzo • Sieneser Maler • Cimabue, Giotto und Cavallini • Bildhauer und Architekten des Duecento und des Trecento • Künstler des Trecento

Wenn Sie über den Fortgang der Edition Giorgio Vasari informiert werden wollen oder an einer Fortsetzungs-Bestellung interessiert sind, fragen Sie uns: vertrieb@wagenbach.de

Wenn Sie über den Fortgang der Vasari-Edition informiert werden oder mehr über den Verlag und seine Bücher wissen möchten, schreiben Sie uns eine Postkarte (mit Anschrift und ggf. e-mail). Wir verschicken immer im Herbst die »Zwiebel«, unseren Westentaschenalmanach mit Gesamtverzeichnis, Lesetexten aus unseren Büchern und Photos. *Kostenlos!*

Verlag Klaus Wagenbach   Emser Straße 40/41   10719 Berlin
www.wagenbach.de

Die Übersetzung und Kommentierung des dritten Teils der *Vite* Vasaris entstand im Rahmen eines Forschungsprojekts an der Johann Wolfgang Goethe-Universität unter der Leitung von Prof. Dr. Alessandro Nova, das von der Deutschen Forschungsgemeinschaft (DFG) gefördert wird.

Wir danken dem Ministero degli Affari Esteri für die freundliche Unterstützung dieses Buchs.

Vasari-Edition
Deutsche Erstausgabe
2., erweiterte und aktualisierte Auflage 2011

© 2005, 2011 für die deutsche Ausgabe:
Verlag Klaus Wagenbach   Emser Straße 40/41   10719 Berlin
Umschlaggestaltung unter Verwendung des *Selbstporträts* von Vasari (Florenz, Uffizien) und Typographie: Julie August. Gesetzt aus der Bembo von der Offizin Götz Gorissen, Berlin. Reproduktionen: MEDIEN PROFIS, Leipzig. Gedruckt und gebunden bei Pustet, Regensburg. Printed in Germany.